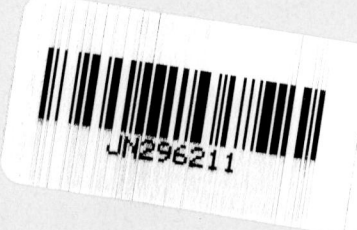

保育のための
エピソード記述入門

鯨岡　峻／鯨岡和子著

ミネルヴァ書房

保育のための

エピソード記述入門

もくじ

序章　いま，なぜ保育の場にエピソード記述が必要なのか

1．保育の場でのエピソード

保育実践に従事している保育者は，子ども一人ひとりと密接に関わる中で，無数のエピソードを経験しているはずです。保育者の心に深く刻み込まれる感動的なエピソードもあれば，子どものかわいらしい言動にほんのり心が温かくなったというエピソードもあるでしょう。あるいは，子どもの乱暴な振る舞いに心を痛めたというエピソードもあるかもしれません。

エピソードとはもともと，欄外の余白に書き込まれるちょっとした出来事，話の大筋に差し挟まれるちょっとした挿話という意味ですが，保育者が描くエピソードは，いま見たように，何らかの点で保育者の心が揺さぶられた場面，つまり，保育者が描きたいと思ったもの，あるいは描かずにはおれないと思ったものだと言ってもよいでしょう。その意味で，次章に見るような，その日の出来事を客観的かつ手短かに綴った（綴ることを義務づけられた）保育の「経過記録」とは明らかに異なっています。

保育者の描いた分かりやすい簡単なエピソードを一つ取り上げてみましょう。

エピソード：〈花壇は虫のお家〉

日頃から虫探しの大好きな年長児の男の子たち。自分たちで虫探検隊と呼んでいる。壁の小さな穴を調べたり，花壇をよくスコップで掘り返したりしていた。

ある日，新しい花の苗が来たので，私は花壇を全部掘り返し新しい花の苗に植え替えた。その日の夕方，虫探検隊が花壇にいくつか山を作っているので，

私は「お花畑ができたでしょう」と声をかけた。すると，みんな冴えない顔で「うん，かわいい……でも，虫が迷子になった……お家を作らないと……」と口々に言う。それを聞いて，ドキンと内心冷や汗の私。よくよく聞いてみると，子どもたちはいつも花壇からは虫を取らないことをお互いに何回も確認して遊んでいたとのこと。「今度，お花畑にするときは，お知らせを出します」と子どもたちに告げて反省した私であった。

これはある保育の研修会で，最近経験したことで心に残っている保育場面をエピソードに描いてみてくださいとお願いしたときに，ある保育者が描いたエピソードです。本当にある日のちょっとした出来事を描いたエピソードですが，単に，「今日は○○のことがありました」というような事実経過を描き出しただけのものではありません。先生の話を聞いたときに見せた子どもたちの冴えない表情や困ったなあという気持ちの動き，そして「虫が迷子になった……」という子どものつぶやき，それにはっと気がついて「ドキンと内心冷や汗」をかき，子どもたちに申し訳ないことをしたという保育者の思い……短い中にもそうした子どもたちと保育者との心と心の触れ合いが読み手にしっかり伝わってくるエピソードです。

保育者が意図を持って子どもに何かをさせたという場面ではありません。子どもが頑張ってよい作品を作ったというような場面でもありません。ましてや，「お受験」に役立つような何かを教え込んで子どもがそれに応じたというような場面ではありません。とりとめもない，ほんのちょっとした出来事，それゆえまさに「エピソード」の語義そのものと言ってよいようなエピソードですが，しかし，私はこのようなエピソードを「心に残ったエピソード」として取り上げる保育者の姿勢，そしてこのエピソードに描き出されている子どもたちの微笑ましい姿や，行間から推し量られるこの保育の場の柔らかい雰囲気こそ，いま保育の場でもっとも大切にされるべきものではないかと考えます。

いま，「保育の質」が言われ，第三者評価によって保育の質を見極める動きがありますが，そこで評価される「保育の質」は，衛生管理や危機管理，安全管理など，システムの「質」であって，決して保育の営みの「質」ではありません。私見では，保育の営みの本来の「質」は，まさにいま見たような，子どもと保育者のちょっとした気持ちのやりとりの中にこそ見出すべきものであり，もっと言えば，目に見えないところでの子どもと保育者の気持ちの触れ合うところ，そしてそこで子どもの主体としての心が育つところにこそ，その「質」を見出すのでなければなりません。その点を説明するために，やはり保育者の描いたもう一つのエピソードを振り返ってみましょう。

エピソード：〈もう一つの顔のＫくん〉

〈背　景〉

Ｋくん（５歳４ヵ月）は厳しい家庭事情の下で親に十分に甘えられずに育ち，きょうだいの中で１番年長だということもあって，家庭でも，保育園でも，普段はたいていのことは何でも自分でするＫくんである。しかし，０歳で入園して以来，何かと保育者を手こずらせる気難しい一面ももっていた。

〈エピソード〉

夕方，私が机に座り連絡ノートの記入をはじめると，レゴで遊んでいたＫくんがそれを片づけて私の膝に乗り，ベッタリと無言で抱きついてくる。いっしょに遊んでいたＭちゃん（５歳８ヵ月）はその様子を見て「いやー，Ｋくん，赤ちゃんみたい」とからかうが，Ｋくんは反論もせず，膝から降りようともしないで私に抱きついたままでいる。そんなＫくんを私も無言で抱きしめると，Ｍちゃんは何だか空気が違うと察したのか，その場を去っていった。しばらくＫくんを抱っこした後，「Ｋくん，先生まだお仕事残ってるねん」と伝えると，Ｋくんは静かに膝から降りて再び遊びはじめた。

〈考　察〉

５，６月頃から，Ｋくんは自分の意見を通そうとしすぎて一つ上の年長児たちに責められ，泣いていることが稀にあった。その度にそっと抱っこし，Ｋくんのいまの気持ちをことばにしてあげたり，どうすればよかったかなどを静かに話してやったりしながら，Ｋくんが自分で自分の気持ちを落ち着かせられるまで待つことがあった。そういうことを何度か繰り返すうち，何かあると，ふと私のところへやってきて抱っこを求めるようになった。そういうときにはできるだけＫくんの思いを受け止めるようにして，気持ちの切り替えができた頃を見計らって，そっと降ろすようにしていた。そうするうちに，自然とＫくんが，「もう大丈夫」と思う瞬間が，不思議なことに体の温もりを通して感じられるようになってきた。
ことばはなくても，お互いに安心や心地よさを感じられるこの穏やかな時間をこれからも大切にしたいと思う。きっとMちゃんもこの雰囲気を感じ取ったからこそ，黙ってその場を立ち去ったのではなかっただろうか。

短いけれども，いろいろなことを考えさせてくれるエピソードです。というより，正直言って，私はこのエピソードにとても深い感動を覚えました。特に〈考察〉の最後の方の，「自然とＫくんが『もう大丈夫』と思う瞬間が，不思議なことに体の温もりを通して感じられるようになってきた」というくだりは，おそらく子どもを外側から見ている研究者には決して描き出せない，子どもに直に接している保育者だからこそ描き出せた場面だったと思います。

このエピソードの本体部分の，「Ｋくん，先生まだお仕事残ってるねん」というくだりを読んだだけでは，読み手は「先生が忙しいからもう降りて」と言ったという意味に受け取ってしまいかねませんが，そうではありません。考察の最後のところまで読めば，先生のこのことばは，本当はＫくんが「もう大丈夫」と思い始めていることが感じ取れたから，だから紡がれたのだということが読み手にも分かるはずです。Ｋくんの気持ちの動きが，膝のぬくもりを通して先生に分かる……何気なく描かれていますが，子どもを膝に乗せれば誰にもこのように分かるというような単純なものではありません。先生がＫくんの抱っこしてほしいという気持ちをしっかり受け止める姿勢があってはじめて，そのように分かることができるのです。忙しい日々の保育で保育者になかなかその余裕が持てないことが多い中で，若い保育者がここまで子どもの気持ちを受け止めることができるのはすごいことだと，ただただ頭が下がります。

Ｋくんにとっては，先生の膝の上のひと時がいまどうしても必要だったに違いありません。そのＫくんの必要を先生が受け止め，先生がしっかり抱えるかたちで応えてくれたことによって，言い換えれば，Ｋくんのいまの主体としてのありようを先生が受け止め，それに先生が主体として応えてくれることを通して，厳しい環境の下にあるＫくんも，その「いま」を乗り越え，前向きに生きる勇気が生まれ，厚みを増した主体に「なる」ことに向かっていくことができるのです。

ところで，「膝のぬくもりからもう大丈夫と分かる」という部分は，Ｋくんにとっても先生にとっても大事な関わり合いの局面であったわけですが，しかし，外部から見ている人には，いまＫくんと先生のあいだでそのような大事な局面が生きられているというふうには分かりません。Ｋくんが先生に抱っこされている様子は外部からも見えますが，先生のこの「分かる」くだりは，Ｋくんと先生とだけの目に見えない密やかな関係の営みの中に生まれたものです。もしも先生によってこのエピソードが描かれなければ，その密やかな，しかしその大事な営みの機微は，誰にも分からないままに過ぎ去ってしまっていたことでしょう。

私は「花壇は虫のお家」のエピソードや「もう一つの顔のＫくん」のエピソードのように，普段の保育の中で見過ごされてしまいそうな子どもと先生のちょっとしたやりとりのエピソードや，目に見えないところでの主体と主体との関わり合いの機微を描き出したエピソードが，いま保育でもっとも大切にしなければならない保育場面であると考えています。なぜそう言わねばならないのか，本書全体がその答えだと言ってもよいのですが，この序章では以下，保育に関するいくつかの問題点を掲げ，それを通して，いまなぜ保育の場でエピソード記述が必要なのかを考えてみたいと思います。

2．これまでは，子どもや保育者の生きる「あるがまま」の保育の場が十分に理解されてこなかったのではないか

まず，保育のことをよく知らない人たち，あるいは保育を外側から眺めるだけの人たちは，保育の場の営みをきわめて単純に考えて，自分流の勝手な保育イメージを作り上げ，そこから保育の場に向けてあれこれの発言をぶつけてくるという現実があります。特に政治や行政の立場の人，あるいは保育の場の経営者がこの種の発言をすると，その影響力が大きいだけに，保育の場は大きく揺さぶられてしまいます。例えば，「子どもたちを預かって楽しく遊ぶことぐ

らい，誰にだってできる」という誤解に満ちた発言は，保育の価値を著しく軽んじ，そこで起こっている大切な営みを軽く見る弊害を助長してきました。また，「保育の役割は身辺自立を促し，知的な興味を広げ，小学校に上がる力をつけるところにある，もっと幼児教育に力を入れなければならない」といった発言も，保育の何たるかを理解できていない乱暴な発言でしょう。こうした発言をする人に，はたして先に見た二つのエピソードの価値が分かるでしょうか。しかも，こうした誤解や乱暴な発言は，単に保育を深く知らない人の発言だというにとどまらず，世間の常識に影響を及ぼし，保育行政や保育経営に反映されたり，あるいは保護者の意識に入り込んで保育の場への偏った期待や要望に繋がったり，さらには保育者自身もそこに巻き込まれて，発達を促進するための「させる」保育に加担することになったり，果ては保育研究者がこの誤解の後押しをして，「保育」ということばを「幼児教育」ということばで置き換えようとする動きを見せたりするのですから，事はきわめて厄介です。

こうした誤解や無理解がなぜ生まれるかと言えば，世間常識の目から見て，保育の場が長らく，「子どもを預かるだけの場」（保育園），「学校に上がる前の慣らしの場」「訓練や指導による幼児教育の場」（幼稚園）というふうにみなされてきたことがあります。そこにさらに保育園は「しつけをするところ」，幼稚園は「幼児教育をするところ」と差別化して捉える見方が重ねられてきたこともあったかもしれません。そしてそのような考えの裏で，「発達」という概念が大きな役割を果たしてきたことも否定できません。実際，大勢の子どもを平均して，各年齢ごとの子どもの能力布置が一旦明らかにされると，それがいつのまにか子どもの発達を捉える目安になり，その目安に沿うように（可能であればその目安を超えるように）もっていくことが「育てる」ことなのだというすり替えがいつのまにか起こりました。それがこのような誤解や偏見の後押しをしたことは明らかです。

いずれの誤解も偏見も，またそれを助長する動きも，まず第１に，保育の場の営みをきわめて単純化して抽象的に捉え，現実の保育の営みの機微をしっかり見据えることなく，しかも子どもや保育者の動きをもっぱら外側から眺めるという姿勢から生まれていることに注意する必要があります。第２に，子どもは「発達の基準」に沿って成長するのだという「発達」の考え方が定着するのに従って，「させる」働きかけをして能力を高めることが保育の目標であるかのように思われてしまったために，子どもが周囲の大人によって「育てられて育つ」存在だという認識がどんどん薄らぎ，「育てる」という営みの中でももっとも大切なものであったはずの「主体としての心を育てる」という目に見えない営みの大切さが見失われていったことが大きかったと思います。

こうした世間や保護者，あるいは保育者自身の中に生まれた誤解や偏見を取り除くためには，まずもって保育の実際の営みをもっと詳細に世間に知らしめる必要があります。詳細にとは，目に見える部分だけでなく，目に見えない保育の営みにも目を向けてということですが，そのためには，先に掲げた二つのエピソードのように，保育の場の具体的な場面を詳しく描き出すことによって，保育の場ではこのようなことが営まれているのだということを，もっと世間にも保護者にも知らせていく必要があるのではないでしょうか。この点をもう少し考えてみましょう。

３．保育者（保育関係者）は，子どもと保育者が共に生きる「あるがまま」を世間（保護者）に十分伝えてきただろうか

保育の場には，確かに世間の人が思い描くような典型的な保育の「かたち」がいくつかあります。一斉に「いただきます」を唱えて食事に向かう風景，先生のピアノに合わせて一緒に楽しそうに歌を歌う風景，あるいは音楽に合わせて元気一杯，一斉にリズム運動をする風景，あるいはまた，一斉に同じ物を制作することに余念がない風景，さらには発表会などの行事の場面で子どもたちが観客を前に真剣に演技してみせる姿，等々。「保育の場」と言えば誰もが思い描く風景があります。そしてそれらが保育の中である重要な役割を果たしていることも確かな事実です。

しかし，保育の営みの機微を知らない世間の人々は，保育とはそのような目

に見える一斉型の活動によって主に構成されているものと考えがちです。そして上に見た二つのエピソードのような，ちょっとした，密やかな，しかし大切な営みが，保育の場で日々繰り広げられていることになかなか目を向けようとしませんし，またそこに価値があるとはなかなか考えてくれません。保護者もまた，集団で揃って活動することが保育の基本であるかのように考え，集団の流れに乗れるようになることが子どもの成長であり，そこから外れる子どもは保育者がその流れに乗せるように指導し，就学に繋げていってほしいと考えがちです。実際，保護者参観のとき，保護者が気にするのは，わが子が集団の流れに乗れるかどうか，みんなと同じことができるかどうかであり，そしてそれができれば保護者は安心するのです。そして保育の担い手たち自身，そのような保護者や世間の見方に引きずられて，そのように子どもを動かすことが保育の仕事だといつのまにか錯覚するようになってしまったようにも見えます。

言うまでもなく，そのような全体的な活動や一斉型の活動は保育の一断面にすぎません。目に見えやすく，また好ましく見えがちな一断面にすぎません。それは大人の側が期待する子どもイメージに合致した保育のかたちではあるでしょうが，はたして保育のもっとも大切な部分なのでしょうか。このように問いを立てて現実の保育の場を振り返ってみれば，むしろ保育の営みはもっと多面的かつ多層的であり，ほとんどの場合に正負両面のトーンを持ち，それゆえ子どもたちや保育者が経験する心の動きも，それに連動して正負両面の心の動きになり，文字通り「喜怒哀楽」の気持ちの動きが満ち満ちているはずです。エネルギッシュで，明るく，意欲的で，まっすぐに物事に向かい，みんなと力を合わせる肯定的な子どもの姿があるのは確かです。しかしその一方で，いじけたり，他の子どもに乱暴になったり，他の子どもの嫌がることを言ったり，いつまでも気持ちを立て直せなかったり，我がまま勝手に振る舞ったりという負の姿も随所に見られます。それに応じて保育者も，子どもの思いを受け止めて一緒に喜んだり，楽しんだりする一方で，子どもの負の気持ちの動きを抱えたり，その方向転換を図ったり，ときには諌めたりというように，正負両面の対応を求められ，実際そのような対応をしていっているはずです。つまり，子どもの「あるがまま」を主体のすることとしてしっかり受け止めながら，自分も主体としての思いをていねいに返していくというところに，保育のもっとも基本的な営みがあるのであって，決して保育者の意図のままに子どもを全体として動かすことが保育の基本ではないのです。

その保育の現実と，世間の保育についての見方や保護者の保育への期待がどうやら合致していないようなのです。合致していないのは，保育の「あるがまま」の現実をきちんと捉えようとしない世間の見方や保護者の見方にまず問題があります。それは是正されなければなりません。しかし同時に，その保育の「あるがまま」を，保育の場の担い手たちが（あるいはそれを支える研究の立場の人たちが）これまで十分世間に伝えてこなかったということもあったのではないでしょうか。あるいは，保育のもっとも大切なところを保育者自身が十分に摑んでいなかったために，それをこれまで保育の中にしっかりと反映することができなかったということもあったかもしれません。その大切なところを摑むには，一人ひとりの子どものさまざまな思いや現実に生きる姿はもちろん，保育者のさまざまな思いや対応の機微を保育の場の「あるがまま」としてていねいに描き出し，それを通して自分の保育を振り返ってみるしかありません。

保育の場の「あるがまま」を捉え，保育で何が大切なのかを世間に伝えていこうとするとき，保育の多面的な営みをエピソードに描いて示すというのは，おそらくもっとも有効な手段になるのではないでしょうか。

4．目に見えないところにこそ保育のもっとも重要な営みがあり，そこにもっと目を向ける必要がある

保育の場が理解されてこなかったもう一つの理由は，これまでの議論にも示唆されるように，目に見えるものばかりで議論を進めようとする世間の動向や，客観的なものだけに議論をとどめようとする学問の動向にもあったように思います。子どもの「育ち」と言えば，すぐさま「○○ができるようになった」というように，能力の定着をもって捉える傾向が，「発達」概念の浸透の度合い

と軌を一にして強くなりました。そしてこの傾向は世間や保護者ばかりでなく，保育者にも強くなっているように見えます。しかし，実際には，子どもはあくまで「育てられて育つ」存在です。一人で育っていくのではありません。しかも，その「育てる」の中身は，決して，何かを「させる」という周囲の大人の行動的な対応に解消されるものではありません。むしろ周囲の大人が子どもの存在や子どもの主体としての気持ちの動きをどのように受け止めるか，また子どもに対してどのような思いを抱くのか，そして子どもにどのようなことを返すのかに大きく関わっています。

二つ目のエピソードがそのことを教えてくれています。本当は，保育者があのように子どもの思いを受け止め，膝の上で抱っこしてあげようと思うところにこそ，「育てる」という営みのもっとも大事な機微があると思うのですが，残念ながらそれは目には見えません。外から見れば（世間常識から見れば），「5歳にもなって，まだこんなに甘えて」と安易に考えられてしまいがちな場面です。しかし，それは子どものいまの思いに目を向けることなく，「5歳にもなれば」という平均的な子ども像に従って子どもを見てしまうからです。

違う例を考えてみましょう。理由もなく周りの子どもを叩く子どもがいるとき，多くの人は，単にその子をいけない子とみなして，そのいけない振る舞いを制止し，正しい規範を教え込む必要があると考えがちです。しかし，本来，保育者はそのように子どもに白黒をつける存在なのではありません。乱暴な行為をそのまま受け入れることができないのはその通りですが，しかし保育者の第1の仕事は，そのように乱暴に振舞わずにはおれないその子のいまの思いをまずは受け止め，その上で，そのような乱暴な振る舞いは大人である自分には認められないという保育者の気持ちをしっかり伝えることにあるはずです。そして，なぜそれほどまでにその子が乱暴を働かずにはいられないのかを考え，その子が置かれている状況に思いを致すことが必要になってくるはずです。決してその子が「いけない子ども」ではないはずなのです。

そこでの保育者と子どもとの関係は，決して行動を認める，制止する，というような行動的な関係に解消されません。むしろ行動的な関わり合いの背後で動いている両者の心と心の絡み合い，つまり，子どもの主体としての思いを保育者もまた主体として受け止めて返すところが，子どもと保育者の関係がどの方向に動いていくかを左右しています。ところが，「子どもの主体としての思いを保育者もまた主体として受け止めて返す」というところは，外側から見ているだけではなかなか目に見えません。保育者自身は日々の子どもたちとの関係の中で実際にはさまざまな心の動きを経験しているにもかかわらず，しかし，それが世間にも保護者にも簡単には目に見えないのです。

このように「育てる」という営みは，周りの大人のその子の思いを受け止めるあり方，あるいはその子を前にしての気持ちの動きが大きなウエイトを占めています。そのことは保育者自身が一番よく気づいているはずです。そして「育つ」ということが結局は子どもの主体としての心が次第に正負両面の経験を通して練り上げられていくことだということも，日々，子どもと心を通わせて保育している人には分かっているはずです。

しかしながら，世間も保護者もなかなかそこに目を向けてくれません。それどころか，目に見えるところで保育者の対応を見て，たくさんのことを子どもにさせて力をつける働きかけをする保育者，子どもを集団として一斉に動かせる保育者がよい保育者であると評価する傾向にあります。その保護者の評価的なまなざしを意識して，保育者も次第に目に見えるところで子どもを動かそうとする流れに乗せられてしまう……これが今日の保育の現状ではないでしょうか。これが結局はこれまで見てきた保育の場に対する誤解を招き，それどころか，その誤解を助長する結果に繋がってきたのでした。

これまでの議論を踏まえれば，子どもの「育ち」を考えるとき，「子どもは○○ができるようになった」という行動次元だけを押さえるだけでは十分ではありません。「子どもはいまこのような思いを抱いて生きている」というように，目に見えない子どもの気持ちの動きを捉えることが保育には欠かせません。この点を読者に考えていただくために，別の保育者の描いたもう一つのエピソードを提示してみます。

エピソード：〈何も言わないSちゃん〉

〈背　景〉

Sちゃん（2歳11ヵ月）は，人の言うことはよく理解できるのだが，発音が不明瞭で，自分の思いをことばで伝えることが難しい子である。5ヵ月くらい前までは，噛みつきがとても多く，周りの子から「Sちゃんはすぐ噛む，こわい子」と思われていた。そんな中でTちゃん（3歳3ヵ月）だけは，Sちゃんを受け入れて一緒に遊んでくれるので，SちゃんはTちゃんのことが大好きだった。Tちゃんとのいい関係ができたおかげか，Sちゃんの噛みつきもぐっと減り，クラスの中のSちゃんのイメージも変わってきていた。Tちゃんは，はじめは，Sちゃんが自分にも噛みつくかもしれないという気持ちを持っていて，なにかとSちゃんに譲る付き合い方をしていたが，Sちゃんが穏やかになるに従い，自分をそのままぶつけるようになってきた。いやなときには，Sちゃんと遊ぶこともせず，他の子と遊ぶこともある。しかし，SちゃんはTちゃんのことが変わらず大好きでTちゃんを求めている。

〈エピソード〉

Tちゃんが急に泣き出したので，K先生が「どうした？」と駆け寄ると，Tちゃんが，「Sちゃんがたたいた」と言った。Sちゃんは，近くに座りこんだまま，気まずそうな，怒ったような顔をしてうつむいている。「Sちゃん，たたいたの？」とK先生が聞くと，Sちゃんは否定せず，そのままうつむいている。その様子から，SちゃんがTちゃんをたたいたのは本当のことだと思われた。K先生は，状況を聞きだそうと，両方にいろいろ尋ねていたが，Tちゃんは「何もしていないのにSちゃんがたたいた」と訴えるし，Sちゃんは，自分がたたいてしまったという事実と，どうせことばでは自分の思いは伝えられないだろうという諦めからか，うつむいたまま黙り込んでいて，この状況の展開はわからなかった。K先生は，泣いているTちゃんをなだめようと，抱っこして部屋の外へ出て行った。

私はK先生に対応を任せて，他の子と遊んでいる場所からその様子を見ていたのだが，残されたSちゃんと，Sちゃんの座っている床の周りの状況を見てはっとした。その日，Sちゃんは，朝から一人，積木で遊んでいた。一人で黙々と積木を組み立てていたので，私が「これは何？」と聞くと「おうち」と答えた。「Sちゃんのおうち？」と聞くと「Tの」と答えた。Tちゃんはその時，まったく別の場所で別の遊びをしていたのだが，SちゃんはTちゃんのために一人でおうちを作っていたのだった。そのおうちが半分壊れた状態になっていたのだ。私は，Sちゃんのところへ行き，「Sちゃん，これ，Tちゃんのおうちだったよね。壊れたの？」と聞くと，Sちゃんは黙ってうなずいた。「もしかして，Tちゃんが壊した？」と聞くと，Sちゃんは泣きそうな顔になった。「Tちゃんのために作ったのに，残念だったね」と言うと，Sちゃんは，目に涙をためていた。

〈考　察〉

Sちゃんはことばが不明瞭なために，自分の気持ちを分かってもらえないことが多いのだと思う。この時はたまたま，私が，そこに至るまでのSちゃんの気持ちを知っていたから，Sちゃんがなぜ叩いてしまったかを分かってあげることができたが，もしSちゃんがTちゃんを叩いたところしか見ていなかったら，原因もわからないまま，「叩くのはいけないことだよ」と言い聞かせていたかもしれない。Sちゃんの優しい気持ちはだれにも理解されず，寂しさと悔しさだけがSちゃんに残っただろう。Sちゃんは今までに，たくさんそんな思いをしてきたのではないだろうか。叩いたり，噛みついたりすることの多いSちゃんだが，そうせざるを得ないSちゃんなりの理由があったのだろう。私も何度もSちゃんに寂しい思いをさせてきたのかもしれない。私たちは目の前で起こったことだけに囚われず，なぜその子がそうしなければならなかったかを考えなければならないのだと思う。

このエピソードもいろいろなことを教えてくれます。このエピソードは，「たまたまSちゃんが家を作っている場面を見ていたから，このように分かることができたけれども，保育の場ではそこを見逃すことがしばしばなので，だからもっと注意して子どものことをていねいに見ていきましょう」などとまとめてしまってはなりません。噛みつくことはいけない，いけないことは強く抑えて，という流れになりやすい保育の場の実態の中で，噛みついたり叩いたりといった負の行動の背後に子どもの主体としての思いがあるのだということに，このエピソードの書き手が気づいたこと（気づいていること）が大事なのです。Sちゃんの叩いた気持ちの裏に，せっかくTちゃんのために作ったのにという思いが隠れている，それをこの保育者が受け止めたときに，保育者の中に自然に「Tちゃんのために作ったのに，残念だったね」と返すことばが紡がれてきます。それこそ「主体としての子どもの思いを保育者が主体として受け止めて返す」場面にほかなりません。このようなていねいな対応の積み重ねがSちゃんの主体としての育ちに繋がるものであるからこそ，このエピソードが貴重なのです。

確かに，大勢の子どもを保育する現実の中では，保育者がいつもこのエピソードのように子どもの思いを分かってやれるとは限らないでしょう。しかし，このエピソードは単に例外的な保育者の実践を示す例でも，たまたま偶然に先行する場面を見ていたからこのように対応できたというだけの例でもありません。多くの保育者は機会があればこのように子どもの思いを受け止め，それに応えてやり，子どもが一個の主体として育つことを願っているはずです。それが保育現場の生きた姿だと思うのです。この保育の営みの機微，つまり目に見えない心と心の触れ合いを取り上げるには，いまのようにエピソードを描くというやりかた以上によい方法があるとは思われません。この保育者の場合も，もしもSちゃんとのこの関わり合いをこのエピソードに描くことがなければ，その関わり合いは自分の経験の中で閉じられてしまったことでしょう。それがこのように描き出されてみれば，この場を経験していない同僚の保育者にも，また読者にも，この場面でのSちゃんの気持ちの動きが分かり，また保育者の思いも対応の出所も分かるはずです。

ですから，このようなエピソードを保育の現実としてもっと世の中にしっかり伝えることができれば，保育がどのような営みなのかが世間にも保護者にももっとよく分かるようになるのではないかと思うのです。そこに，いま保育の場にエピソード記述が必要だという大きな理由の一つがあります。

5．保育の場では保育者も一個の主体である

世間の保育に対する誤解を払拭する必要がある，子どもの思いを受け止め，それに何かを返すという見えない保育の営みにこそ保育の大事な面があるとい

うことについてこれまで述べてきましたが，視点を変えれば，保育の場の「あるがまま」から保育を考えるということが，これまで十分に理解されてきていなかったということになります。そうなった理由の一つは，保育の場が「子どもの場」というイメージで捉えられ，保育者が一貫して黒衣（くろこ：歌舞伎等の舞台上で役者の世話をする黒装束の後見役のこと）の位置に置かれてきたことも一因だったように思われます。

確かに保育の場は，子どもの成長する場であり，子どもの成長する姿が前景に出るのは当然です。しかし，どの子どもも「育てられて育つ」のだというところに立ち返れば，保育の場は子どもたちだけで構成される場ではなく，保育者もその重要な構成要素であることは言うまでもありません。ところが，保育者は環境を用意したり，子どもへの適切な働きかけをしたりする人という位置づけはなされていても，保育の場の中で子どもと同じように保育者も一個の主体であるという位置づけがこれまで十分ではありませんでした。いわば「保育者」という一般名詞の中に，一人ひとりの保育者が一個の主体として子どもに向き合っているという現実が押し込められてしまっていて，それが結局は誰が対応しても同じになるかのような，またそうであってこそ保育の正当性が保障されるかのような錯覚を生み出してきたのでした。

しかし，実際には，保育者は一人ひとり個性ある一個の主体であり，保育経験も違えば，それまで辿ってきた人生も違う人です。そのことによって，子どもの気持ちを受け止める姿勢も，それに基づいて子どもに返す対応も一人ひとり違っています。そして，そのことによって，子どもの心の育ちも大いに違ってくるのです。そのことは，これまで見てきたＫくんやＳちゃんのエピソードを読んでみれば明らかでしょう。どの保育者もあのように場面を受け止めたり，あのように子どもに返したりするとは限らないのです。

実際，冒頭の「虫のおうち」のエピソードも，「もう一つの顔のＫくん」のエピソードも，「何も言わないＳちゃん」のエピソードも，固有名を持った一人の保育者が描いたものです。それぞれのエピソードは，当該保育者の体験，つまりその保育者の感じたこと，考えたこと，描きたいという思いを通してしか描けなかったもので，その場に居合わせればどの保育者でもあのように描けたというものではありません。このように，保育の営みは，本来，一人ひとり個性豊かな主体としての子どもたちと，これまた自分の人生史を抱えた一人ひとり個性的な主体としての保育者との，個別具体的でなおかつ相互主体的な関わり合いから成り立っています。それをこれまでは，このような環境を構成すれば，子どもはこのような育ちをするといった一般論によって覆い隠してきたのでした。つまり，その一般論によって保育者一人ひとりの個別性や固有性はかき消され，一人ひとりの保育者が個別に負うべき責任も，保育者一般が引き受けるべき責任へと解消されてきたのでした。

誰がやっても同じ保育になる（ならねばならない）のであれば，保育者という存在は限りなく透明になり，まさに黒衣とみなされてもやむを得ないかもしれません。しかし実際にはそうではありません。これまで示した三つのエピソードがそうであったように，保育の場においては，主体としての子どもと，これまた主体としての保育者との関わり合いが，子ども同士の関わり合いに劣らず，重要な意味を持っているのです。

もちろん，ここで保育者が主体だからといって，保育者は自分の思いをストレートに子どもにぶつけてもよいのだとか，自分のこうしたいという流れに子どもを巻き込んでよいのだと言っているのでないことは，これまでの議論から明らかだと思います。言い換えれば，保育者が主体だということは，保育者主導と履き違えられてはなりません。あくまで，子どもを一個の主体と受け止め（子どもの行為や言動やその背後の思いの動きを一個の主体のすること，思うことと受け止め），その上で，保育者もいろいろな思いを抱く主体として，その受け止めたことに基づいて何かを返していくというところに，保育者の主体性があるという意味です。

次章で詳しく見ることになりますが，これまで保育の場で描かれてきた記録の多くは，まさに没個性的に，「誰が書いても同じようになるように」描かれてきたといってもよいかもしれません。そのような記録の取り方は，保育者にとっては，常に子どもを対象として見る姿勢を強め，また子どもたちに何かを

「させる」姿勢を強める一方，その逆に，目に見えないものを「見る」姿勢，つまり子ども一人ひとりの心の動きを「感じる」姿勢，子どもの思いを受け止める姿勢を弱める結果を導きました。保育の場面を描くという営みには，当然，描く主体と描かれる対象が常に関わってきますが，ここでもこれまで保育者は自らを括弧に入れて黒衣にし，向こう側の（対象としての）世界を描くという姿勢を一貫して保とうとしてきたように見えます。それはまた，保育者の養成課程において，そのような指導がなされたからでもあったでしょう。とにかく「客観的に描く」ことが強く求められ，さらに「自分の考えや感情を入れてはいけない」という指導がなされてきたのでした。

これに対して，エピソード記述はあくまでも一個の主体としての保育者がその出来事をどのように経験したかを描くものです。無色透明な保育者が子どもたちの様子を外側から見て，誰が描いても同じになるようにエピソードを描くという想定は，本来できない相談です（もっとも，子どもたちがこうした，こう言ったという保育場面を客観的に描いて，それをエピソードだと称している人もいるので，議論が錯綜してしまいますが，私の考えでは，誰が描いても一緒になるような，つまり保育者が黒衣になってしまっているような場面の描き方は真のエピソード記述ではないと思っています)。次章で詳しく見るように，立ち会っている場面が同じであれば，必ず同じエピソードが描き出されるというわけにはいきません。というのも，エピソードはあくまでそれを描く人の心の窓を通して得た経験を描き出すものだからです。ですから，そこには自分がこう感じた，こう思ったというように，いわゆる「保育者の主観」が絡んできます。そのことは，これまで提示した三つのエピソードを読めば明らかです。初めてエピソード記述に臨んだ保育者は，「本当にここまで自分の主観をいれてもよいのか？」という疑問を抱くことが多いようですが，それだけ養成校での指導が厳しかったということなのでしょう。

これまでの議論を少し整理してみましょう。

子どもを集団として動かす局面は保育の場には必ずあります。特に保育計画に沿って全体で何かをしようというときがそうです。このときの保育者は，全体を動かす上で自分は何をしなければならないかというように，保育者としての役割期待を考え，それに沿って動くことになりやすいので，「誰がやっても同じ」保育になる傾向にあり，またそれが保育として求められていることだと考えがちです。そのような全体としての活動の流れを客観的に記録しようとすれば，誰が描いてもほとんど同じになるはずで，そのとき，保育者はいつのまにか自らを黒衣の位置に置いてしまっています。

そのように集団を全体として動かすことが保育の基本だと思っている人（思い込んでいる人）には，ですから，記録もこれまでの客観的な記録で十分，保育者が黒衣になるのも当然という考えになり，保育者に個人差があるとすれば，それはただ，その保育者がその仕事をどこまできちんとやり通せるかの違いだということになるでしょう。そのような見方が，先に見たように，保育の現実の「あるがまま」から遊離し，皮相な保育の見方に傾斜することを助長してきたのでした。

しかしながら，これまでの議論からも明らかなように，保育はそのような集団の全体的な活動に終始しているのではありません。そういう目に見える大きな全体の活動を一日の保育の流れとしては抱えながら，しかし，個々の局面では，やはり，主体としての子どもと主体としての保育者が相互に密接に関わり合っています。そして子どもの主体としての心の育ちを中心に考えれば，保育の本質的に重要な局面は，むしろ子どもと保育者の相互主体的な関わり合い，つまり主体として受け止め，主体として返すという，目に見えない心と心が触れ合う局面にこそ，保育の本質があるのです。

保育をそのように捉える人には，従来の経過記録のような客観的な記録だけでは不十分であり，保育者は決して黒衣ではなく，保育者もまた保育の場では一個の主体なのだと考えないわけにはいきません。そして保育者の個人差は，日々の保育の展開のすべてのところに現れており，それを特徴的に描き出すには，まさにエピソード記述に拠らなければならないと考えるでしょう。

保育者もまた子どもと同じく保育の場における一個の主体であると考えれば，保育者はおのずから子どもとの相互主体的な関わりを大事にし，それによって子どもが一個の主体として育つように，その目に見えない「心を育てる」ことに向かい，その関わりの場面をエピソードに描こう，描きたいと思うことへと向かうという流れが生まれます。保育者は何かを「させる」人である前に，何かを感じ，何かを思う主体なのです。そこのところに立ち返れば，保育者はこれまでの黒衣の位置から自ら抜け出し，自らの心の窓を通して得た経験をまずはエピソードに描いてみよう，描いてみたいと思うのではないでしょうか。

冒頭の「虫のおうち」のエピソードを再度振り返って見てみましょう。このエピソードは単に起こった出来事を客観的に描いたものではないことは先にも触れました。これを描いた保育者は，子どもたちの冴えない表情から困った様子を「感じ取り」，内心冷や汗をかく「思い」をしています。これは，子どもの思いのところに保育者が出かけ，そこで子どもに接しているからこそ，取り上げることのできたエピソードだったと思います。そのことは，これを描いた保育者が個性ある一個の主体としてその場に現前していたことを物語っています。そこにこのエピソードの価値があります。そして，反省しながらも，自分のクラスの子どもたちが虫のことを思ってそのような優しい心になれるのを嬉しく思っているところもあったに違いありません。ですから，このエピソードは保育者にとっては冷や汗ものの失敗エピソードとして描かれておりながら，この園の，あるいはこのクラスの，何とも微笑ましい雰囲気を同時に伝えることができるのです。

保育者がこれまで黒衣だったという議論を拡げ，保育の場の「あるがまま」に近づこうとすれば，保護者の問題にも言及しないわけにはいきません。保育の場に集まってくる子どもはみな家庭という背景を抱えており，それぞれの子どもが抱えるその背景が，子ども同士の関わり合いや，子どもと保育者の関わり合いに，直接，間接に影響しているはずだからです。

保護者と保育者の関係について言えば，確かに従来は，子ども集団を保育者がリードして日々の生活を営むというイメージで保育を考え，保護者はその保育の営みの余白に位置づけられるかのように考えられて，その意味で黒衣の位置に置かれてきました。簡単に言えば「子どもを預けに来て，お迎えに来る人」としてしか位置づけられてこなかったのです。そこには保育の場が家庭と分断された「子どもの特権的な場である」という従来の保育観も影響していたと思います。しかし，子どもを育てるという観点から考え直してみると，子どもは家庭だけで育つのではなく，また保育の場だけで育つのでもありません。また，現状を考えれば，保育が家庭の養育の補完物などでないことはいまや明らかです。

「特権的な子どもの場」というこれまでの見方を括弧に入れれば，今の時代，むしろ一人の子どもを保育者と保護者が一緒になって（共同して）育てるという大きな枠組みが見えてきます。確かにいまの時代は保護者が強く権利や自己を主張し，保育者と正面からぶつかることも稀ではありません。しかし，時に衝突する局面があったとしても，前向きに考えれば，それは従来の「ただ朝の受け入れ場面で出会い，お迎え場面で出会う」だけの関係から，保育者が主体であるように保護者もまた主体であるという相互主体的な関係に移行するということ，つまり，それぞれの価値観を持った人として認め合うことを出発点にしながら，子どものことを共に考え，子どもの成長を願う関係へと少しずつ移行しつつあるからこそ，時に衝突することもあるのだというふうに考えていけないでしょうか。保護者と保育者は子どもを育てるという点で同じ立場にあります。そして，お互いに子どもを育てること（保育すること）を通して，自ら人間としてより厚みを増した主体に育っていくという点でも同じ立場にあります。そこには共通するもの，共有できるもの，共感しあえるものが多々あるはずです。お互いに歩み寄って，一緒に子どもを育てていこうという姿勢を示し合うことが，結局は子どもの願わしい育ちに繋がるはずなのです。

実際，保護者とのあいだにあった行き違いが，卒園式の涙とともに解消されるという話は，保護者の側からも，また保育者の側からもしばしば聞かれるところです。保護者も保育者も決して完成した大人ではなく，子どもを育てることを通して自ら育っていく存在，その意味では大人もまた子どもに似て，「未然の主体」なのです。

そのことを踏まえれば，保育の営みは決して子どもを特権的な場で保育するだけに限られるものではなく，保護者との関係の持ち方をも視野に入れた，これまでよりももっと広い視野が求められる営みだということが分かるはずです。それが保育の場の「あるがまま」です。昨今，「次世代育成支援」が言われますが，それは単に次世代の子どもをきちんと育てましょうということだけでなく，次世代を育てる人たちが，自ら大人として，親として育っていけるように支援しましょうということも含まれているはずです。そしてそこにも保育の場の役割があるのです。

ですから，保育者が描くエピソードに保護者が登場してきても当然です。お互いの気持ちが衝突して苦しかった場面や，保護者の辛い気持ちが分かって保育者も辛くなる場面などは，保育者の気持ちが強く揺さぶられる場面であるだけに，エピソードに取り上げられて当然でしょう。しかしそのような負の事態ばかりでなく，保育者が大事にしている保育の中身を保護者に理解してもらえて嬉しかった，子どもの成長を保護者とともに喜べて嬉しかった，というような肯定的な場面にも事欠かないはずです。こうした保護者との関係のありようがエピソードに描かれ，一般の人に示されてこそ，保育の場の奥行きと幅が世間の人により見えるものになり，保育の営みが一筋縄で行かない事情もみえてきて，保育の場の「あるがまま」への理解が深まってくるに違いありません。

6．保育者が描きたいと思うことがエピソード記述の出発点である

私は2005年に『エピソード記述入門』（東京大学出版会）を出版しました。これは保育の場に限らず，教育や看護などの仕事に携わる人たちの多くが，自分の関わる人の生き様を生き生きと描きたいという願いを持つことを出発点にしていました。つまり，誰が書いても一緒というこれまでの没個性的な記録のあり方を超えて，自分が関わる人の存在のありようを生き生きと描き出したいという願いを現場に生きる人たちは（潜在的には）皆一様に持っているということを出発点にしていました。そして，実践の立場の人たちはそれを描き出す中で，自分がこの仕事に従事していることの意義を確かめ，自分の仕事が自分の

生き甲斐になっていることを自ら確認しようとしているようにさえ見えました。

この本の出版以降，保育関係者のあいだでエピソード記述の研修を求める動きがいくつか現れ，それに応える中で，保育者の皆さんに心に残るエピソードを描き出してもらう機会を多数持つことができました。これまでに掲げた三つのうちの最初と最後のエピソードは，そのような研修会で出会ったエピソードです。

また，保育者が描いたエピソードを職員全体の保育ケース会議の場で検討しあうという中で出会ったエピソードもありました。二つ目のエピソードがそれです。そのような数々のエピソードに出会う中で，私が驚いたことは，当初は描くのが難しいと逡巡したり，描くことに抵抗感を感じたりする保育者が，一度エピソードを描いてみると，描くことに興味を持ち始め，実は描いてみたいことがほかにもあるなどと，エピソード記述に前向きになる保育者が多数いるという事実でした。

これはエピソード記述の研修を始める前には予想しなかったことでした。普段から，記録を取るのは苦手，コマ鼠のように動くのは得意だけれども，場面を描くのはちょっと，という保育者に多数出会っていたからです。ところが蓋を開けてみると大違いなのです。エピソードを描くことにこのように前向きになれるのは，どうやら描くことを通して，保育者自身，誰がやっても同じになるというような保育などしていないこと，自分もまた一個の主体として保育の場を生きていること，だからこそ保育することの喜びも難しさも悩みもあるのだということに，改めて気づいたからのようでした。エピソードを描く前は「保育者」という大きな括りの中に括り込まれていたものが，エピソードを描いてみてはじめて，自分が一人の主体として保育に関わっているのだということがはっきり見えてきて，自分がこんなにも子ども一人ひとりの育ちに深く影響を及ぼしているのだということを改めて実感し，自分の保育に対する責任と，この仕事の重さを再認識したと，研修に参加した保育者は口々に言うのです。

確かに，保育園や幼稚園で従来つけている「経過記録」のような客観的な記録は，義務感からでも書けます。しかし，エピソード記述は義務感では描けません。エピソード記述はあくまでも主体的な営みで，これを描け，このように描けと外部から言われて描けるものではありません。これを描きたいと思うエピソードが一人の保育者によって日々の出来事の流れから切り取られるまでは，描こうにも描けないのです。要するにエピソード記述は保育者が主体的に「描きたいと思う」ことがまず先行するということですが，これを少し振り返ってみれば，エピソードは，自分の至らなさにはっと気づいたとか，子どもに可哀想な思いをさせてしまったとか，あるいは気になる子どもがこの出来事をきっかけに立ち直っていったとか，その出来事を経験する保育者の心が強く揺さぶられたときに，初めて描くという動きが生まれてくることが分かります。毎日の保育業務を単に淡々とこなすだけという保育への臨み方では（つまり心が揺さぶられることのない日々では），エピソードは浮かび上がってきませんし，それを描こうという気持ちにもなれないでしょう。

「描きたいと思う」ことが出発点だと述べましたが，第２章で見るように，最初のうちは，「こんな子どもの姿がかわいらしかった」「こんな年齢でも周りの子どもたちにこんな思いやりを発揮できるのだと感動した」「こんなふうに子どもと気持ちを繋ぎ合わせることができて保育者冥利に尽きた」等々，肯定的な場面をエピソードに描こうとすることが多くなるのは当然でしょう。そうやってエピソードを描くことの意義が摑めてくると，次第に「描きたい」と思うことの幅が広がり，負の場面を描くことにも気持ちが向かうようになって，エピソードを描くことが自分の保育の場の「あるがまま」を描くことなのだというところにたどり着くことになります。

しかしながら，エピソードを描くことは保育者にとって両刃の剣の意味を持つ場合があることを見逃すわけにはいきません。というのも，エピソードの多くは子どもと保育者の密なる関わりの機微を描くものですから，子どもの気持ちを受け止めるところ，受け止めたところで子どもに返すところ，そこでことばが紡がれるところ，さらには，その場面でのその子への対応が周りの子どもに影響を及ぼしたところなど，自らの保育実践を丸裸にする一面を持つからです。自分の保育の実態は，通常は目に見えるところで評価されていますから，そこを何とか取り繕えば何とかしのげるかもしれません。しかし，密なる関わりの機微を自ら曝け出せば，自分の保育の至らなさまではっきり見えてしまうかもしれないのです。

これまで「自分の主観が入るから」という理由でエピソード記述は敬遠されがちだったわけですが，実はそれだけではなく，保育の機微を描き出せば自分の保育の至らなさが目に見えてしまうということも，おそらくエピソード記述を保育者自身が敬遠してきた理由だったのかもしれません。これまで見てきたように，保育者も保育の場では一個の主体です。主体であるからには，自分は黒衣ではなく，自分の思いを持ち，それに従って保育することにプライドを感じているはずです。しかし，そのように主体であることを前面に押し出して自分の保育を曝け出せば，今度はそれへの評価が返ってきて，プライドが傷つく可能性が生まれることになります。これは確かにジレンマです。しかし，そのジレンマを超えて，やはりエピソードを描いてみてよかったと思う人が多いのは，エピソード記述を通して，他の同僚と保育の難しさを共有できた，子どもに対する自分の思いが自分自身に分かった，等々，自分が保育の場に生きる一個の主体だということをはっきり確認できるからではないでしょうか。また，自分の保育の至らなさに気づくことができた，これまで子どもを受け止めきれていなかったことに気づいた，保育は大切だけれども難しい営みだということを改めて認識できた（完璧な保育などというものはないけれども，しかし質の高い保育を目指そうと考えるようになった），等々，自分の保育を一歩前に進める展望が開けたということも，エピソードを描いてよかったという感想の出所になっているようです。これについては，第２章以下の具体例の中で再度触れてみたいと思います。

このように，エピソードは「描きたいと思う」ことが出発点ですが，それだけでエピソードが描けるわけではありません。その場面をどのように描くのかについては次章で詳しく取り上げますが，単に「描きたいように描く」のではなく，その「あるがまま」を忠実に描くことがエピソード記述の第１の要件だと言ってよいでしょう。しかし，そこのところが意外に難しいのです。人はややもすれば「読み手がよく思ってくれるように描く」ことへと引っ張られて，「あるがまま」から離れてしまいかねないのです。裏返していえば，都合の悪いこと，失敗したこと，分からないこと，見て見ぬ振りをした場面やどうしていいか分からなかった場面などは，無意識のうちに描き出したくないものの枠の中に押し込み，描かないことになってしまって，それなのに，本人は描き出したものだけで「あるがまま」だと思っていることが少なくありません。

エピソードを描くことによってしか，保育の場の目に見えない営みの機微を描き出すことができませんが，しかし，描き出し方によっては，従来向けられてきた「主観的だ」という非難が当てはまってしまう危うさと常に背中合わせになっていることも否定できません。そこにこのエピソード記述という方法の弱点があると言えるかもしれません。そして，この弱点に捉えられてしまうのか，それを乗り越えていくのかにも，結局のところ保育者の主体性が絡んでくるのです。

7．他の保育者とエピソードを共有することが重要である

さて，これまで紹介した三つのエピソードは，それぞれ一人の保育者が描いたエピソードですが，多くの場合，描かれたエピソードは描いた人に留め置かれることはなく，他の読み手に提示されます。というより，これも次章で詳しく述べますが，エピソード記述は本来，読み手を想定したものです。当事者が経験した場面をていねいに描き出すということは，その出来事はまさにこのように起こったという出来事の真実を描くことですが，それだけでなく，その出来事はこのように起こったということを他の読み手と共有しよう，共有したいと思うところに，エピソード記述に向かう本来の動機があるといってもよいでしょう。

ある保育者の描いたエピソードを他の保育者はどのようにして共有できるでしょうか。共有できるための最低条件は，まず描かれた場面が他の保育者（一般の読者）にも生き生きと思い描くことができるということです。しかし，そ

の場面を思い浮かべることができても，その場面を取り上げた保育者の思いが共有されなければ，このエピソードが共有されたことになりません。そこがエピソード記述の難しいところです。

例えば，「虫のおうち」のエピソードは単に「かわいいエピソードね」で終わってしまう可能性があります。あるいは，「Ｋくんのエピソード」に対しても，「私は５歳の子どもを抱っこするのはやはり甘やかしだと思います」という保育者もいるかもしれません。また「何も言わないＳちゃん」のエピソードは，たまたま制作場面を目撃したからこのような対応ができただけだという保育者もいるかもしれません。これに対して私は，この三つのエピソードは保育のもっとも大切なところを描いているとして本文中で高く評価してきました。

このように，保育はいろいろな価値観によって見方が違ってきます。それぞれの価値観に従って保育とはこういうものだと考えられているところに，一つのエピソードが提示されると，そのエピソードは各自の持つ価値観と響き合って，何らかの意味や評価を読み手に喚起します。私はたとえ価値観が違っていても，それをお互いにぶつけ合い，すり合わせることが，保育の質を高める最短ルートではないかと考えます。

本書の第４章では，ある保育園のケース会議の様子とそこで交わされた議論が紹介されています。ケース会議の場で一つのエピソードが提示されるとき，そのエピソードは確かに当該保育者が関わる中で経験した出来事として提示されますが，そこに登場する子どもに対しては，そこに居合わせた当該園の他の保育者も関わったことがあるはずで，「私が３歳のときに担任したときには○○さんはこうだったよ」というような，他の保育者の経験が議論の中で交差します。そこが重要なところで，担当者の経験がそれによって深められたり，担当者のそれまでの子ども理解がそれによって揺らいだり，といったことが起こります。しかし，全体としてはそれらの経験が交差する中でその子についての理解が深まり，またエピソードを描いた保育者の思いが周囲の保育者に伝わり，共に考えていく素地を作るのです。

これまでの研修での私の経験を述べれば，エピソード記述に向かった保育者が一様に言うのは，次のようなことです。「描いたエピソードを他の保育者たちにも読んでもらい率直な感想を聞けてよかった」「自分の子どもへの思いが他の同僚に共感してもらえて嬉しかった」「自分の保育への姿勢を他の保育者と共有できてよかった」「一緒にこの園で働いているのだということが実感できた」，等々。また読み手の側の反応としては，「普段は発表者の保育の外側しか知らなかったけれども，今日のエピソードの発表を聞いて，発表者の内面が理解できてよかった」「発表者がこんなふうに子どもの事をていねいに見ているとは失礼だけれどもこれまで気がつかなかった」「発表者のこれまで知らない一面を見せてもらった気がする」というような発言がよく聞かれました。

このようなエピソード記述の発表者やその読み手の感想を重ねると，保育者は単に子どもを保育するだけの人なのではなく，職場で同僚と共感して仕事をしたいと思っている人たちでもあるということ，お互いの相互評価によって保育をもっとよいものにしよう，自分自身，保育者としての力量を高めようという志向性をそれぞれに持った集団なのだということが改めて分かると思います。

確かに，どの園も多数の子どもを少ない保育者で保育しているのが現実です。その現実の中で，「保育ケース会議」のような職員があつまる時間がなかなか取りにくいという実態もあるでしょう。描かれたエピソードを午睡のあいだに読んで意見交換を行っているという園もありました。そこにはそれぞれの園の工夫があり，またそのような意見交換やその場を設けることへの意欲に関してそれぞれの園に温度差があるのも事実です。

しかし，少なくともこれまでの私の経験から言えば，一つのエピソードを皆で検討し合うということの意義に疑問を差し挟む保育者は見当たりませんでした。子ども理解が深まり，同僚意識が深まり，いろいろな問題に気づくことができ，自分の保育者としてのアイデンティティを確かめることができた，という肯定的な評価が大半です。ただ，多くの主任や園長クラスの人の感想の中に，「議論が沸騰したとき，このエピソード記述をどのように理解するか，また今後の保育をどのように考えていくかに関して，スーパーヴァイズが欲しい，自分たちだけでは心許ない」というのがあり，これは今後検討していかなければならない課題だと思います。

いま全国的にエピソード記述を学ぼうとする動きが保育者のあいだに起こりかけていますが，それというのも，エピソードを描く→皆で検討する→いろいろな気づきを得る→職員がまとまる→保育に向かう力が湧く，といった好ましい流れが実際に生まれることが理解されてきたからではないでしょうか。そしてそれが保育の質の向上，つまり，その園に集まってくる子どもや保護者が，ここで保育を受けてよかったと思える保育に繋がっていくのだと思います。

以下，簡単に本書の概要をスケッチしておきましょう。

次の第1章では，エピソード記述が満たすべき要件を示し，エピソード記述の目的がそこに生まれた出来事をできるだけあるがままに生き生きと描くことであること，それと同時に，読み手に訴え，読み手に理解してもらおうとするものだということを明らかにします。決して綴り方教室を目指すわけではありませんが，読み手が理解できない記述では何にもなりません。またエピソードを記述する上で陥りやすい落とし穴についても言及してみたいと思います。

第2章では，これまで大勢の保育者に描いてもらったエピソードの中から，いくつかを取り上げ，それを便宜的にいくつかに分類することによって，保育者はどのような場面をエピソードに描きたいのかを明らかにしてみます。そしてその描かれたエピソードに私なりのコメントを付すことによって，そのエピソードの意味の広がりを掘り下げてみます。それによって，保育の場がどれほど複雑で多岐にわたる場なのかが，およそ読者に伝わると考えています。これはこの序章で触れた，保育の場の「あるがまま」が世間に十分に理解されていないと述べたことへの，私なりの答えのつもりです。多数のエピソードを読むだけで，これまで知られていなかった保育の場の現実がよりアクチュアルに見えてくるはずです。

第3章では，一つの事例を多数のエピソードで綴ったものを紹介しています。取り上げられた事例は一人の子どもにていねいに関わることを通して，子どもの行動の変容ばかりでなく，子どもの内面の変容や，それに関わった保育者の内面の変容まで浮かび上がってくる内容になっています。エピソードを時系列的に配列することによって，一人の子どもの育つ過程を明らかにできるというところにも，エピソード記述の意義があるということがこの事例エピソードから分かります。そして，それぞれの保育の場で障碍のある子どもや気になる子どもの事例をまとめるときの一つのヒントになるのではと考えています。

第4章は，ある保育園のケース会議の様子を詳しく取り上げ，その場に一緒に参加した者の立場からいくつかコメントを付したものです。この序章の第7節で議論したことを，具体的なエピソードやケース会議参加者の具体的な発言によって確認するとともに，ケース会議の意義やそこでのエピソード記述の問題点を具体的に考え，この種の試みをこれからやっていこうとする園や保育者に一つの手がかりを提供しようというのがこの章の主旨です。「いま，なぜ保育の場でエピソード記述が必要なのか」という問いに対する答えは，この序章の内容とともに，この第4章を読む中である程度見えてくるものと思われます。

終章は，公開エピソード検討会の場で提示された一つのエピソードを参加した人たち皆で検討しあった経緯を紹介しながら，本書全体の主旨をまとめる内容になっています。

以上が本書の概要です。保育の場に臨む保育者が，保育園である，幼稚園であるという違いを超えて，子どもと保育者との心と心の触れ合いを生き生きとエピソードに描き，それによって保育の質を高め，保育者であることの誇りと生甲斐を確かめることができるようになれば，本書の目的は達成されたと考えます。

第1章　保育の場の「あるがまま」にせまる

1．保育者がエピソードを描こうと思い立つとき

目の前の子どもの生き生きした姿に接し，その子の思いを受けとめ，それに基づいて何かの対応を紡ぎだしている保育者であれば，その日々の営みの中で，気がついたこと，感動したこと，困ったことなど，さまざまな経験を誰かに分かってほしい，共有してほしいと思うに違いありません。そのとき保育者は，例えば「○○ちゃんはこんな気持ちでこれをしたんです」「○○ちゃんの悔しい気持ちは伝わってくるのに，私は何もしてやれなかったんです」「○○ちゃんの嬉しい気持ちがこんなふうに伝わってきて，私も嬉しくて……」と，身近にいる同僚に勢い込んで話しかけるかもしれません。話を聞いてくれた同僚がそれを分かってくれる，共感してくれるということがあれば，それだけで日々保育をしていくことに自信と勇気を得ることができ，辛いことがあっても前を向いて保育を実践していくことができるでしょう。

しかし，自分が得た感動や自分が関わっている子どもに対する思いを傍にいる同僚に口頭で伝えても，その同僚がすぐさま分かってくれるとは限りません。あるいは自分の得た感動やその子に対する思いを口頭ではなかなか伝え切れなかったという場合，あるいはまた，分かってくれそうな同僚が残念ながら自分の職場に見出せないという場合もあるでしょう。そのようなとき，保育者が得たその感動や子どもに対する思いは，多くの場合，その保育者の胸のうちに一時抱え込まれるだけで，時間の経過とともにその感動や思いが薄れ，忘却の彼方に消えていく運命を辿ることになります。保育の営みの大半はそのようにし

て流れ去っていくものなのかもしれません。

しかしながら，ある保育場面で得た感動が殊のほか深く，またそのときの子どもに対する思いがどうしても忘れがたいときがあります。保育者の中にはそのようにして得た感動や，忘れ去ってしまうにはあまりにも惜しい出来事，あるいは子どもの発した印象深いことばを自分の個人的な保育日記の中に書き留めている人もいるでしょう。中には，そのような感動した経験や子どものつぶやきを保護者向けの個別のお便りに書き込んだり，あるいはクラス便りの中に描き込んだりという試みをしている人もいます。自分だけの胸に留めておけないという思い，忘れてしまいたくないという思いが，保育者をそのような工夫に駆り立てるのだと思います。というよりも，それだけその感動が深く，そうせざるを得ない，そうすることに駆り立てられてしまうというほうが，正確かもしれません。そのように保育者の心が動くときこそ，保育者が自発的に（主体的に）エピソードを描こうと思い立つときです。

その感動する場面，忘れがたい場面とは，一人の子どもが一個の主体として生きているということへの感動，忘れがたさであり，それを感じ，その主体の思いを受け止める自分もまた，一個の主体だということに思い至るときだと思います。人と人との関係とは，それゆえ，お互い主体である者同士が，互いに相手を主体として受け止め，主体として返す関係にほかなりません。その相互主体的な関係の中にこそ，感動が生まれ，深く印象に残るのです。そしてそこをエピソードに描きたいと思うのです。

私はそこに，いま保育の場の担い手がエピソード記述に向かう基盤があると考えています（これは保育の場に限らず，教育や看護や介護など，人と人とが生き生きと関わる実践の場にいる人々が，いまエピソード記述に関心を持つ共通の基盤だと考えています）。保育者の「描きたい」という思いの溢れたエピソードの一例を以下に示してみます。

(1) かわいらしい子どもの姿を描きたい

エピソード1：〈傷を治す〉

年度末を間近に控えた1歳児クラスでのことでした。私が破れた絵本をセロテープで修繕しているとA男がやってきて，「何してんの？」と尋ねます。私は「ご本が痛い痛いって泣いてはるし，バンドエイドはったげてるねん」と答えました。「ぼくもする」といってその子は傷んだ絵本を持ってきます。ひととおり終わると「お人形も！」と，片腕の取れかけた熊のぬいぐるみを持ってきました。

それを見ていた女の子のCちゃんが，どこも傷んでいないお人形を抱えてやってきて，「さっきね，このおさるさん，こけて痛い痛いって泣いてはったし，はったげて」といって，私とA男の前にちょこんと座ると，おさるさんを自分の膝におきました。

おそらく2歳の誕生日が過ぎた子どもの，いかにもかわいらしいエピソードです。子どもの問いかけに，とっさに紡いだ「本が痛がって泣いているからバンドエイドを貼ってあげている」という保育者の答えが，子どもの興味を呼び込み，遊びに広がるという，幼い子どもの姿が彷彿とするエピソードです。決して予定された保育の流れに沿った場面ではなく，むしろ一日の保育の大きな流れのいわば「余白」に生まれたエピソードだったと思いますが，そのちょっとした対応から，他の本の「治療」，さらにヌイグルミの「治療」にまで話が広がり，果ては他の子どもが持っていた人形の「治療」にまで発展するというように，幼児の思考が広がっていくさまがよく分かります。そしてそれが保育者と子どもとの目に見えないコミュニケーションを土台になされているらしいこと，その雰囲気に別の子どもも引き寄せられていったらしいことがこのエピソードからそこはかとなく感じられます。保育者がエピソードを描くというときに，まず持ち出すのは，多くの場合，このような「子どもの姿がかわいかった」という思いが強く揺さぶられたときのエピソードのようです（これは第2章で示すエピソードの分類枠の一つです)。そしてそれが保育者がエピソード記述に向かう強い動機の一つになっているようなのです。

しかしながら，「かわいらしい姿」を描くだけでは，いま保育の場でなぜエピソード記述なのかが見えてきません。それを描くことがなぜ「保育の質」を高めることに繋がるのかも見えてきません。そこから振り返れば，このエピソードにはまだ描かれていないことが沢山あることが逆に見えてきます。ここから先は，本当は保育研修の場で保育者同士の意見交換の中でなされる議論だとなおよいのでしょうが，私の立場からここでコメントすれば，まず，保育者はなぜこの場面を描きたかったのでしょうか。単にＡ男くんやＣちゃんの応答がかわいらしかったということだけだったのでしょうか。また保育者はＡ男くんが問いかけてきたときや，他の破れた本を「これも」と持ってきたときのＡ男くんの思いをどのように受け止めていたのでしょうか。あるいはＣちゃんがおサルさんの人形を持ってきてそこに参加しようとしたときに，保育者はどのようにＣちゃんの思いを受け止めていたのでしょうか。

私の考えでは，単にかわいかったのではなく，あえて言えば，Ａ男くんが一個の主体として生きているということがかわいかったのだと思います。一個の主体として生きているとは，Ａ男くんがそこにＡ男くんらしくおり，そこで気持ちをいろいろに動かしている（いろいろな思いを持っている）ということです。保育者がＡ男くんを一個の主体として受け止めるとは，ですから，その思いを（気持ちの動きを）受け止めるということです。

その点からすれば，このエピソードにはまだそこが描かれていません。確かに，このエピソードにはＡ男くんが話しかけてくるところ，コミュニケーション的なかわいらしい関わり合いがあったことは描き出されています。しかし，そこでのＡ男くんの主体としての思いがどのようであったか，それを保育者がどのように受け止めていたのかは表現されていません。例えば，いつも自分の好きな本を探すときに乱暴に引き出してその上を歩いたりしているＡ男くんだったので，保育者は少しでも本を丁寧に扱ってほしいという思いをＡ男くんに伝えたいと思っていたとか，あるいはＡ男くんはいつになく不機嫌で，保育者に自分の方を向いてほしくて近づいてきたので，保育者はここではＡ男くんの気持ちを切り替えるように応対したとか，何か保育者の内部でＡ男くんの思いを受け止める部分があったに違いないのです。

そこに目を向けたとき，単にかわいかったということを超えて，A男くんは保育者にどういう思いを抱いているのか，保育者はA男くんやCちゃんをどういう子どもとして受け止めているのか，というように，まずはA男くんと保育者のあいだの気持ちの動きを描こうと思うようになり，そうすれば，それが子どもとの信頼関係を築いていくのに大きいのだということに気がつくようになります。そして，そこが保育の大事なところであるとして，他の保育者と意見を交わせるようになると，保育の質の向上に繋がっていくと思うのです。

そのことを踏まえて，保育者がどうしても描きたいと思って描いたもう一つのエピソードを紹介してみます。一人の子どもについて，三つのエピソードを取り上げて描いたものです。少々長いエピソードですが，じっくり読んでみると，なぜこの保育者がこのエピソードを描きたいと思ったかが見えてくるはずです。

(2) どうしてもこのエピソードが描きたい

エピソード2A：〈ぶんぶんは「お姉ちゃん」〉（ぶんぶんはAちゃんの愛称）

Aちゃん（2歳5ヵ月）は4月生まれで月齢も高いことから，しろ組（2歳組）へ進級した時からあらゆる面でとても落ち着いていて安心して見守っていられる子だった。5月の時点で，発達はすべての面で順調だったが，唯一まだトイレでオシッコが出たことがなかった。数えられるほどは午睡起きにできたことはあるが……。Aちゃんはトイレへ行くことにはまったく抵抗がない。「オシッコ行こうか！」と誘うとさっさと自分の足で向かい，ズボンを脱いでオムツをはずしてトイレに座るAちゃん。少しの時間座るとトイレットペーパーで拭いて，水を流して，あたかもオシッコがでたかのように帰ってくる……。が，オシッコは出ていない。

トイレでは出ないがオムツには1時間半から2時間くらいの間隔でオシッコは出ていた。そういう日が7月頃まで続いていたが，着脱は完璧である。パジャマの小さなボタンも1人でできるほどで，「オムツはできないから先生してー」と言わんばかりに自分でセットして待っている状態だった。オムツさえすれば全て一人でできるので，オシッコが出ていないからオムツ……にこだわらずトレーニングパンツにすれば全部１人でできるし，オムツをしてもらうのをAちゃんに待ってもらう必要もなくなるので，トレパンでもいいのでは？と話し合い，お母さんに伝えた。家ではすでにトレパンと紙パンツとを併用していて，オムツを使っていないとのことだったので，すぐにトレパンで過ごすことになった。

ところがトレパンを履くようになってからオシッコの間隔が急に延び始めた。３時間くらいは普通で，午睡前（13時頃）に１回と，14時頃と17時頃にトレパンで出ていた。オムツの頃と間隔が違うので少し心配だった。

９月19日はいつも通りみんなと一緒にトイレに座るが，出ることもなく，トレパンですることもない。午睡起きも出ず，14時，15時と時間だけが過ぎていく。

さすがにもう出るだろう……と誘ってトイレに座るがでない。最初は今日はトイレで出るかもと期待していたが，だんだんと心配になり，15分おきくらいにトイレに誘っていた。頻繁に誘うものだから，１回くらい嫌がるかと思っていたが，Aちゃんは全然嫌がらず素直にトイレに座る。トイレの傍で私も腰を下ろし，「おなかいたくないの？」「しんどくない？」と声をかけたり，逆に歌を歌ったり，飾ってある写真を一緒に見て「ぶんぶんどこ～？　先生はここに写っているなー」と違う話題で少しでも長くトイレに座ってみた。Aちゃんはじっと座って真剣な顔をしたり，笑って見せたり……私が「出ない？」と聞くと，「うん」とうなずき返事をするので，私は一緒にまた遊びの方へ戻った。遊んでいる様子を見ると，我慢してお腹が痛い様子は感じられないほど，滑り台でお友達と興奮して遊んでいる。キャハハと笑い声も絶えない。トイレへ誘うことはもうやめて様子をみていたが，17時が近づき，降園前ということで，紙パンツに履き替えた。結局お母さんがお迎えに来られてもオシッコは出なかった。

次の日，連絡ノートで帰宅途中にオシッコが出たようで，紙パンツに大量に出たとお母さんが報告してくださった。

次の日（９月20日）は午睡前と14時30分頃にトレパンでオシッコが出た。そして９月21日……。一度昼にトレパンでしたAちゃんだが，夕方17時過ぎにNKちゃん（２歳５ヵ月）と，NNちゃん（２歳３ヵ月）と３人で降園前の最後のトイレにいつも通りに行った。トイレから帰ってきてT先生に「でた」と報告した。びっくりしたT先生だが，股にオシッコがついていて，便器にも出ていたのを確認。私は用事で本館の方に行っていたのでその瞬間に出会えなかったのだが，帰ってきてT先生から報告を受けて本当に嬉しくなり，「すごいな～，でたん？！　やったぁー！　お母さんに言おうな！　先生嬉しいわー」とAちゃんをぎゅっと抱きしめた。テレ笑いしていたAちゃん。その後お母さんが迎えに来て，Aちゃんは一番に「ぶんぶん，オシッコでた」と言ったそうだ。お母さんもその一言からすぐに分かり，「ぶんぶん，オシッコでた？」と私に聞いてこられ，「そうなんです！」といろいろ話をすると，お母さんも「そうなん！　ぶんぶん，すごいやん！」ととても喜んでおられた。

次の日の9月22日の朝，I先生にもさっそく「ぶんぶん，お姉ちゃんやねん」と一番に言っていたそうだ。その日から，9時30分，10時40分，12時，14時30分，15時30分……と間隔もオムツの頃と同じくらいで，トイレで成功！パンツにもらすこともほとんどない。

お母さんに報告すると，まだ家ではせず，「保育園でする」と言っているが，気長に見守ると言っておられた。だが，今現在（10月頃から）は家でもオシッコをトイレでするようになり，今ではウンチも「お腹いたーい」と言ってオマルで成功したと報告してくださった。

〈保育士の視点〉

Aちゃんと私はみどり組の頃から同じクラスで，担当担任も2年目という付き合いである。家族構成は3姉妹の末っ子で，とてもかわいがってもらっていて，逆にお母さんに「大きくならないでー」と思われているほどである。お姉ちゃんがいたり，4月生まれで月齢も高くて順調に大きくなってくれているAちゃんだが，頭がよくて物事をきちんと理解している分，逆に身構えてしまったり，抑えているようなところもある子だ。人見知りも人一倍強くて，そういうところから，やりたい事も反対に「いや！」と言ってしまったり……。そういう部分では心配だった。だが，しろ組に進級してからは，少しずつそういうところもなくなってきて，いろんな保育士に自分から話しかける様子も見られた。なので，私も「あとはオシッコかな」という思いがあった。

Aちゃんは排泄に関してはしろ組になってから急激に興味を持ち始めていて，誰かがウンチをしたので保育士がお尻を拭いていると，「○○くん，ウンコでた？」「ウンコしはったん？」と何度も聞き，オムツ洗いもすぐ傍で見ていたりする。そのうちお友達がウンコが出たことを知ると，すぐに駆けつけて，手袋，ゴミ箱，お尻拭きを保育士の傍にセットしてくれる助手にもなっていた。きっと排泄に関してすごく理解しているんだろうなあと思った。

また同じくらいの月齢のNKちゃんとNNちゃん，そして９月生まれのFちゃん（２歳０ヵ月）は，６月頃からオシッコがほぼ完璧な子たちだったが，その子たちとも「一緒にトイレに行こう」とよく言っていたので，自分は出ていないけど，みんなは出ているというのも分かっていたんじゃないかと思う。心と体が十分コントロールできないのはこの年齢では当たり前だから，お母さんも私も「まあ，そのうちね」という感じだった。だがトレパンを履くようになって間隔が長くなり，状況が変わった。水分をよく取っているなら，園にいるあいだに２回くらいの排泄でも体に問題ない，逆にオシッコを我慢しているならそれも排泄の一つの成長だとM先生から話を聞き安心した。

それならば精神面が大きいことをさらに感じた。知らず知らずにプレッシャーになっていたのだろうかと……。

お家では紙パンツとトレパンを自分で選んではいているらしく，任せているのでオシッコが出そうになったら紙パンツと，使い分けていることもAちゃんならあり得るので，園では降園までトレパンで過ごすようにしていた。家では「紙パンツはくーっ！」とわがままを言えることも，園では言い出せないAちゃんなので，１日オシッコをもし我慢していたなら，本当に申し訳ないと思った。お腹を痛そうにしていたならば，すぐにでも紙パンツをはかせたが，そうではなかったのでトレパンのままでもいいものかと本当に迷ったのが本心である。

２日後，オシッコがトイレで出たときは心から私自身嬉しかった。なぜ出たのか……タイミングがよかったのが大半を占めることと思うが，トイレに一緒に行ったお友達の中に，Nちゃんがいたのも大きかったのではないかと思った。そこまでは仲がいいという間柄ではなかったが，世話好き，話し好きのNちゃんは誰に対しても「○○ちゃん，～しよっか」と語りかける様子も多々見られた。月齢も近くて女の子同士ということもあり，Nちゃんも「ぶんぶん」と話しかけていた。Aちゃんは返事はあまりしないがニコッと笑ったり，ついていったり，と行動で嬉しいことを示していた。

もしNちゃんがいたことでオシッコがしやすい気持ちになれたとしたら，本当にすごいことだなあと思う。一度トイレでオシッコができれば，コツさえつかめれば，すぐに完璧になるだろうと予測はしていたが，ここまでこの日を境にあっさりと切り替えられたのは，やはり何かきっかけがあったんだろうと思う。

オシッコがでるようになってからは，Aちゃんはますます生き生きとしているように見える。それはやはり自信からくるものなのかな……と担任とも話していた。

Aちゃんのようなケースは初めてだったので，期待や不安や心配をたくさん感じた。その中でもお母さんはどっしりと構えておられ，いつも「そうなんやあ……」と受け止めてくださっていたので，Aちゃんは本当に幸せだなあと思った。

一つ一つの成長を周りのみんながそのまま受け止めて，一緒に喜んだり心配したりすることが人の成長なんだなあ……と改めて思った。

エピソード2B：〈おやつの後のお散歩〉　（上の続き）

10月に入ってから，NちゃんとAちゃんはおやつを食べ終えて給食袋をかばんに自分で片付けたら，そのままリュックと手提げかばんを持って「いってきまーす」と食事コーナーの部屋の奥にあるソファーのところに「お散歩」「お買い物」と言って出かける。それがお決まりの遊びになりつつある。

ソファーに自分のリュックと手提げかばんを置くと，今度は遊びコーナーに戻り，ままごとコーナーの小さなかばんにままごと道具を入るだけ詰め込み，荷造りをして，絵本も5冊くらい抱え込んで再びソファーに戻っていく。そうして二人でどっしりとソファーに座って，それぞれに絵本を読み始める。Nちゃんは一度読んでもらった絵本は内容も覚えていたりするので，声に出して「はるららら」とちゃんと読んでいた。

このソファーからはお迎えに来られたお母さん方の姿が窓から見えるので，「○○ちゃんのお母さんや」と一番に見つけて言ったりしている。そんな遊びがこの頃のお決まりだった。

10月6日，Nちゃんのお母さんがお迎えに来られたときに，AちゃんがNちゃんより早く見つけ，Nちゃんのかばんを取ってあげようとした。それに気づいたNちゃんは「自分で取るしな」と優しく声をかけた。Aちゃんは何も言わずにさっと引いた。その時に私が「最近二人でね……」と遊んでいる様子をお母さんに伝えた。それを聞いていたNちゃんは帰るときにAちゃんに「ぶんぶん，また明日，あっち行こうな！」と笑顔で伝え，玄関へ靴を履きに行った。

〈保育士の視点〉

Aちゃんのオシッコのエピソードの後，NちゃんとAちゃんの遊びが始まり，やはりNちゃんの存在が大きかったのではという思いが強くなった。Nちゃんは4月に入園したときにお母さんが恋しくてお迎えを遊んで待つことができず，おやつを食べた後，かばんを持って玄関にいることが続いた。その延長で今はそれが遊びに変わったのだと思う。おそらくNちゃんがやり始めたのをAちゃんが一緒にすることでお互いが楽しくなったのだと思うが，2人の雰囲気を見ていると，まるで大人の入る隙がなく，とても微笑ましい空気が流れている。だから私も「どこいくのー？」「お散歩！」「何してんのー？」「絵本読んでんねん」と少し入る程度にして見守っている。質問に答えるのはNちゃんが大半だが，二人ともニコニコしている。

Nちゃんのお母さんがお迎えに来られた時，Aちゃんがかばんを取ってあげようとしたのはすごく珍しいことだった。一度もそんな姿を見たことがなかったからだ。やはり大好きなお友達だから……という思いがあるのが伝わってきた。

「自分で取るしな」と言われたときは，私は「あぁー，ぶんぶん，大丈夫かなあ……」と心配になったが，せめてAちゃんとNちゃんがこんなふうに遊んでいますよとお母さんに伝えたかったので話をした。それを聞いていたからか，Nちゃんから出たことば「ぶんぶん，また明日，あっち行こな」は，Aちゃんにとってすごく嬉しかったのではないか……と思う。そんなことばがこのクラスで聞けることにも驚きだったが，同じ遊びを同じお友達と毎日していくことで，2人の世界，空間，絆が生まれるんだろうなあと思った。

NちゃんはAちゃんにとってあこがれる存在でもあるのかもしれない。何でもお姉ちゃんのように話すことができて，遊びもいろいろ思いつき，生活面でもとてもしっかりしているNちゃん。2人の関係がこれからもいいものになるよう見守ってあげたいし，ますます楽しみである。

エピソード2C：〈ぶんぶんがいーい〉　（上の続き）

おやつの後，食べ終えた子は部屋で遊んでいた。AちゃんとHくん（1歳10ヵ月）が滑り台の近くにあるソファーにわざとバーンと倒れこみ，クッションで体が沈んだり，跳ね返ってきたりするのを大笑いで楽しんでいた。何度も繰り返し，私も真ん中のテーブルから座ってみていたが，「もうやーめた」というようにAちゃんが私のテーブルのところにやってきて，一休みしていた。するとHくんが追っかけてきて，Aちゃんの隣に行き，「ぶんぶんがいーい！ぶんぶんがいーい！」と繰り返して言い始めた。Aちゃんは最初は何の表情もしていなかったが，何度も言っているので，私は「ぶんぶんがいーの？　ソファーでまた一緒に遊びたいん？」とHくんに聞いてみると，「うん」と言った。私はAちゃんに「ぶんぶんと遊びたいんやって，ぶんぶんがいいねんて」と言うと，えーっと照れた表情でニコッとした。それからAちゃんは「そこまで言われちゃー」という感じで，嬉しそう戻ってまたソファーにバーンと倒れ込んだ。その姿を見てHくんもアハハと大笑いですぐに追っかけ，また遊びが始まった。この2人の傍にNくん（2歳2ヵ月）もいたのだが，Hくんの真似をして「ぶんぶんがいーい」とテーブルの所で一緒に言っていた。最後には3人でソファーに寝転がり，真ん中のAちゃんが2人の顔を見て楽しいね……と笑いかけていた。

〈保育士の視点〉

Nちゃんとのエピソードとはまた違い，今回はAちゃんが頼りにされるエピソードだった。自分から顔に出して頼って！というタイプではないが，本当はとても嬉しいAちゃんだったと思う。「ぶんぶん」という愛称は，お母さんが入園したときから言っておられて，Aちゃんとあえて呼ばなくても「ぶんぶん」でいいよとおっしゃるので，園でもぶんぶんと呼んでいる。「ぶんぶん」ということばは，小さい子どもたちにとってもとても言いやすくてすぐ覚えられるようで，しろ組のほとんどの子どもが「ぶんぶん」と一番に覚えて言えるくらいである。

言いやすいというのもあるが，自分と友達，自分と先生，先生の中でもいろんな名前の先生がいるという区別がつき，それをことばに出して関わりを変えていけるようになってきたんだと思った。Hくんはぶんぶんと過ごした時間とあそびをすべてひっくるめて「ぶんぶんがいーい！」という一言になったんだと思うが，Aちゃんにすれば，もう次は違うことをして遊ぼうと気持ちを切り替えてしまっていたと思うし，「何を言っているの？」という表情をしていた。最初からこの関わりをみていた私はすぐに「もっと遊びたいんだな，ぶんぶんと遊びたいんだな……」と分かった。まだ「ぶんぶんがいーい」という一言だけで，相手の具体的な思いを理解することは難しいし，またそのことばを言ったHくんもどういうふうに伝えればいいか分からず，このことばにすべてを含めたんだと思うので，こういう時こそ，保育士の私たちがあいだに入って，子どもたち同士の関わりをもっと深くしてあげることが大切なんだなと感じた。

一番最初にソファーで遊んでいるときは，Hくんも誰でもよかったかもしれないが，遊んでいるうちに，とても楽しくなり，そこでふっとAちゃんが遊びを止めてしまうものだから，余計に思いが強くなったのかもしれない。でも，こうしたちょっとしたことで，この年齢の子どもたちは少しずつ友達との関わりを深くしていくんだと感じた。

Aちゃんは照れくさいけど素直にHくんの思いを受け止め，ソファーにバーンと戻ったことは，また一つの成長だと思った。

自分に自信を持てるようになったことで，いろいろなことにチャレンジする勇気を持つようになったAちゃんを，これからもそっと見守っていってあげたいと思った。

〈三つのエピソードを通して〉

オシッコができるようになってから，こんなかわいいエピソードが続いてあったので，今回取り上げて書いてみた。やはりオシッコができるようになってからのAちゃんは，「自信があるように見えるなー」としろ組の担任と話していたが，自信は排泄の自立と深い繋がりがあるんだなあと，改めて感じた。

大人との関わりを軸として，そこから少しずつ少しずつ友達同士の関わりへと移っていく時期のAちゃんを見守ってあげたいし，くじけそうになったときは，すぐ私のところに帰ってきていいよ……という思いで待っててあげたいと思う。

「ぶんぶん」と呼ばれるAちゃんの担任のN保育士さんの描いたエピソードです。三つのエピソードを通して，Aちゃんがどんな感じの子どもなのか，読み手にもおよそ摑める感じがします。私は試みにこの三つのエピソードを音読してみましたが，目で追うと少し長いと思われるこのエピソードも，音読していくうちに，保育者の「オシッコを我慢しているのではないか，自分が我慢させているのではないか」という不安に駆られる気持ちや，その不安が取り除かれ，保育をしていてよかったと思える気持ちが確かに伝わってくる感じがありました。やはり保育者はそのようなときにエピソードを描きたいと思うのでしょう。

ちなみに，このエピソードは第４章で紹介するケース会議の席上で発表されたものであり，その席に同席していた鯨岡和子が「貴女はなぜこのエピソードを描いたのですか」と問うたところ，このＮ保育士さんは「ぶんぶんが好きだから……０歳児のときに他の先生が抱っこしても泣き止まなかったのに，私が抱っこしたらなぜか泣き止んでくれて嬉しかったんです。その後も，できないことがあると必ず私のところに来るとか，午睡起きの後にずっと私の後をついてくるなど，とてもぶんぶんのことをかわいく思ってきました。ぶんぶんはしっかりしたところのある子ですが，しかし心配なところもいくつかあって，周囲のことを見てしまって自分の思いをストレートに出していけないところがそうです。でも，この排泄の自立後は，少しずつＡちゃんの世界が広がっていく様子が出てきて，嬉しいなと思っています」と答えています。

やはり保育者は保育していてよかったという充実感を描きたいのでしょうし，その保育する喜びを素直に表現しているところに好感が持てます。加えて，ぶんぶんをかわいいと思っているところが重要です。ぶんぶんの仕草や言動がかわいいのではなく，一個の主体であるぶんぶんをかわいいと思っているところ，つまり，まるごとのぶんぶんがかわいいのです。そのかわいいと思っているぶんぶんの日頃気になっていることの一つが排泄の自立の問題だったわけですが，その自立に向けて保育者があれこれ心配しながら配慮を重ねていくなかで，ぶんぶんがその壁を乗り越えると同時に，一個の主体として自らの世界を広げていく……その様子を保育者が何より嬉しいと思うのは，ぶんぶんを一個の主体と受け止める保育者自身もまた一個の保育主体であるからでしょう。子どもが自分の世界を広げていくありようをエピソードに描くことによって，保育者は自らが保育主体であることを確認し，保育の仕事の重みを自覚し，自らの保育を振り返り，明日への保育に踏み出していくことができます。またそれが保育者のアイデンティティの基になるのです。

三つのエピソードを通して，N先生はAちゃんの日常の様子，周囲の子どもたちとの関係，保育者との関係を記述しています。排泄ができた，できないという記述ではなく，このようなAちゃんの生活の様子が分かる記述があることによって，排泄の問題がAちゃんの生活の中でどのような位置にあるのか（あったのか）がよく分かります。しかも，排泄の自立が本人だけでできた，できないという問題なのではなく，保育者や母親の配慮に支えられながら，何らかのきっかけとよいタイミングのときに，ものにした体験であることがとてもよく伝わってきます。一つのことができるようになることが，Aちゃんがより厚みを増した主体に「なる」ことを後押しすること，そこのところが素朴ながらもよく描かれており，またよく洞察されていると思いました。事実，エピソード２Aの考察の最後の２行などは，子どもの発達の本質を見事に捉えています。またエピソード２Cの「ぶんぶんがいーい」の考察も，子どもの一言にどれほどの思いが込められているかをとても深く洞察していると思います。同時にまた，そのときの自らの保育者としての配慮や働きかけを「これでいいのか」と子どもの様子を見ながら反省し，どうしてあげたらよいかをあれこれ考えている様子も保育者のありようとして大事なところです。若い保育者がそこまで子どもの気持ちを考えながら配慮していくことはなかなかできるものではなく，とても感心しました。

このように，Aちゃんが自分を慕ってくれるのでかわいくて，だから心に残ったエピソードを文章に綴りたいという気持ちになったのだと思いますが，このようにエピソードが描けるようになれば，次第に自分にまだ慣れてくれない子どもにも目を向け，思うようにいかないところをエピソードに描いて，そこでの保育の様子を他の保育者と検討することへと向かっていけるようになると思います。

2．保育の場の「あるがまま」とは：子どもや保育者が主体として生きている姿を生き生きと描き出す

私はこれまで，前節で見たような，保育者にとって子どもがかわいいと思えた場面，保育者が不安に駆られた場面など，広く保育者の心が揺さぶられた場面が保育者の描きたいと思う場面であると述べてきました。そのような，保育者が描きたいと思って描く場面は，「ぶんぶん」のエピソードがそうであったように，子どもや保育者の生きている姿を生き生きと「あるがままに」描き出すことへと保育者を自然に誘います。オシッコを我慢しているのではないかという切迫した保育者の思いが生き生きと描かれると，それが読み手にもしっかり伝わってきます。それがエピソード記述の重要な一面であることは言うまでもありません。

(1) 誰にとっても同じという意味での「あるがまま」＝客観主義の立場

ところで，これまで保育の場面を文章に綴るといえば，公開保育の場や，保育研究会などの場で，そこに参加した人に保育のある場面を描き出して示す必要がある場合や，日々の保育の経過記録のように，「〇〇の出来事があった」という事実の記録が求められる場合，あるいは保育実践報告や研究紀要などに載せる場合が中心だったように思います。

その際，多くの保育者は，その場面をできるだけ「客観的に」その「あるがまま」を示さなければならないと考えてきました。そのような指導を養成校で受けてきたからですが，しかし，これまでの実践記録や保育の経過記録などは，本当に当の保育者の経験した「あるがまま」に忠実だったといえるでしょうか。取り上げられる子どもや大人の姿が，ありありと思い浮かべられるような記録や報告だったと言えるでしょうか。そのように問いを立ててみるとき，これまでの保育記録や保育実践報告や研究紀要は，当の保育者が経験した「あるがまま」から程遠かったと言わねばならないでしょう。それではいけないという思

いがあることが，序章の末尾で見たように，いま保育の現場でエピソード記述を求める大きな理由になっているのだと思います。

「あるがまま」から遠いとはどういうことかと言えば，例えば，Ａくんなら Ａくんという，一人の子どもの生きた姿，つまり「まるごとのＡくん」がそこに描かれていないということです。その「まるごとのＡくん」が，Ａくんの断面の平板な寄せ集めになっているということです。言ってみれば，「Ａくんがかわいい」というように，Ａくんをまるごと捉えたときに関わり手に浮かび上がる思いが，「いろいろとかわいい仕草をするＡくん」に置き換えられ，そのかわいい仕草を寄せ集めれば，「Ａくんがかわいい」に行き着けると考えるところに，「あるがまま」から遠くなる理由があるように思います。

話を具体的にするために，まず，ある日の保育の経過記録と，一人の障碍のある子どもの実態記録を提示して，これまで保育の世界が「あるがまま」をどのように理解してきたかを振り返ってみましょう。

〈保育における経過記録〉

「○月×日。今日は，お集まりの後に，はと組さんは全員で○○公園にお散歩。3人の保育士が引率。途中，コンビニの角の交差点のところでUくんが散歩の犬に手を出しかけてほえられ泣いたが，それ以外は何事もなく公園に到着。全員公園の固定遊具で遊ぶ。Sちゃんが初めてブランコの立ち漕ぎに挑戦して保育士みんなで拍手。NちゃんとAちゃんはあづまやのところで2匹のカマキリが戦っているのを見つけ，その近辺にいた子どもがみな集まってその戦いの成り行きを見守った。今日は暑かったので，早めに水分補給をして，帰路に着く。帰り道，Nくんが他所の家の垣根の葉っぱに黄アゲハの幼虫を見つけたので，もうじきこれがチョウチョウになるよと説明した。11時20分に園に帰り着き，すぐに昼食の準備に取り掛かった。……」。

この経過記録には，たしかに起こった出来事が客観的に綴られています。そして立ち漕ぎのところや，カマキリを見つけた場面，黄アゲハの幼虫をみつけたところなどは，簡単なエピソード記録のようにも見えます。しかし，この記録からは，一人ひとりの子どもがどんな気持ちでいたのか，保育者がどのような思いでそれを受け止めたのかといった，出来事がもっている生き生き感やそれを経験している人が感じ取っているものがさっぱり伝わってきません。ブランコに挑戦したSちゃんは登場していますが，立ち漕ぎをしたことは分かっても，そのSちゃんが主体として生きている姿は描かれていません。つまり，Sちゃんはどんな思いで立ち漕ぎに向かったのか，立ち漕ぎしたときにどんな思いでいたかは描かれていません。そしてこれを描く保育者は，一個の主体であるという感じがなく，誰が見てもこのように書くという没個性的な記録者のような印象を受けます。もちろん，この場合でも，起こった出来事をすべて網羅しているわけではなく，この記録者の目に大事だと思ったところが切り取られているわけで，その意味では決してことばの厳密な意味で客観的であるわけではありません（事象のすべてを記録することなど最初から不可能です）。しかし，「このような出来事があったという事実は誰にとっても認められる」という限りで，これが従来は客観的な記録，「あるがまま」の記録だとされてきたのでした。

しかし，その場を経験した当の保育者の立場に立ち返ってみると，この記録は事実を掬い取ってはいるものの，自分自身の経験した「あるがまま」を描き出しているとは思えないのではないでしょうか。例えば，Sちゃんが主体として生きている姿を描こうと思えば，いつも慎重で他の子どもが立ち漕ぎをしているのを羨ましそうに見ているだけのSちゃんが，今日，公園で立ち漕ぎしていたN子ちゃんがブランコを降りて滑り台の方に行ったすきに，初めてブランコの台に立ち，最初はこわごわと，それからゆっくり慎重に立ち漕ぎを始めた，というのが実際の出来事だったかもしれません。そして，そのSちゃんを見て，思わず「Sちゃん，すごーい！　立ち漕ぎできたね！」と保育者が声をかけ，また周りの保育者たちも一斉に拍手してSちゃんを誉めそやしたということだったのでしょうし，そのとき，Sちゃんはおそらく無表情ではなく，いつもとは違って得意な様子のSちゃんだったに違いありません。そのようなSちゃんの「まるごと」の様子が，単に「立ち漕ぎをしたSちゃん」に置き換えられたのが，先の記録でした。

このように，現実の場面は，Sちゃんの気持ちの動き，保育の先生の気持ちの動き，ブランコの動き，先生方の賞賛のことばなど，Ｓちゃんの周りに生き生き感が満ち満ちていたはずに違いないのに，先の記録はＳちゃんや保育者の主体としての気持ちの動きがすべて削り取られ，またその場の生き生き感が消し去られて，起こった出来事だけが平板に記録されているだけです。ですから，これを記録する当の保育者にしてみれば，この経過記録は自分の経験した出来事の「あるがまま」「まるごと」からほど遠いと感じるのです。しかしながら，このような記録が「誰が書いても一緒」という意味で客観的であるとして推奨され，現に今でも多くの保育園や幼稚園では，このような記録が普段の保育記録として記されていっているのです。

ちなみに，いくつかの研修会でこの経過記録を資料として示したところ，かなりの数の保育者から，「自分もこれまでこれとそっくりな記録をつけてきていた」とか，「うちの園でつけている記録とそっくり」という感想が寄せられましたから，この種の記録が現在でも多くの園で記されているのはほぼ間違いないところだと思います。

次に，同じような例ですが，障碍のある子どもについてのいわゆる「実態把握表」を見てみましょう（これは某ことばの教室に通うＡくんの事例を本人が特定されないように若干改変して示したものです）。

〈Ａくんの実態把握表〉

家族構成：父（37歳），母（35歳），兄（８歳），本児（４歳）の４人家族，近所に父方祖父母が住んでいて，しばしば行き来がある。

生育歴：32週目に2100グラムの未熟児で産まれ，新生児室で１ヵ月過ごす。退院後は特に問題なく経過。始歩１歳３ヵ月，喘息のために活発な方ではなかった。人見知りがあり，人の視線を避け，表情に乏しかった。２歳半健診のときにことばの遅れを指摘され，某病院の小児科の診察を受け，自閉症の疑いがあると言われる。発語が乏しく，会話が成り立たない。オウム返しが多い。３歳より，母子通園施設に通い始め，平行してＳ保育所の障碍児保育を受けるようになって現在に至る。

主訴：ことばの遅れ，多動，視線回避，こだわり，頻回のパニック，友達と遊べない初回面接所見：母と共に来室。プレイルームでおもちゃで遊ぶ。こだわりが強く，気に入らないことがあると大声を上げてパニックになる。初対面の人とは視線を合わせない。母親には抱かれるが，他の人には抱かれようとしない。遊びが広がらず，同じパターンの一人遊びが多い。好きな遊びはジグソーパズル。高い音が聞こえると耳を塞ぐ。担当の誘い掛けには乗らず，プレイルームのトランポリンを一人で跳ぶ。一緒に跳ぼうとすると降りてしまう。

これなどは障碍のある子どもについての典型的な実態把握表の一例でしょう。誰が書いてもこうなる式の書き方で，確かにAくんの行動特徴の一部，つまり他の子どもとの行動上の違いが示されています。しかし，Aくんの主体としての生きた姿は描かれていません。つまり，担当者がAくんに接してどう感じたのか，例えば，視線を回避すると表現されていることが，実際にはどのような様子なのか，目が合った瞬間にそらそうとするのか，とにかく対面しないように（目を合わせるのを回避するように）動くのか，あるいは，他の自閉症圏の子どもとどこが重なりどこが重ならないかなど，Aくんならではというところがまったく示されていません。これを書いている担当者は，Aくんに接して，視線は合わないけれどもその傍には一緒にいられると感じたのか，それとも近寄りがたい雰囲気を感じたのかなど，担当者が自分の身体を通して感じたことがあったはずです。つまり，主体として生きているAくんに担当者が生きた主体として接したときには，担当者にいろいろなことが感じられたはずなのですが，それがこの記録からは見事に消し去られています。ですから，Aくんの生き生きした姿が一向に伝わってこないのです。

このように描き出されれば，Aくんが症候群として記載されている自閉症の項目の大半に合致し，そのように診断されても不思議ではない子どもであるという理解が生まれるのは当然でしょう。いわゆる「特性理解」とはこのような障碍名に対応した断片的な行動特徴を把握することであり，要するに，「この子はこういう子どもだ」という理解の枠組みの中にAくんを押し込め，そのことによって主体として生きているAくんを理解したつもりになるということです。これがこれまでの子ども理解の仕方だったといえます。

もう一つ，公開保育の場で資料として提示された保育場面の記録を紹介してみましょう。ここにも，これまで「主観を交えずに客観的に記録すること」と言われてきた記録の取り方の典型例を見ることができます。これまではこのような記録も「エピソード」と呼ばれてきましたから，この種の記録と，私の主張する「エピソード記述」とがどのように違うか紛らわしいところがありますが，序章に示した三つのエピソードや前節に示した二つのエピソードと読み比べてみると，その違いがどことなく分かるはずです。

エピソード３：〈今年初めてのプール遊び〉

〈背　景〉

今年初めてのプール遊び。昨日から屋上のビニールプールに水を張っていたので，朝10時の時点で水は十分生温かく，今年初めてのプール遊びには十分の水温であった。10時に午前の自由遊びの時間を終わり，めいめい片付けに入る。３歳児の桃組さん20名には昨日のうちに，「明日はプールがあるよ」と告げてあり，全員，家庭から水着と着替えをもってきている。ほとんどの子どもは自分の椅子の上に脱いだ上着をきちんと表替えして畳んで置いていたが，ＹくんとＮくんはうまく表替えして畳めないので手伝う。

〈プールの活動〉

全員，水着に着替え終わると，ホールに集合し，幼児体操の音楽に合わせて体操をする。音楽に合わせて体操ができないＫくんとＳちゃんには，補助の先生がついて，流れに誘導するが，それでもうまく皆に合わせられない。幼児体操がおわると，一列に並んで屋上のプールへ。屋上に出ると，子どもたちの口から，「プールだ！」「スイミングのプールより小さい」「ぼく，スイミングにいってるから，もう泳げるよ」「おとうさんとお風呂で顔つけしたもん」ということばが漏れる。10時半からプールの活動を開始。

「まず，シャワーを浴びてから，プールに入ります。寒くなったら，プールから上がって，甲羅干しをします」と説明する。順番にシャワーを浴びてプールに入る。子どもたちのあいだから歓声があがる。水を掛け合ったり，体を水に沈めたり，思い思いに水の感触を楽しんでいる。

10時50分に一度全員がプールから上がる。そこで，「これからプールをワニ歩きします。補助の先生がワニ歩きをして見せますから，皆も真似てやってみてね。ワニ歩きのときに，顔つけができる人は挑戦してみてください」と教示する。

全員が一列になってプールの中をワニ歩きをする。顔に水のかかるのを嫌がってワニ歩きをしようとしないSちゃんに，補助の先生が「頑張って！」と声をかけると，Sちゃんも頑張ってワニ歩きをした。「すごーい，Sちゃんもワニ歩きができたね！」と褒める。どうにか全員がワニ歩きができたところで，11時15分。時間が来たのでプールをおしまいにする。

「今日はワニ歩きに挑戦しました。みんな頑張って，ワニ歩きができるようになりましたね，今度は顔つけができるようにまた頑張りましょう」と声をかけ，めいめいがもってきたタオルで体を拭いて部屋に戻る。T男が「先生，拭いて」とタオルを差し出すので拭いてやる。

〈感想と反省〉

やはりスイミング教室に通っている子どもは水への恐怖心がなく，ワニ歩きも顔つけも平気で，中には潜って進む子どももいた。補助の先生が声をかけたことでSちゃんが頑張ってワニ歩きができるようになってよかった。

ほとんどの子どもが表替えして畳めるようになったが，まだの子もいるので，きちんと畳めるように指導したい。

片づけの後の幼児体操やプールの活動は，本当はもっと生き生きした活動だったと思いますが，お散歩の経過記録と同じように，起こった出来事が保育の時間経過に沿って淡々と描かれているだけに過ぎません。これだけを読むと，保育者が次々に指示を出しては子どもを一斉に動かしている印象をうけます。3歳児たちの全体としての活動は描かれていても，一人ひとりがどのようであったのかはほとんど分かりません。そのためか，これがはたして3歳児のプール遊びの場面なのかと首を傾げたくなるほどです。プールはたいていの子どもが喜ぶ活動ですが，中には嫌がる子どももいるかもしれません。あるいは，四つん這いになってワニ歩きをするときに，面白がってやる子どももいれば，やらない子どももおり，しぶしぶやる子どももおりと，いろいろな子どもがいるはずです。Sちゃんは頑張ったとありますが，意欲的に頑張ったのか，しぶしぶ頑張らされたのかが分かりません。そのために，頑張ったSちゃんが描かれても，やはり生きた主体としてのSちゃんが描かれていません。本来は，一人ひとりの子どもが主体としてどんな思いをもってその場を生きていたのか，それを保育者がどのように受け止めて対応していたのか，そこに保育の営みがあると思うのですが，そこは描かれないまま，子どもを一斉に動かすところだけが描かれ，登場する子どもは，ある行動をしたかしないか，できたかできないかでしか捉えられていません。そして，これを記録している保育者が生きた主体としてその場に現前していたという感じがなく，保育者の意図に沿って全体を動かすところだけが描かれ，保育者は黒衣になってしまっています。いずれにしても，一人ひとりの子どもの思いを保育者が受け止めて返す場面がほとんどなく，子どもの動きを保育者が自らの身体で感じてそれを描くという場面が一つもありません。主体として生きる子どもの姿が描かれていないので，その場の生き生き感もすべて削ぎ落とされてしまい，行動だけの記録になっているのが分かります。

以上，経過記録，実態把握表，活動の記録と三つの「客観的な記録」を提示してきました。このような「誰が書いてもこうなる」式の記録が従来の「あるがまま」の記録であり，その場にいた保育者が感じたこと，思ったことは，その当事者の「主観」に属するから「あるがまま」ではなく，それゆえ記録に含めない，このような理解がこれまでの保育者の頭を占めてきたのでした。

これまでの人間科学（保育学を含む）は，客観主義の枠組みに縛られてきたために，「誰にとってもそうである」ことを取り上げればよいと考えてきました。それゆえまず目指されたのは，その場で起こっていることを客観的に（誰にとってもそうであるように）描くことであり，そのためにはその場に関わる当事者の主観を排することが必要だと考えてきました。ところが，そのようにして描かれた「誰にとっても」の部分は，これまで見てきたように，その場の当事者が体験する「あるがまま」には程遠いものになってしまうのです。これはいま見た経過記録や実態把握表，あるいは活動の記録に明らかです。自分の経験したＡちゃんやＡちゃんにまつわる出来事は，もっと生き生きしていたはずなのに，記録からは主体として生きるＡちゃんも，その周りの「生き生き感」も霧散してしまっています。こうして，記録は必要といわれながら，記録が本当に現場に活かされることもなく，これまでは義務的に経過記録が付けられていくだけという状況に止まってきたのでした。研究熱心な幼稚園の紀要などには，子どもの活動の生き生き感を描いた記録も見受けられますが，それでもその多くはあくまで子ども活動の生き生き感の記録であって，その子どもの主体としての思いや保育者がそれを受け止めたところ，あるいはその場面で保育者が感じ取った「生き生き感」は，その記録に盛り込まれないか，その記録の脇に，「保育者の思い」という別枠を作って併記するかに止まっているように見えます。

おそらくここに，主体として生きる人の生き様やその場の「生き生き感」を伝える可能性をもったエピソード記述に対して，いま現場の人たちの強い関心が集まる理由があるように思われます。実際，自分の実践の苦労を実感している人は，従来のやり方で客観的に描かれた記録には自分の経験している「あるがまま」が含まれていないと感じ，従来の記録のありように違和感を強く持つのではないでしょうか。

(2) エピソード記述の立場の「あるがまま」

エピソード記述はその場を経験した人のその経験の「あるがまま」に迫ろうとします。特に子どもや人に関わる場面では，関わった人の「まるごと」を捉え，それを表現しようと努めます。そこでは，誰にとっても同じ記述になることを目指すわけではなく，むしろ生きた主体について自分が感じたこと，自分に感じられたことを，その感じられた生き生き感をも記述の中に再現しようと努めるところに，これまでの没主体的な客観的な記録との違いを認めることができます。具体例となるエピソードを示してみましょう。

エピソード4：〈ボクはブルドーザーだ！〉

〈背　景〉

Mくんは祖父母同居の家庭でかわいがられて育ち，いろいろなことに意欲的で，アイデアも豊富な4歳児である。アニメのキャラクターになり切って遊ぶことも多く，とにかく体を動かして遊ぶことが大好きな子どもである。

先日，皆で散歩に行った帰り道，工事現場の脇を通ったときに，目の前を大きなブルドーザーが，ググーッ，ガーガーと大きな音を立てながら盛んに土を掘り起こしては掬い上げ，方向転換してダンプカーの荷台にドサッと積み込んでいた。Mくんはそのブルドーザーの仕事振りを食い入るように見ていたが，園に帰るなり，ブルドーザーを作りたいと言い出した。

〈エピソード〉

最初Mくんは画用紙で輪を二つ作り，それを牛乳パックの側面にセロテープで貼り付けてその中にプラスチックのコインチップを何個か並べ，ブルドーザーに見立て，ガガーッと言いながら動かしていたが，やはり実物を見たときのイメージに合わなかったのだろう。それをもって浮かぬ顔をしてしばらくうろうろしていた。

しばらくして，私のところにやってきたMくんは，「先生，ダンボールの大きな箱ある?」と聞いてきたので，何に使うのだろうと思いながら，家庭から貰い受けた洗濯機の箱を出してやった。Mくんはカッターを持ち出してしばらくその箱と格闘していた。私は他の子どもの相手をしていて，それからのMくんの一部始終を見ていなかった。

園庭の方から，「先生！　来てっ！」というMくんの声。ままごとの相手をしていたので，「Mくんが来てだって，ちょっと行ってくるね」と女の子たちに断って，園庭に出てみると，Mくんは，「ぼくはブルドーザーだ！　見てて」というなり，横倒しに置いてあったダンボールの箱の中に入ると寝転がり，箱の端を摑んでごろん，ごろんと転がりだした。「ほんとだ，凄い！　ブルドーザーだね！」と声をかけると，周りの子どもたちも寄ってきて，「ぼくもやりたい」と言い始める。「そんなに回ると，目が回るよ！」と声をかけるが，なおもMくんは「ガガー」と声を出しながら勢いよく転がる。園庭の向こうまで行って立ち上がると，顔が真っ赤である。そばに寄った子どもが今度はそのダンボールの輪の中に入り，転がり始めた。

〈考　察〉

このエピソード場面に付き合って，一番感じたのは，子どもは体を動かすのが本当に好きだということだ。Mくんは「ガガー，ググー」と言いながら，顔を真っ赤にして転がっていく。ごろん，ごろんと転がる様は，見ていても力が入る。単純な遊びには違いないが，Mくんは散歩の時に実物のブルドーザーが仕事をしている様が頭から離れないのだろう。キャタピラーを表現したくて，一度は制作を試みたが，どうやらそれでは実物を見たときの動きのイメージが合わなかったらしい。ダンボールの箱の上と下を切り抜いて，側面に折り目をつけ，筒状にして自分が中に入って自分自身がブルドーザーになろうと考えた様子である。勢いよく回ると体がぐっと持ち上がり，回転の勢いで今度は体がどーんと下に来る。目が回るのではないかと心配になるが，子どもはこのような身体感覚が楽しいのだろう。周りの子どももその動きに引き付けられたようである。その後しばらく，このブルドーザー遊びは，４歳児の桜組の人気の遊びになった。

これは他園でも「キャタピラー遊び」として知られている遊びだと思います。ここでは担任保育者が散歩のときのMくんの様子から他の子どもがこの遊びに参加するまでを一つのエピソードに描いています。担任保育者の〈考察〉を読むと，この保育者は，Mくんのブルドーザーの動きを見たときの経験が，そのままMくん自身の身体の動きによって表現されているところに興味を惹かれていることが分かります。その様子が強く印象に残り，また子どもがこのように身体を使って思い切り遊ぶことが子どもの成長にとって大事なのだと考えているからこそ，このエピソードを描こうと思ったのでしょう。ブルドーザーの動きも，Mくんの動きも実によく描かれていて，読んでいてもその力動感が伝わってくる感じです。

さて，このエピソード記述を先に見た客観的な記録と対比してみると，第１に，このエピソード場面は一人の人の目（保育者の目）を通して見た場面が描かれていることが分かります。誰が描いても同じではなく，この保育者が見た位置からの風景が描かれているということです。そしてこの保育者は自分の身体を通してMくんの意図や動きを感じ取っています。それは保育者が生きた主体であることを示しています。第２に，子どもの動きやそこでの声が描かれ，それによってその場が生き生きと蘇る感じがあります。これが私のいう場の「力動感」や「生き生き感」の表現です。そして，それが描かれることが，その場を生きる人の「あるがまま」に近づくことになるのではないかと考えます。

しかしながら，先生は〈背景〉のところで少し触れているだけですが，おそらくＭくんがブルドーザーを見ていたときも，ブルドーザーの動きを食い入るように見ていたＭくんの姿があったはずです。そこでＭくんが見て感じたことが，後段のＭくんの活動に繋がり，先生に「見て！」とＭくんが先生に働きかけてくることに繋がったのです。そこから考えると，ブルトーザーを見ている場面で先生がＭくんの思いをどのように感じ取っていたかも保育の大事なポイントだったと思います。そしてそのように主体としての子どもの思いを受け止め，主体としての保育者の思いを返すという，その相互主体的な関わり合いの部分が，保育を実際に動かし，子どもを育てるということの内実になるのです。

もう一つの例を提示してみましょう。

エピソード５：〈弟をたたくＭちゃん〉

〈背　景〉

Ｍちゃんは２歳の女児である。１ヵ月前に弟が生まれた。「Ｍん家，赤ちゃんが生まれたよ」と何度も嬉しそうに話したり，それまでは小さいクラスの子どもに関心を示さなかったのに，自分から声をかけ，手を繋いで歩いてあげたりする姿も見られるようになり，弟が生まれたことを嬉しく思っているのだなと感じられた。その一方で，ときどきふいに心細そうな表情を見せたり，急に甘えてきたりすることもあり，やはり不安もあるのだろうと思われた。弟が生まれてちょうど１ヵ月経ち，母が初めて弟を連れてＭちゃんを送ってきた朝の出来事である。

〈エピソード〉

朝の登園時間，私が保育室で受け入れをしていると，Ｍちゃんが一人で部屋に入ってきた。「Ｍちゃん，おはよう！」と声をかけ，Ｍちゃんの後ろを見るとお母さんが赤ちゃんを抱っこして入ってきた。「わあっ！　お母さん，久しぶり。おめでとうっ！　赤ちゃん見せて！」と言って駆け寄ると，他の保育士も周りの子どもたちもみんなが一斉に集まってきた。お母さんがみんなによく見えるように，赤ちゃんを抱いたまましゃがんでくれたので，「わあ〜，かわいい！」とみんなはお母さんと赤ちゃんを取り囲んだ。しばらくのあいだ，みんなが赤ちゃんに注目し，赤ちゃんの話題で盛り上がっていた。

Ｍちゃんは返却するためにもってきた絵本を手に持って，赤ちゃんの足元の位置に立っていたが，その絵本で赤ちゃんの足の辺りを，おくるみの上からぽんぽんとたたき始めた。それは，痛くしようとしているわけでもないが，好意的でもない，微妙な感じのたたき方だった。お母さんは怒るわけではなく優しい口調で「いたいいたいよ，やめてな」とさらっと言ったが，Mちゃんは止める様子はなかった。強いたたき方でもなく，一見，Mちゃんが意識的にしているようにも見えなかったので，それ以上は誰も何も言わず，また赤ちゃんの話題に戻っていった。

ふとMちゃんの顔を見ると，半分怒ったような，半分寂しそうな，なんともいえない表情をしている。「かわいい，かわいい」と赤ちゃんのことばかり言っていた私は，Mちゃんの表情にはっとした。そしてMちゃんを抱き寄せて，「赤ちゃん，かわいいねぇ，Mちゃんみたいにかわいいねぇ」と言った。Mちゃんはにっこり笑ってうなずくと，「これ，読んで」と持っていた絵本を差し出した。私は赤ちゃんを囲む輪から離れ，Mちゃんに絵本を読んであげた。

〈考　察〉

下の子どもが生まれると，誰もが大なり小なり複雑な気持ちをもつものである。新しい家族を迎えるために，誰もが通る道であり，乗り越えていかなければならないものである。とはいえ，そのときその子が，自分が忘れられたような，寂しく不安な思いをしていることも事実である。Mちゃんも弟はかわいい，でも憎らしい……という複雑な思いを抱えているのだろうと思う。生まれたばかりの弟を大事な家族の一人として受け入れていくには，自分も大事だと思われているという自信が必要である。Mちゃんが弟を受け入れていくために，周りの大人が応援できることは，Mちゃんのことは忘れていないよ，今までと変わらず大事なMちゃんだよ，というメッセージを送ってあげることだと思う。

このエピソード記述を各地の研修の場に資料として提示したとき，多くの保育者（特に保育士さんたち）はとてもよいエピソードだと口々に言っていました。生まれる前の赤ちゃんが来ることが分かってからのMちゃんの様子が背景に記され，Mちゃんのなかでも赤ちゃんが来ることへの期待があったことがうかがわれます。そして，お母さんが赤ちゃんを連れて保育園に来て，皆が赤ちゃんを覗き込む様子など，その場の動きが見えるようです。それが保育の場の「あるがまま」なのです。

そのとき，保育者はMちゃんが借りた本で赤ちゃんの足の辺りを叩く様子に気づきます。「痛くしようとしているわけでもないが，好意的でもない，微妙な感じの叩き方だった」という下りがその様子をうまく伝えています。そして，焼きもちを焼いているMちゃんの思いを受け止めて保育者が返すことばが，「Mちゃんみたいにかわいいね」だったわけですが，とっさに紡がれるこのことばに，私のような研究者は「参った」という思いを禁じ得ません。このことばによって，Mちゃんは自分で自分の気持ちを立て直すことができたのだと思います。ここのところこそ，まさに「子どもを主体として受け止め，保育者が主体として返す」という保育の本質の部分です。

ここでは保育者の目は「まるごとのMちゃん」「主体として生きるMちゃん」に向けられています。そして自らも主体としてその場を生きながら，そのMちゃんの思いを受け止めようとしています。そのとき，ふとMちゃんの焼きもちを感じ，自分の気持ちが連れられてきた赤ちゃんのほうにすっかり向かっていて，Mちゃんに向かっていないことにはっと気づきます。そこから保育者はMちゃんの気持ちが収まるように持っていこうと心を砕きます。それは面白くないというMちゃんの気持ちに同情するのではなく，Mちゃんもかわいいが赤ちゃんもかわいいという具合に，赤ちゃんもMちゃんと同じように愛される人なのだということ，つまり，赤ちゃんとMちゃんの二人が「私たち」であってほしいという保育者の気持ちがこのことばに込められています。それが子どもを「育てる」ということであり，それによって子どもは育っていくのです。

このエピソードは，本章でこれまで取り上げてきた経過記録，実態把握表，活動記録のどれとも異なっています。「焼きもちを焼いた子ども」を描くのではなく，「Mちゃんが焼きもちを焼いていること」を描くのが問題なのです。ちょっとした違いのようですが，前者は「誰にとっても」に通じています。これに対して後者は，生きた主体（保育者）が生きた主体（Mちゃん）の思いを受け止め，それに対応するというエピソード記述の立場に通じています。それは「Mちゃんのまるごと」に向かうのかどうか，保育の場の「あるがまま」に向かうのかどうか，それとも，「誰にとっても同じ」を目指すのかを大きく振り分ける部分です。

その意味で，このエピソードはまさに保育の場で目指すべきエピソード記述の典型例だといえます。主体として生きるMちゃんの様子が生き生きと描かれ，しかもそれを描く保育者もまた一個の主体としてその場を生きている様子が生き生きと伝わってくるのですから。

最後の考察のところで，この保育士さんは，Mちゃんが大事だという周りの思いをしっかり伝えていく必要があると結んでいます。きょうだいのいる家庭には，おそらく一度は起こる，その意味ではどこにでもあるエピソードでしょうが，そこで大人がどのように子どもの思いを受け止めて返すかに，その子が落ち着いて過ごせるかどうかが懸かっているのが分かります。こういうエピソードを職員同士で読み合うことができれば，せわしなく動いていくいまの保育の営みに，少しはゆとりをもち，その場に潤いをもたらすことができるのではないでしょうか。

(3) エピソード記述に必要な三つの態度

これまで，従来の客観的な記録を目指す立場と私たちのエピソード記述の立場を対比させながら見てきました。そして「弟をたたくMちゃん」のエピソードが保育の場で目指すエピソード記述の典型例であると述べました。そこから振り返ると，エピソード記述を行う際にどのような態度が必要か，その必要条件が見えてきます。

1) 脱自的に見る態度

一つには，そこでの出来事を脱自的に（客観的に），それゆえ誰が捉えてもこうなるだろうという観点から捉える態度がエピソード記述においても必要です。つまり，「その出来事はまさにこのように起こった」と捉える態度です。この「私」の個別性，固有性を抜け出して（「脱自」とはその意味です），それゆえ，「誰にとっても」が保障される中で捉えられる世界を描こうとする態度だと言ってもよいでしょう。従来はこの態度で捉えられるものがその出来事の「あるがまま」だと考えられてきたことになります。「弟をたたくMちゃん」のエピソードでも，「そこでの出来事はまさにこのように起こった」というふうに描かれています。そこの部分は「誰にとっても同じ」はずだし，また同じでなければなりません（さもなければフィクションになってしまいます）。

2）　感受する態度

これに対するもう一方の態度は，その出来事を自分の生きた身体が感受するがままに，ありありと，生き生きと捉える態度です。これは捉える人が生きた主体であるということの別の表現です。この態度で捉えられたものを記述の中に盛り込めるかどうかが，エピソード記述の価値に直結しています。ここでは生きた身体が大きな役割を果たしています。保育者の生きた身体がどのように機能して対象の側に生起していること（子どもの気持ちの動きや体の動きなど）を感じ取ることができるか（把握することができるか）が，子どもに何を返すかの鍵を握っているからです。これまで序章の中で繰り返して用いてきた「主体として受け止める」という表現は，角度を変えれば，保育者の生きた身体が子どもの下に広い意味での「情の動き」，つまり，スターンの言う vitality affect（力動感や生き生き感と私は意訳してきました）を感受することができることと言い換えることができます。

先のブルドーザーのエピソードの例でいえば，「勢いよく回ると体がぐっと持ち上がり，回転の勢いで今度は体がドーンと下に来る」というくだりなど，あるいは「弟をたたくMちゃん」の例で言えば，「痛くしようとしているわけでもないが，好意的でもない，微妙な感じのたたき方」という表現がこの力動感を描き出した部分だと言えます。

こうした力動感は描き手が主体としてその場で生きているからこそ感受できるものですが，それを表現したものが読み手の生きた身体に働きかけて，その力動感を把握させてくれます。こうして，その場を経験していなくても，その記述を読めばその場面がそれこそ「目に浮かぶように」把握できるのです。

3）　二つの態度の両立困難性

この二つの態度ともエピソード記述に欠かせないのですが，しかし，この両者は「あちら立てればこちらが立たず」の関係にあります。脱自的な態度で客観的に出来事を見ようと努めれば，感受する態度がなかなか取れないし，感受する態度を強めようとすると，関わりの中に巻き込まれ過ぎて，事態を客観的に見ることが難しくなってしまいます。頭が二つあれば，どちらかにどちらかを任せることができますが，それはかないません。

子どもに関わっているとき，保育者はどうしても感受する態度が強くなるのは当然であり，また「主体として受け止める」ところが保育の基本であると言うからには，そうでなければなりません。しかし，その場面を後で振り返ってエピソードに描こうとしてみると，自然に自分が巻き込まれていたその場から少し離れて，全体を見る態度，つまり脱自的態度が取れるようになってきます。

研修の場でエピソードを描いてもらった後で，「描くことによってその出来事をより客観的に見ることができた」という感想にしばしば出会うのも，その間の事情をいうものでしょう。ところが，感受する態度というのは，「いま，ここ」で力動感や生き生き感を感じ取るものなので，時間が経過するほどその力動感や生き生き感が薄れがちです。ですから，感受したものを記録に残すためには，あまり時間を置くことができません。ある意味でエピソードは「生もの」なのです。

4） 第３の態度

その二つの態度に加えて，もう一つの態度が必要です。それは描いたエピソードが起こった出来事に本当に忠実に正直に描かれているかどうかを厳しく吟味する態度です。エピソード記述は描く人の経験が土台になっています。その経験は，ときに同じ場面を見ている人に共有されることはあっても，ほとんどの場合，当人だけの経験です。それを描くのですから，そこにフィクションが入ってきても他の人にはフィクションだと分からないかもしれません。描かれたものが実際に起こったことなのか，読み手に分かってもらおうとして創作されたものなのかは，周囲の者には確かめようがありません。その描かれたものが起こった出来事を忠実に再現したものであることを保障するのは，ですからそれを描いた本人の誠実さでしかありません。そこに，この第３の態度が正しく働いて，表現の足らないところを補うだけでなく，表現の行き過ぎを正し，起こった出来事をできるだけ忠実に表現しようと努めるのでなければならない理由があります。その意味では，この第３の態度は第１の脱自的態度（客観的に見る態度）に再帰するといえます。このことについては，後にエピソードの読み手の問題を論じるときに再び触れることにします。

３．エピソードを描く

⑴「いま，ここ」の「あるがまま」を超えて

これまでかなりの紙数を割いて「誰が書いても同じように書く」という従来の保育記録の枠を破る必要を説いてきました。というのも，私のエピソード記述という枠組みは，生きた人と人の関わりが繰り広げられている現場の人には簡単に分かってもらえるはずだと思っていたにもかかわらず，保育現場の人たちが意外にも「客観的な記録」の枠に縛られ，そこから抜け出せないでいることに行き当たったからです。そこで，従来の枠組みと私のエピソード記述の枠組みの違いを明らかにしながら，ともかく保育の場の「あるがまま」を描く必要があると主張してきたのでした。

ところが，保育の場の「あるがまま」を描こうとすると，逆説的なことに，「いま，ここ」の「あるがまま」を超え出なければならないのです。これまでの主張と矛盾すると思われるかもしれませんが，なぜそのように主張するかと言えば，保育の場に生きる人（子ども，保育者，保護者）が，それぞれに背景を抱えて「いま，ここ」で関わり合っているからです。その背景は，「いま，ここ」を超えて横に広がりを持つと同時に，過去に向かっても広がりを持っています。要するに，人は対人関係の歴史を抱え，「いま，ここ」には登場しない人たちとも関わり合って生きているということです。

これは，「いま，ここ」の子どもの行為や言動の意味が，「いま，ここ」での周囲の人との関わりだけで規定されているとは限らないことを示唆しています。エピソードを描くということは，単に「いま，ここ」の出来事を正確に描けばそれで終わり，それでその出来事の意味はすっかり明らかになるという性格のものではありません。そこに，経過記録とも，実態把握とも，活動の記録とも

異なるところがあります。

まず第1に，そのエピソードを描く主体としての保育者は，自分の興味や関心，あるいは自分の心が強く揺さぶられたという「背景」があってこそ，そのエピソードを取り上げようと思うはずです。その「背景」は，「いま，ここ」の出来事にはないものです。ですから，その「背景」を持たない他の人（保育者）は，同じその場にいても，「いま，ここ」での出来事が「図」（意味あるもの）として浮かび上がらないかもしれません。

第2に，その出来事に登場する子どもや大人は，それぞれに自分の歴史を抱え，また「いま，ここ」を超えた対人関係を抱えています。その歴史やそこでは見えない対人関係が，それぞれの人の行為や言動を深く規定しています。これをも「背景」と呼べば，描き出されるエピソードは，それを描く人の背景と，そのエピソードの登場人物が抱える背景との二重の背景を抱えていることになります。そして，すぐ後にも述べますが，エピソード記述はあくまでも読み手を意識し，読み手を説得する意図を持って取り組まれるものですから，読み手にその背景が十分に理解されなければ，エピソードの描き手の主旨も，ひいてはそのエピソードの意味も理解されない結果になってしまいます。

要するに，一つの出来事の「あるがまま」を描き出そうとすれば，「いま，ここ」の「あるがまま」を超えて，いま述べた二重の「背景」を示す必要があるということです。これはエピソードに登場する人物，およびそのエピソードを取り上げる人が主体として生きていることの別の表現でもあります。一個の主体は，対人関係の中で生きてきた歴史を抱え，また今現在，対人関係の中に生きている人であり，それぞれの主体は自分の興味や関心，あるいはさまざまな考えや思いを持つ人だからです。

ここでも簡単なエピソードを手がかりに説明してみましょう。

エピソード6：〈アリが捕まえられない！〉

1歳半のSくんは，庭の片隅でアリをみつけ，じっと見ていたが，手を出して指でつまもうとする。つまむ瞬間にアリが動くので，なかなかつまめない。もう少しというところで，またつまみそこね，そこで思わず私は「あっ！」と声を出してしまった。そしてまた挑戦してもつまめず，また私は「あっ！」と声をだしてしまった。そのとき，先輩のM保育士が「貴女もそんなふうに声をかけられるようになったね」と言ってくれた。そのとき，私は子どもの思いに寄り添うとはこういうことなのかと，少し分かった気になった。

このエピソードの最後の3行が割愛されて，「そのとき」の前で終わっていれば，この簡単なエピソードは，1歳半の幼児のすることを見ていた新米の保育者がちょっとしたエピソードを描いたものということで終わってしまっていたかもしれません。もちろん，その記録だけでも，1歳半の幼児のかわいらしい振る舞いの様子（生き生き感）は読者に届きます。しかしながら，それだけではこのエピソードを描こうと思った保育士さんの真意は読み手に伝わりません。ただ単に子どもの仕草がかわいかったから描いたというふうにも思えてしまいます。しかし，「そのとき」以降を読めば，このエピソードは，子どものかわいらしい姿を描くことに主眼があったというより，むしろ「寄り添う」ということがどういうことか分からなかったこの保育士さんに，何かしら摑めたものがあったというのが，このエピソードを描く動機になっていることが読み手に分かります。逆に，その描く動機が分からなければ，読み手は書き手の意図もこのエピソードの真意も摑めないということになります。

実を言えば，このエピソードが発表された場でこれを最初に読んだとき，私には少し分かりにくいと思うところがありました。そこで私はその場でこのエピソードの描き手にもう少し背景を説明してほしいと頼みました。発表者がそこで説明したことを踏まえて，このエピソードを〈背景〉，〈エピソード〉，〈考察〉に分節して書き直してみましょう。

〈背　景〉

私はこの4月に初めて保育士になったばかりである。この保育園に勤め始めたとき，この園では「子どもに寄り添う」ということが保育の大事な柱としてパンフレットにも掲げられていた。しかし，文字で「寄り添う」と読んでも，実際の保育でどのようにするのか，新米の私にはちっとも分からなかった。「寄り添うって，どういうこと？」と思いながら，それを先輩に聞くこともためらわれ，一人で悩みながら，0歳児，1歳児クラスを担当していた。そして，

6月の終わりごろに経験したのが次のエピソードである。

〈エピソード〉

1歳半のSくんは，庭の片隅でアリをみつけ，じっと見ていたが，手を出して指でつまもうとする。つまむ瞬間にアリが動くので，なかなかつまめない。もう少しというところで，思わず私は「あっ！」と声を出してしまった。そのとき，先輩のM保育士が「貴女もそんなふうに声をかけられるようになったね」と言ってくれた。そのとき，私は子どもの思いに寄り添うとはこういうことなのかと，少し分かった気になった。

〈考　察〉

勤め始めて最初のうちは，子どもの気持ちがどんなであるかも分からないまま，ひたすら毎日の業務をこなしていたと思う。そのうち，少し余裕が出てきて，子どもと遊べるようになり，遊べるようになると子どもがかわいいと思えてきた。このエピソードでは，アリを捕まえられそうで捕まえられないSくんの仕草に引き込まれ，「もう少しなのに！」と思って見ているうちに，不思議なことに，自然に「あっ！」と声が出てしまっていた。そのときでも，自分ひとりだったら，そのように関わることが子どもに寄り添うことなのだとは気づかなかったかもしれない。先輩のM保育士さんにこのように言ってもらって，「ああ，そういうことか，寄り添うって，自分がSくんと同じ気持ちになるということなんだ」と分かった気分になった。

この保育士さんがこのエピソードを取り上げることになったのは，エピソードの末尾に示されているように，この園では「子どもに寄り添う」ということが保育主題に掲げられていて，それがいつも頭にあったからです。園の保育主題に掲げられていたにもかかわらず，この保育士さんには子どもに寄り添うということが実際にどういうことなのかピンときていませんでした。そして，この場面で子どもの手指の動きに釣り込まれて思わず声を上げてしまったときにも，自分にはそのときそれが寄り添うことだとは分かりませんでした。しかし，ベテランの保育士さんにそれが寄り添うことなのだと認めてもらうことによって，寄り添うとはどういうことなのかが少し見えてきたように思える，というのがこのエピソードの意味です。

そうしてみると，このエピソードはSくんの所作がかわいらしかったということ自体が保育士さんの興味をひきつけたというよりも，むしろ「子どもに寄り添うとはどういうことか」という暗黙の関心がいつも背景で働いていて，それを背景にこのエピソードが浮き出たと考えるしかありません。単なる「かわいい仕草」で終わってしまうのではなく，寄り添うことの意味を摑めたことの喜びが，この保育士さんをしてこのエピソードを描かせたのでしょう。意味を摑めたことの喜び，それは紛れもなくこの描き手が一個の主体としてこの保育の場を生きているからこそ感じるものです。

さらに，私のような研究の立場の人間からすると，その「寄り添う」結果，口をついて出てきた「アッ」という声の意味に興味が惹かれます。「もうちょっと！　惜しい！」という表現になってしまう場合もあるかもしれません。ポイントは，「つまめないね」というような保育者の「ここ」からSくんに向けてかけることばではなく，Sくんが「アッ！」と思ったり，Sくんが「もうちょっとなのに！」と思ったりしているところが，この保育士さんの声になっているところです。この保育士さんは，Sくんがそう言うべきところを「代弁」してやっているのではないでしょう。そんな「代弁してあげよう」などという意識はなかったはずです。むしろ，その声は自然に発せられています。

この間の事情を私は「成り込み」と表現したり，「情動の舌」が伸びると表現したりしてきました。要するに関わり手の「ここ」が子どもの「そこ」に重なる，あるいは子どもの「そこ」が関わり手の「ここ」になる事態だということです。「寄り添う」とは，ですから子どもに気持ちを向け，いつのまにか相手のところでものを考えたり感じたりするようになることだといえます。まさにこの保育士さんが考察の末尾で「自分がSくんと同じ気持ちになることだ」と述べている通りなのです。

まだ2歳にもならないSくんの小さな指が，アリをつまもうとします。しかし，ぎこちないつまみ方のため，すんでのところでつまみ損ねてしまいます。その指の動きに引き込まれ，いつのまにかSくんの指の動きに自分が重なって（成り込んで）しまったとき，ごく自然にSくんの発するべき声が自分の口をついて出てくるという，不思議なすり替わりが生まれるのです。子どもにしてみれば，自分の発しようとした声，自分の言おうとしてまだ発せられない未然のことば，自分のしようとしている行為を，大人の発する声によって一緒にしているような気分になるのではないでしょうか。

つまり，子どもに寄り添うということは，子どもが大人と一緒にしているという気分になることによって，「自分はできる」と錯覚し，そのようにして子どもの「私」が勇気づけられていくうちに，子どもが自ら「なる」に向かっていくという，子どもの育ちの重要な条件となることを意味します。一見，ただ傍にいるだけのように思われる「寄り添う」ことが，そのような「育てる」営みの重要な位置を占めるのだということが，これまで保育の世界で「子どもに寄り添うことが大事」と言われてきた理由だと私は考えています。

このように，Ｓくんのちょっとしたかわいい仕草を「あるがまま」に捉えて記述することにはさまざまな背景があり，またそれを取り上げることにはさまざまな意義があることが分かります。そこにそのエピソードを背景を含めて描くことが「いま，ここ」の出来事の「あるがまま」を超え，これまでは黒衣にされてきた保育者が主体として生きていることを目に見えるものにするのです。

さて，いまの「アリのエピソード」はＳくんの所作が引き金になりながらも，本来はこのエピソードの背景である保育士さん自身の思いが前景に出る内容になっていましたが，本章第１節で見た「ぶんぶん」のエピソードを振り返ってみても，背景の重要性が見えてくるはずです。

実際，後の２Ｂ，２Ｃの二つのエピソードは最初の２Ａのエピソードと密接に結びついていて，最初のエピソードがなければ，後のエピソードの意味はなかなか分からなかったかもしれません。三つのエピソードが並べられることによって，「ぶんぶん」はこんな子どもなのだというＮ保育士さんの思いが読み手に伝わってきます。クライマックスはオシッコがトイレでできるところですが，そこの「できた」「できない」を描くことであるよりは，むしろ「ぶんぶん」という子どもをまるごと描きたいというのが，Ｎ保育士さんの主旨であっただろうと思います。後になぜこのエピソードを描いたのかの問いに，「ぶんぶんがかわいかったから」とこの保育士さんは答えていますが，そこが重要です。ぶんぶんという子どものまるごとがかわいかった，それはこの保育士さんがぶんぶんを一個の主体として受け止めていることの紛れもない表れであり，あれこれの仕草がかわいかったというわけではないのです。

そして「ぶんぶん」という主体を描くには，単に「ぶんぶん」の行為だけを描けばよいのではなく，そのためにはＮちゃんや年齢が下のＫくんやＴくんを描き，先生やお母さんを描かなければなりません。それというのも，「ぶんぶん」はその人たちとの関係の中に生きているからです。「ぶんぶん」の「いま，ここ」のあるがままは，そのような背景の中に浮かび上がっています。だからこそ，この保育士さんは三つのエピソードを一緒に提示したかったのだと思います。

⑵ エピソードの描き手には，読み手に伝えたい，分かってほしいという思いがある

序章でも述べたように，エピソード記述は「今日の保育ではこのようなことがありました」という経過記録をつけることとは異なり，それを描く人がそこでの出来事を読み手に伝えたい，分かってほしいと思ったことと切り離すことができません。これもエピソード記述が出来事の「あるがまま」を超える営みだというもう一つの理由です。「アリのエピソード」では，「寄り添う」ということはこういうことだったのだ，それが分かったという若い保育士さんの思いが，これを描くことへと導きました。また「ぶんぶんのエピソード」では，ぶんぶんはこんなにもかわいいし，心配なところもある，そんな「ぶんぶん」のことを分かってほしい，という保育士さんの思いがあの三つのエピソードを描かせたのでした。そして「弟をたたくＭちゃん」のエピソードでは，弟はかわいいけど憎らしいというＭちゃんの複雑な思いにはっと気づいたこと，そのような思いをさせてしまったことがこのエピソードを描くことに導きました。

こうした描き手の思いが，その出来事の背景を描かせるとともに，考察のところでこれを描く理由を述べることに繋がります。ただし，そこに危険な落とし穴も待っています。伝えたい，分かってほしいという思いが，その場面の出

来事の「あるがまま」を歪めてしまう可能性です。「○○ちゃんがこんなにかわいかったんです」という思いが，○○ちゃんの実際の姿のかわいらしいところだけを描いて，気になる面を覆い隠してしまう場合がしばしばあります。同じ保育の場での発表であれば，他の保育者も○○ちゃんのことを知っていますから，そういうところもあるけれども，こういうところもあるのでは？という違った角度からの発言もでき，それを重ねると一人の子どもの理解が充実していくと思いますが，実際の子どもを見ることができない読み手は，結局○○ちゃんの本当の姿を知らないままに，描き手の思いに沿った記述だけで○○ちゃんを理解しようとすることになります。

これにブレーキをかけ，やはり出来事の「あるがまま」を読み手に伝えながら，その上で描き手の思いをその記述に載せていくためには，実は背景がしっかり描けていることが重要になってくるのです。これが先に第3の態度が必要だと述べたことの意味です。このことは「ぶんぶん」や「弟をたたいたMちゃん」のエピソードを振り返れば分かっていただけるはずです。

その危険を避けた上で，描き手のこのエピソードを描きたいと思った主旨を説明するのが〈考察〉の部分だということになります。

(3) 背景，エピソード，考察の3点セット

保育者の心が揺さぶられるところを「あるがまま」に描く……それがエピソード記述の出発点であり，それが保育の場の「あるがまま」を世間に知ってもらう近道だと序章で述べました。しかし同時に，保育者もまた保育の場の主体であるので，その場の「あるがまま」を捉えたエピソード記述は，保育者自身の子どもの見方や価値観と密接に繋がっているとも述べてきました。そしていま，出来事には背景があり，またそれを取り上げる保育者には，主体としての背景があることが分かりました。ここに，「誰が書いても同じ」になる経過記録的な「客観的記録」とは異なり，エピソード記述はそれを描く人の主体性が前面に出ると述べてきた理由があります。

この間の事情を私は「エピソード記述は背景，エピソード本体，考察」の3

点セットからなると言い表してきました。最初，心を揺さぶられる出来事との出会いがあります。それを周りの人に分かってほしいと思ってそれをエピソードに描こうとしますが，読み手に分かってもらおうと思えば，その出来事や登場人物の背景や取り上げた理由を伝えなければなりません。自分は知っているけれども読み手が知らないままでは，読み手に分かってもらえないのは当然だからです。

ある研修の場で，しかし，「感動した場面は描けるけれども，背景を書くのは難しい，背景を書かねばと思うと，エピソードを描く気力がそがれる」という感想を何人もの人からもらいました。確かにそうかもしれません。保育の場の「ケース会議」のような席では，取り上げられる子どもの背景は出席者の大半が共有しているでしょうから，特にそれを掲げなくても，エピソードだけでお互いに議論できるかもしれません。しかし，それは便宜上のことであって，その子どもの背景を共有していない不特定の読み手にそのエピソードの意味を伝えるには，やはり背景は欠かせないのではないでしょうか。その背景をどの程度しっかり摑んでいるかによって，エピソード本体の描き方も変わり，それゆえ，そのエピソードの分かりやすさも違ってきます。

確かに，どこまで詳しく背景を描くのかの問題はあります。描き出せば際限ないともいえるからです。しかし，先に示した「アリのエピソード」と，後に「背景，エピソード，考察」の形にリライトしたものとを比べてみると，読み手としては後者のほうが分かりやすいと思うはずでしょうし，描き手の意図がよりよく理解できたと思うことでしょう。

ここで，保育者の描いたエピソードを一つ提示して，これまでの議論を振り返ってみます。

エピソード７：〈お泊りのグループ決め〉

〈背　景〉

多くの園がそうであるように，一泊保育は私の園でも夏の恒例行事である。土曜日の午後に集まり，夕食の買い出しにスーパーへ行き，スイカ割りや花火，キャンプファイヤー，朝食には園庭の窯で焼いた手作りピザも食べる。日曜日の正午には解散するこの24時間を，年長の子どもたちは2～3人の子どもと保育者1名の小グループ（班と呼んでいる。班のリーダーは子どもから選ばれる）で行動する。そのため班を決める話し合いがもたれたのだが，最後に6人の女児が残った。この6人は2人ずつ3組の仲良しだったが，保育士の人数の都合からどうしても3人ずつ2組にならなければならない。初めのペアは次のようであった。

モリエ－リサ　ヒナ－チヒロ　ミサキ－モエ　（すべて仮名）

この6人が3人ずつの2グループにならなければならなかったのである。

〈エピソード〉

この女の子たちは，普段から2人ずつ仲の良い者同士である。どうしても離れたくないらしく，ギュッと腕を組んでいた。するとリサちゃんが，「ヒナちゃんはリサとも一緒でもいいって言ってたし，ヒナちゃんがリサのところに入って，チヒロちゃんがミサキちゃんのところに入ったらええやん」と言う。それを聞いてミサキちゃんも「チヒロちゃん，きてもいいで！」と言った。するとヒナちゃんがリサちゃんペアへ移動する。ところがチヒロちゃんは普段からあまりミサキちゃんと遊ぶことがなく，踏ん切りがつかない。なのにヒナちゃんがさっさとリサちゃんたちのペアへ行ってしまったので，しくしく泣き出してしまった。それを見てみんなは押し黙って下を向き，周囲が重たい空気になる。そこで私が，「仲良しのお友だちと一緒になりたい気持ちもよく分かるけど，一泊保育で今まであんまり話したことのない人と同じ班になったら新しい友だちになれるかもしれへんで。みんな小学校へ行ったら今仲良しの人とも離れるかもしれへんし，いっぱい友だち作れる人になったほうがいいやん」と言うと，チヒロちゃんは，「チイのおじいちゃんな，いっぱいお友だちいはるねん。チイもおじいちゃんみたいになりたいし，我慢してミサキちゃんの班になるわ」と泣きながらも言った。チヒロちゃんの決意は分かったが「我慢する」ということばが気になったのだろうか，みんなは再びしゅんとなって沈黙する。するとモリエちゃんが，「モリエがミサキちゃんとこいくし，チヒロちゃんここ入り」とやさしく言った。それを聞いたチヒロちゃんはスッキリした表情で，「モリエちゃん，いいで。チイ，新しいお友だちも作りたいし，ミサキちゃんと同じ班になってみる」と言った。ほかの子どもたちもチヒロちゃんを見てほっとした表情になり，班決めは無事に終わった。

〈考　察〉

子どもが楽しみにしている一泊保育なので，好きな友だちと一緒の班にしてあげたい気持ちと，新しい友だちとの関わりも経験して欲しいという思いがあり，私自身も子どもたちと一緒に考え，すごく悩んだ。そのなかで子どもたちも真剣に考えてくれ，自分だけが好きな友だちと同じ班になれたら良いということではなく，友だちの気持ちも考えられていたことがうれしかった。とくにモリエちゃんのひとことは，保育士の手前言ったことではなく，モリエちゃんが真剣にチヒロちゃんの気持ちを考えた素直な気持ちから出たことばだったことがしみじみ伝わり，すごく感動した。その場にいた子どもたちにも伝わっていたと思う。結果としてチヒロちゃんはモリエちゃんと一緒の班にはなれなかったが，チヒロちゃんはモリエちゃんの一言によって自分の気持ちが分かってもらえたうれしさを感じることができ，それによって新しい友だちを作ってみようという気持ちになれたのではないかと思う。

このエピソード記述は背景，本体，考察の3点セットで提示されています。保育の現場は，このエピソードに見られるような，一人ひとりの息遣いが伝わってくるような出来事から構成されています。私はこのようなエピソードが，先に見た「弟をたたくMちゃん」のエピソードと同様に，単なる経過記録ではない，人の生きる現実により接近したデータではないかと思っています。この保育士さんはこのエピソードに「お泊りのグループ決め」という題目をつけていますが，「子どもたち同士の思い遣り」に感動したことが考察のポイントになっています。その感動がこのエピソードを切り取らせたのに違いありません。

このエピソードを3点セットの観点から振り返ってみましょう。まずお泊り保育のおおよその様子が〈背景〉で示されることによって，読み手はこれから始まるいわば「演劇の舞台」がどういうものかおおよそ摑むことができます。そして班を決めるときのやりとりがエピソードの核心をなすことが予告され，読み手は舞台に引き込まれます。

このエピソードを読み終えてみると，この保育士さんは，モリエちゃんの「思い遣り」に感動し，一人の子どもの思いをみんなが真剣に考えたことに感動し，それを他の保育者に伝えたくてこのエピソードを描いたのだということがよく伝わってきます。このエピソードをさらに考察において煮詰めていけば，我がまま勝手な子どもが多くなった，思い遣りに欠ける子どもが多くなったといわれる昨今だけれども，保育園の年長児でもこんなふうに他の子どものことを思い遣ることができること，そして子ども同士がそのように思い遣りあえるのは，保育者たちが子どもの思いを丁寧に受け止め，思い遣っているからだというところまで議論を発展させることもできるでしょう。そうなれば，このエピソードはいま保育の場で議論されている「保育の質」を高めることに通じるエピソードとして評価することもできるだろうと思います。

ところで，このエピソードは登場する子どもが年長さんだということもあって，子どもたち同士のあいだで，また先生とのあいだでたくさんのことばが行き交い，そのことばを拾って並べるだけでも，おおよその出来事の展開は押さえることができます。従来の「客観的な記録」ならば，それぞれの子どもや先生の語ったことばを綴ることに終始したでしょう。それがこのエピソード場面の「誰にとっても」の部分に対応します。これに対して，このエピソードはことばのやりとりだけでなく，その場の雰囲気など，目に見えないものが描かれています。それがその場の生き生き感を読み手に伝えてくれます。例えば，チヒロちゃんがしくしく泣き始めたところで，みんなが押し黙って俯いてしまうところ，さらにチヒロちゃんが「我慢する」といったところで，みんなが再びしゅんとなってしまうところがそうです。それはチヒロちゃんの「どうしよう」という思いを他の子どもたちが受け止めようとした結果生まれたもので，そこが「思い遣り」の原点というべきところでしょう。そこはまさに目に見えないところです。それをこの保育士さんが摑み，それを表現したことによって，読み手もまたその場の緊張感を共有することができるのです。

このように，3点の構造がはっきりした，しかもその情景がしっかり思い浮かべられるエピソードは，その場を経験していない読者にも一緒にその場面を考えることを可能にしてくれます。ですから，こうしたエピソード記述が，保育に限らず，教育や看護や介護のカンファレンスに有効だと思われるのです。

4．エピソードを描き，エピソード記述を読む

(1) エピソードを描く

エピソードをどのように描くのか，その初歩的な手続きをとよく注文を受けます。しかし，こう描けばよろしいという描く手続きを学べば即座に描けるようになるというものではありません。まずは描いてみて，それを吟味しながら次第によりよい内容になるように描き直していくというのが，現場でエピソード記述を磨いていく手順だと思います。

このように，エピソード記述は「綴り方教室」で学ぶような性格のものではありませんが，いくつかの留意点はあります。ここではそれを簡単に整理しておきたいと思います（詳しくは前掲拙著『エピソード記述入門』(2005) を参照してください)。

(A)　保育者の印象に残った出来事を取り上げて描く

これまで繰り返し述べてきたように，日々の経過記録を書くときのように，義務的に書かねばならないという思いで仕方なく描くという姿勢では，おそらくエピソードは描けません。というのも，エピソードを描くための出発点は，保育者が「はっとした」「とても気になった」「子どもと一緒に楽しめた」「子どもらしい姿だと嬉しくなった」「とても嫌な思いをした」「とても悩んだ」等々，自分の中に心揺さぶられる何かが生まれるときだからです。ですから，まず保育者の心が揺さぶられた場面，心に引っかかった場面を描き出すことが出発点になります。

(B)　出来事のあらましが読み手に分かるように描く

エピソードに取り上げられる出来事は，ある短い時間の中で展開したものです。その出来事の中に感動した場面や心揺さぶられた場面が含まれているのですが，まずはその出来事のあらましがこのエピソードの読み手に分かるように示されなければなりません。ここが備忘録に載せるエピソード記録と，読み手を意識したエピソード記述の違いです。

自分の備忘録に載せるエピソード記録なら，まさに忘れたくない子どものつぶやきや，そのときに自分が得た感動の部分だけを，手短に書きとめておけば十分でしょう。何しろ，自分はその場面を経験しているのですから。しかし，エピソード記述の場合，読み手はその場面を経験していません。読み手がその描き手の得た経験を一緒になって考えることができるためには，そこでの出来事のあらましが読み手に伝わる必要があります。

例えば，備忘録に「今日，かなえちゃんが，『だいじょうぶ』といってくれたことで，私は救われた思いになり，思わず『ありがとう』と言った」という記録が残っているとしましょう。これを備忘録に残した保育者は，その場面を知っていますから，このポイントのところだけを書いておけば，後でその場面を想起するに十分でしょう。例えば，自分の不注意で大きな荷物を持ったまま部屋の戸を閉めようとしたとき，ちょうどかなえちゃんが部屋に入ってこようとしていて，その戸でかなえちゃんをガツンと挟む結果になった場面だったとしましょう。視界が荷物で遮られて，戸の周辺が見えなかったところで，かなえちゃんが部屋に入りかけて起こったトラブルでした。自分の不注意にはっと思い，かなえちゃんがどうなったか心配で，一瞬「どうしよう」と思ってかなえちゃんを振り返ると，かなえちゃんは肩を押さえながらも，こちらを見上げて「だいじょうぶ」と言ってくれました。ほっとすると同時に，自分の不注意が悔やまれ，思わず「ごめんね」というべきところで「ありがとう」と言ってしまった，というのが事の次第だったのでした。

ところが，備忘録に記されている文言から，読み手がいま記した内容を理解することはできません。それを読み手にも分かるエピソードにしようと思えば，どこまで正確に描くかは別にして，ある程度その出来事の流れを示さなければなりません。備忘録の記録は，まさにその出来事を想起する手がかりに過ぎず，それをエピソードにするにはやはり「誰にとっても」の部分がまずしっかり描かれ，その上で「自分にとって」の部分が載ってくるのでなければなりません。保育者が救われた思いになったということは分かりますが，この短い記録だけでは，読み手はその状況がほとんど摑めません。なぜ「だいじょうぶ」というその一言で救われる思いになったのか，その前後の子どもと保育者の関わりの流れが示されないと，書いている本人がなぜ救われた気持ちになったのか，読み手には理解できないままで終わってしまうでしょう。そうならないように，読み手が読んでその出来事のあらましが分かるように書くことがまず必要になります。

ここでは，備忘録に残っている記録や，活動場面だけを描いたエピソード記録を，読み手に分かるように書き直すという作業が必要になります。そして，一度そのようにして描いたエピソード記録を，さらにこれで読み手に出来事の流れが伝わるかどうかを吟味し，場合によっては詳細を書き加えたり，あるいは冗長な部分を削ったりという吟味の作業が必要になります。そのようにしてはじめて，読み手に分かるエピソード記述になるのです。

(C)　その出来事の背景を示す

前節で詳しく議論したように，エピソードの背景を示すことが，その出来事を理解してもらうためには必要です。先の「お泊り保育」の例で言えば，夏の恒例の行事としてお泊り保育があること，そのお泊り保育はこのようにして行われること，子どもたちはこんな参加の仕方をしていること，等々，あのエピソード場面の背景になっていることを示すことによって，出来事のあらましがよりいっそう読み手に理解できるものになります。

しかし，背景と簡単に言っても，お泊り保育の背景としてはあのような背景で十分だったわけですが，もしもチヒロちゃんという子どもを「ぶんぶん」と同じように深く理解するためのエピソードとして，あのエピソードを描くという主旨だったとすれば，あの背景では十分でなく，チヒロちゃんとミサキちゃんがこれまであまり遊んだことのない間柄であったこと，チヒロちゃんとリサちゃんとの関係など，これまでクラスの中でチヒロちゃんがどんな友達関係を送っていると保育者が見ているのかまで，本当は背景として必要だったということもあると思います。ですから，背景は，あくまでこのエピソードを「図」にするような背景と考えるべきで，このエピソードの描き手がこのエピソードで何を描きたいのかによって，背景もまた変わってくると言わねばなりません。

その意味での背景がしっかりしていれば，エピソードは読み手にとても分かりやすくなるはずです。

(D) 保育者の「受け止めて返す」部分を描くことが大事になる

子どもは一個の主体として活動しています。つまり，その子なりの思いを持って生きています。それをどのように受け止めるか，そして自分も主体である保育者は子どもの思いを受け止めた後に，どのような思いで次の対応を紡ぎだすか，これが保育の根本だと述べてきました。決して，自分が正しいと思うことに子どもを引き込むことが保育なのではありません。だからといって，ただ子どものすることを黙って見守っておればよいのでもありません。子どもの思いを受け止めた上で，保育者の思いを伝えていくところに保育が成り立ち，子どもが育つことに向かうのです。この点で，先の「お泊りのグループ決め」のエピソードでは，保育士さんはチヒロちゃんのヒナちゃんと一緒がいいという思いを受け止めながら，しかし，何とか班決めをしなければとも考え，他の考え方を提案しています。そこがこのエピソードの大事なところです。

この基本に立ち返るとき，エピソード場面は，まず保育者が子どもの思いをどのように受け止めていたのか（受け止められなかったのか），そしてどのような思いから，次の対応を導いたのか，そこを描き出せるかどうかが，エピソード記述に基づいて，保育のあり方を吟味することができるかどうかを左右します。「思いを受け止める」とは，子どもを生きたまるごとの存在として摑むということです。子どもの様子を外部から傍観的に眺めて記述する姿勢では（つまり保育者が感じ取ったもの，受け止めたものをすべて消し去った記述では），「保育の質」を皆で考えるケース会議に役立つ資料にはならないでしょう。

(E) このエピソードを取り上げた理由を最後に付す

最後に，エピソード記述は，その場面を描き出した後に，なぜ自分がこれを描き出して皆の前に提示することになったのか，その理由が示されるべきです。「アリが捕まえられない」のエピソードでは，「子どもに寄り添う」ということがどういうことか分からなかった保育士が，先輩の保育士のことばから，これが寄り添うことなのだと分かったということがこのエピソードを取り上げた理由でした。「ボクはブルドーザーだ！」のエピソードでは，本物の動きを自分の体の動きで表現しようとする子どもの様子にいろいろと考えるところがあったことがそれを取り上げる理由でした。「もう一つの顔のＫくん」のエピソードでは，年長だ，年少だという年齢に関係なく，子どもの求めることに応えることが大事だと思ったことがそれを取り上げる理由でした。また「お泊りのグループ決め」のエピソードでは，年長さんたちの思い遣りに感動したことがそれを取り上げた理由でした。

このように，それぞれのエピソードはそれを取り上げた理由が示されることによって，読み手はその描き手の意図が了解でき，そのエピソードを理解し，その上で，自分の観点から別の意見を述べることも可能になるのです。

以上，(A)〜(E)がどこまで完備しているかによって，そのエピソードが読み手に分かるものになるかどうか，「保育の質」を考える上に役立つエピソード記述になるかどうかが決まるといえるでしょう。

(2) 提示されたエピソードをどのように読むか

エピソード記述はそれをどのように描くかも大事ですが，それと同じくらい，描かれたエピソードをどのように読むか，どのように吟味するかも大事です。描き手は描いたものを最初に読む読み手の一人です。自分を読み手の立場に置いて，これで読み手は分かるだろうかという観点から，自分の描いたものを吟味し，それを描き直す作業が必要になることについては先に触れました。

保育者は他の保育者が描いたエピソード記述を読む機会が多々あります。これからエピソード記述を資料にケース会議が園内で開かれる機会が増えていくことになればなおさらでしょう。そのとき，読み手としてどのように読み，そこから何を考えて自分の意見を述べるかも，特に「保育の質」を高めていこうと思えば重要になってきます。

その際，まず読み手である自分を描き手の立場において，その描かれた場面を再構成しようと努め，まずはそこでの出来事がどのように展開したかを把握することが必要になります。その上で，背景や考察から，描き手が何を訴えたいのかを把握しようと努めなければなりません。ここでも，そこに描かれた場面が自分の経験した場面と重なってくるから，だからよく分かるというように，最初は，自分の経験を重ねて「分かる」「分かりにくい」と考えることが多いようです。しかし，他の保育者の描いたエピソード記述を読むことに慣れてくると，自分の経験した場面とは異なる場面に自分の身を置くことができるようになり，描き手の立場からその場面を考えることができるようになってきます。その上で，自分だったらという自分の立場に置き直して考えてみれば，描き手に共感できるところ，共感できないところ，自分の経験から言えること，等々が浮かび上がってきます。

描き手の立場から読むことを試みた後に，今度はそこに登場する子どもの立場に自分を置いて子どもの側からその出来事を眺めてみる，考えてみる，という読み方も必要になります。先の「お泊りのグループ決め」のエピソードでは，チヒロちゃんだけでなく，例えば自分がヒナちゃんだったらどうしただろうというように，そこに登場する子どもの立場になって場面を考えてみるなどです。そのようにしてみると，なぜ描かれたものからすっと子どもの行為や言動の理解が生まれてこないかが見えてきたりします。

要するに，読み手は描き手が意図した意味を単に受動的に受け取るだけの存在ではなく，読み手もまた一人の主体として取り上げられた場面に参入する人になるということです。そのように描き手と読み手，読み手である自分と他の読み手との経験を交叉させてこそ，エピソード記述を資料に，園内であるいは研修の場で，それを吟味し合うことの意義が生まれます。というのも，そのことがそれぞれの保育者の保育の幅を広げるのに大きな役割を果たし得るからです。

さらに他の保育者が描いたエピソードを多面的に読めるようになれば，おそらく今度は自分がエピソードを描くときにその経験が生かされて，読み手を意識した，読み手に分かるエピソード記述が自然にできるようになるだろうと思います。

(3) 求められる謙虚さ

先に，「描きたいから描く」のであり，「分かってほしいから描く」のだけれども，しかし，その「分かってほしい」が一歩誤ると，「分かってもらえるように描く」という姿勢が強くなりすぎて，「あるがまま」から外れる危険に陥りやすいと指摘しました。ここはエピソード記述のもっともややこしい，ある意味ではエピソード記述という方法の弱点にもなりかねない部分です。先にも触れたように，「かわいい」という思いが先行して，その思いの中に一人の子どもの現実の姿を丸め込むような描き方になってしまい，その子の実像から離れてしまったり，現実の保育にはいくつも問題点が抱え込まれているのに，実際はそのエピソードを読んだ人が「お宅の園の実践は素晴らしいですね！」と感嘆するほど，描かれたものと実態とがずれてしまったりする危険性があります。これなどはもっとも警戒しなければならないところです。

私がこれまで保育の場の「あるがまま」を強調してきたのも，単に従来の「客観的な記録」が実際の「あるがまま」を掬い取っていないことを批判しようとしただけでなく，いま「陥りやすい落とし穴」と述べていることを念頭に置いて，エピソード記述はあくまでもそこで起こった出来事の「あるがまま」に忠実であること，フィクションや粉飾されたものでないことを強調しておきたかったからでした。そして第3の態度，つまり，出来事に忠実であるかどうかを厳しく吟味する態度，「このように描いてよいのか」と常に確かめようとする態度が必要だということを強調してきたのもそのためです。

これと同じく，他の保育者のエピソードを読むときにも，第3の吟味する態度に近い態度が必要になります。それは謙虚な態度です。人が自分の経験を必死に訴えようとしているのに，その人の立場でそれを読むのではなく，単に自分の経験を被せて批判してしまうのは，自分の読みに対する第3の態度が働いていないということでしょう。自分の読みを吟味する態度とは，描き手を主体として受け止める謙虚な態度だといってもよいかもしれません。特に経験が豊富になり，場数が踏まれてくると，経験知がものをいうようになります。そしてついつい謙虚な態度が見失われて，自分の観点からだけの物言いになってしまいかねません。

特に，園内で一人の保育者の提供するエピソード記述をみなで読み合わせて，それから検討を加えていくという場合，それぞれの保育者がそれぞれの立場でそのエピソード記述を受け止め，そこから議論しようとしていることを，上に立つ立場の人たちは十分に尊重するのでなければなりません。園長や主任など上に立つ保育者は，他の保育者に第3の態度と謙虚な態度が必要だと言う立場にありますが，それには，まず自分自身，その態度を身につけ，発揮するのでなければなりません。そして，いうまでもないでしょうが，この謙虚な態度が，子どもの主体としての思いを受け止める姿勢，子どもを尊厳ある主体として尊重する姿勢に通じているのです。

第２章　保育の営みをエピソードに描く

１．はじめに

保育の場では無数の出来事が起こっています。保育者が取り上げるエピソードを通覧してみると，保育の場がどのような場なのかがよく見えてきます。子どもの可愛らしい姿もあれば，子ども同士のトラブルもあります。また家庭環境のむつかしさが子どもの不安定な行動になって現れている場合もあります。その中で，保育者がどのような思いで子どもに接しているかもよく見えてきます。以下，現場の保育者（多くは保育士さん）たちが，エピソード記述の研修を受けた後に，心に残ったエピソードとして研修会場で描いたものを提示し，私の立場から若干のコメントを加えてみたいと思います。研修会場という制約された場で描いたものですから，分厚いエピソードではありません。ですから，詳細な背景も分からず，また考察も十分でないことが多いのですが，それでも，保育の場の営みがどのようなものなのかは，かなり生き生きと伝わってくるのではないでしょうか。一つひとつのエピソードに対する私のコメントは，当初はもっと分厚いものを予定していたのですが，この章にはできるだけ多くの保育者の声や思いを収録したいと思ったので，簡潔に，感想程度にとどめたことをお断りしておきます。

全体で39個のエピソードを収録してありますが，それを六つの節にまとめて提示しています。それぞれのエピソードをその節の下に収めるのが適当かどうか迷うところもありましたが，便宜的な括りと考えてほしいと思います。全部で300個ほどのエピソードから39個を抜き出しましたが，それらはエピソード記述として優れているからというのではなく，読み手である私の今の関心に響くところがあったからだと考えてください。

これまで，他の保育関係の本には「集団で活動する元気な子どもたち」とまとめられるようなエピソードは多数収録されていましたが，ここではその種のエピソードは少なく，むしろ保育がいかに大変かという内容が多くなっています。それを読むと，今日の日本の社会文化環境が垣間見えてくる感じがあります。そして，一人の子どもを家庭と保育の場の両者で育てているのだという現状が見えてくるのではないでしょうか。

2．子どものかわいらしい姿を描きたい

これまでの章でも触れてきたように，保育者が取り上げたいと思うエピソードのかなりの部分は，子どものかわいらしい姿，あるいは子どもの成長する姿が心に残ったという内容になっています。以下，この節には14個のエピソードを収めています。

エピソード１：〈お返事〉

〈背　景〉

６月に入り，０歳児のクラスでも朝のお集まりを行うようになる。月齢は様々で４人のお友だちが入所している。Ｋくん（１歳２ヵ月），Ｍちゃん（１歳１ヵ月），Ｎちゃん（１歳），Ｔくん（６ヵ月）。まだまだ反応は乏しいが，毎日行うなかで，少しずつ変化も見られてきた。内容としては，指遊び・絵本の読み聞かせ・季節のうた・出席・あいさつ等である。

〈エピソード〉

いつものように，朝のお集まりで一人ひとりの名前を呼び，出席をとっていたときのこと。Ｋくんは今まで何の反応もなく，保育者の顔をじっーと見ているだけだったが，その日は違い，「Ｋくん」と名前を呼ぶと，しっかりと手を上げて返事をすることができた。その日から，朝のお集まりでは出席時にしっかりと手を上げて返事ができるようになったＫくんだが，他のお友だちの名前が呼ばれても，手を上げて返事をする。そして返事したあと，パチパチと自分

で手を叩き，お返事できたことをとても喜び満足しているようだ。

〈考　察〉

返事ができるようになったことも嬉しかったが，今まで何に対しても反応のうすいKくんがパチパチと手を叩いて，笑顔でこちらのことばかけに反応を示してくれたことは本当に嬉しかった。そこで「手があがったね」「お返事できたね」などと言って，保育者自身，手をパチパチと叩いて喜んでいた。手を上げて，パチパチと手を叩くという行動は保育者のすることを真似してくれているのではないか？保育者が喜んでいる様子をみてKくんも喜んでいるのではないか？等々，0歳児とのコミュニケーションについて考えさせられる出来事だった。

〈私からのコメント〉

短いけれども，0歳児クラスの場面が目に浮かぶようです。呼ばれると返事をするというコミュニケーションの原型が，このようにして成り立ってくるのだということを改めて教えてくれるエピソードです。場の雰囲気を子どもなりに感じ取っている事実，保育者の仕草がいつのまにか子どもの仕草になってくるという事実が，よく分かります。このような場面を通して，保育者との信頼関係やお友達との関係が成り立っていくのでしょう。

エピソード2：〈初めてできたよ！〉

〈背　景〉

もうすぐ2歳になるSくん。担任を持ち，2年目になります。声かけをしても笑顔でしか返さなかったSくんですが，今ではことば数が急激に増え，やりとりもますます楽しくなってきました。それでもなかなか排泄はスムーズにいかず，パンツトレーニングにはまだ至っていませんでしたが，タイミングを見てそろそろ進められたらと思っていました。

〈エピソード：初めてできたよ！〉

トイレには自ら進んで行けるSくん。ある日の夕方，初めてトイレでうんちができました。それを見ていた保育士が「Sくんすごい！　初めてトイレでうんちできたね！」と頭をなでながら思いきり褒め，部屋にいた他の保育士も喜んで声をかけてくれました。するとSくんは「でたよ～S～できたよ～」と大きな声で叫び，部屋をグルグル回って喜びを表現し，担任の私のところへ来て，さらに「でたよ～でたよ～」と目をキラキラ輝かせながら知らせてくれました。「Sくん，すごいね！　初めてできたね！」と声をかけ，ギューッと抱きしめながら，Sくんの喜びを感じることができました。共に喜び合える温かい気持ちを感じることができたことは，保育士で良かったと思うことでした。

〈私からのコメント〉

子どもにとっても排泄のしつけができるようになるということは，周囲の賞賛もあって，ことのほか嬉しく，また自信につながるようです。Sくんの嬉しい気持ちがエピソードを通して伝わってきます。排泄のしつけが子どもの成長の一つの壁になっているからこそ，その壁を越えたことが大きな喜びになるのでしょう。第1章で取り上げた「ぶんぶん」のエピソードとも重なりますが，保育者もまた，このように子どもの成長する姿を喜び，それが強く印象に残るとともに，その喜びを糧にして，毎日の保育を頑張っていくことができるのだということが改めて分かります。

エピソード3：〈ことばが言えた！〉

〈背　景〉

3月で1歳の誕生を迎えた女児R。まだことばはあまり出ず，最近「シェンシェイ」「パパ」を言い始めたばかりである。同じクラスでも，約1年の差があるHは，ことばもはっきりし，先日の誕生会では，自分のクラス，名前，2歳になったことを言えた。

〈エピソード：ことばが言えた〉

先日，Hが私の隣に座り，マイクを持つ真似をしたので「お名前を教えてください」と尋ねると，嬉しそうに自分の名前を答えた。その様子をじっと見ていたR。しばらくすると私の手を取り，自分の口元に持っていった。自分にも聞いてということかなと思い「組と名前と何歳になったか，教えてください」とマイクを向けた格好で聞いてみた。

すると口をもごもごと動かし，首を縦に振ってまるで話をするかのように私をじっと見つめているので，「○○組の○○です。1歳になりました」と代弁した。するとRは代弁する私の音節にきちんと合わせてリズムをとり，最後の

「た」を一緒に発音したのだ。「ワァー。上手に言えたね」と拍手をすると，「言えるでしょう！」と言っている様な嬉しそうな顔つきで私を見上げ，自分も拍手する。何回もそれを繰り返していると，まわりでその様子を見ていた5歳児2人も，「○○ちゃん，すごいね！」と一緒に喜び，拍手をした。

〈考　察〉

皆に褒められ，とても嬉しそうで満足そうなRちゃん。これまでは「いたかったね」「おいしいね」「ねむたいね」など，その時々の気持ちに寄り添ったかたちの代弁はしてきたが，1歳になったばかりの子どもと一緒に，こんなに長くお話ができたことがすごく新鮮で，「まだ話せない」と思い込んでいた自分の固定観念に，ハッと気付かされる出来事だった。

〈私からのコメント〉

これも子どものかわいらしい姿を彷彿とさせるエピソードですが，それだけではなく，ことばが子どもに立ち現れてくる，そのもっとも原初のかたちを描き出しているという点で，このエピソードは貴重です。言語発達に関しては，初語はいつ，語彙数はいくらというような記述が多いわけですが，研究の観点からすれば，ことばが人との関係の中に立ち現れてくるこのようなエピソードを多数重ね合わせることによってこそ，そのことばの立ち現れの意味が見えてきます。先生の話に頭の動きを合わせ，最後の「なりました」の「た」を一緒に口にするRちゃんの姿こそ，ことばの壁を越える瞬間だと私は考えます。また，2人で一つのリズムを共有できるからこそ，周りから見ても「お話しができた」と感じ取れるのでしょう。

エピソード4：〈先生，ママもうすぐ来るよね！〉

〈背　景〉

ここ何日か，ママと離れ際に泣いているMちゃん（2歳児)。保育中も急に思い出したかのように泣き出し，食欲も落ち，午睡前も，ぐずる日が続く。2歳児のMちゃんは，歯並びを気にした母が夜中の哺乳びんでのミルクをやめたのが理由で，夜中も大泣きして大変だという。

〈エピソード〉

今朝も大泣きするMちゃんをひざに抱っこし，それからムギューと抱っこして，話が聞けるようにして，「Mちゃん泣かないで，どーしたん？」と聞いてみる。それでも泣きやまないので，再び「Mちゃん，どーしたん？　ママとまだいたかったん？」と訊くと，泣きやんで「うん，ママといたかった」と答える。そこで「そっか，じゃあ先生，ママにお願いの電話してあげるね」と言うと，「うん」と答えるMちゃん。そこで私は，不要になった携帯電話をおもちゃにしているのを使って，ママと会話をする真似っこをした。Mちゃんは真剣な顔で聞き入っている。

「Mちゃんのママですか？　Mちゃんね，ママといっぱいいたかったんだって。ハイ，ハイ分かりましたよ。Mちゃんにも言っておきますね」と電話を切る。

「Mちゃん，ママ，お仕事終わったらすぐMちゃんお迎えに来るって。それまでお友達とい〜っぱい遊んで，お食事して，少しだけ寝んねして，待っててねって。良かったねぇ」の声かけでニッコリ。ひと遊びしては，「先生，ママもう少ししたら来るもんね」を繰り返し，それからの1日，泣くことなく過ごすことができた。

〈考　察〉

Mちゃんには波があり，泣く日が続くが，月に1回くらいピタリと治まること（1週間くらい）がある。今回の理由は分かったが，他は分からないことが多い。泣いたときにはしっかり抱き，会話をし，「うん，うん」とお話をする。数日，同じ事が続くが，安定剤のつもりで保育者も答える。母が厳しく，じっくり抱っこをしてもらえないので，保育者に甘えるのだと思う。いくつになっても抱っこは必要という信念を持っている私なので，これからも大いにムギュムギュ抱っこをしていきたいと思います。

〈私からのコメント〉

未満児が母親を慕い，送りの場面での別れが辛かったり，お迎えが待ち遠しかったりという姿も，保育者にとっては心に残る場面のようです。どこの保育所でも見られるシーンですが，それだけ子どもにとっての親，特に母親の存在が大きいことがよく分かります。母親を求める子どもの思いをしっかり受け止めながら，何とか子どもが気持ちを立て直してくれるように願うところに，子どもが保育者を信頼する重要な契機があります。それゆえにまた，子どもがなかなか気持ちを立て直してくれないときは，その場面が保育者にとっても重い場面になる可能性もあるわけでしょう。特に，両親に自分の思いをしっかり受け止めてもらっていない子どもは，別れやお迎えの場が難しくなりやすいようで，その後をフォローする保育士さんは子どものそういう気持ちを受け止め，なだめ，少しでも子どもの気持ちが安定するように，あれこれ心配りをしていっているようで，このことはこれ以降のエピソードにも明らかです。

エピソード５：〈知らない！〉

降園準備の時間。保育室の絵本コーナーの前に座り絵本を選ぼうとしていたＹ男（２歳児）に，「Ｙ男ちゃん，タオル，かばんに入れようか」と声をかける。Ｙ男は保育者の方を振り返りもせず，小声で何か言っている。そのことばが「しーらない！」というように聞こえ，今まで保育者にそういうことばを言ったことがなかったので，「えっ？　今，しーらない，って言った？」と訊き，Ｙ男が「しーらない」と言ったことに驚きとかわいらしさを感じた。ちょっとしつこいか，と思いながらも確認したくて，もう一度「Ｙ男ちゃん，タオル，かばんに入れよっか」と声をかけると，今度ははっきりと，「しーらない！」と答え，保育者の方をチラリと見た後，何事もなかったかのように絵本を選んでいた。

〈考　察〉

昨日までは「タオル，かばんに入れよう」のことばに，走ってタオルを取りに行き，「はんぶんこ…はんぶんこ…」と言いながらタオルをたたみ，かばんに入れていたＹ男が，突然「しーらない！」と言いだした。私は「きた！　反抗期」と思った。と同時に，そういうことばをＹ男が言えるような関係にようやくなれたのかな，と嬉しく感じた。その日からＹ男の「しーらない」「イヤだ」のことばがよく聞かれるようになった。時にはニコニコしながら「しーらない！」という。Ｙ男は「しらない」「イヤだ」と言うことを楽しんでいるように思える。私もＹ男の「しらない」「イヤだ」と楽しみながら付き合っていきたい。その一つひとつが私にとっての学びにつながっていくと思っている。

〈私からのコメント〉

２歳後半は「いや」「だめ」「しない」など，いわゆる「反抗期」の様相が現れてくる時期です。〈考察〉の中の「きた！」という表現に窺えるように，「反抗」は子どもの成長を告げる喜ばしい姿であると同時に，保育者にとっては困る面も出てくるという，両価的な出来事でもあるでしょう。しかし，この「反抗期」の様相は，何よりもその子が周りの人とは違う一個の主体であることの確かな「かたち」です。それを喜びながら，時には大人の願う姿にうまく誘うというように，この「反抗」への対応は，保育の難しい局面でもあります。「反抗」を喜ぶ余裕がこのエピソードのように保育する側にあればよいのですが，保育する側に大人の都合で子どもを動かしたい思惑が強くあるときには，この主体としての表れを喜べず，抑えてしまうことにもなりかねません。その点で，この〈考察〉の最後の2行は大事なところだと思いました。

エピソード6：〈ぼくも抱っこして〉

〈背　景〉

入園式から1ヵ月が過ぎようとする5月1日，K男（6ヵ月）が途中入園で入ってきた。今まではクラスは1歳児9名，0歳児はS男（1歳）だけで保育士は2人だった。唯一の0歳児ということもあり，保育士の膝を独占していたS男であった。K男は，5月より母親が仕事に復帰したために，初日から延長保育となった。

〈エピソード〉

授乳のため，ミルクを作りK男を抱っこすると，ハイハイでS男が側に来て淋しそうな顔で保育者の顔を見る。「あ～」と手をのばすが，ミルクを飲んでいるK男を見て，諦めたかのようにすぐに手を引っ込める。授乳を終え，眠ったK男をベッドに寝かせると，S男が「あ～あ～」と言って泣きそうな顔で手を伸ばしてきた。小さいながらも，ミルクを飲んでいるK男に私の膝を譲り，我慢していたんだなと愛しく思い，S男を抱きしめた。S男は私にしがみつき眠ってしまった。

〈考　察〉

1歳の誕生日を迎えたばかりのS男だが，自分よりも小さいお友達がお部屋に来て，「僕のほうがお兄ちゃん」とでも思ったのだろうか。K男が私の膝から離れた途端に側に来たS男をみて，すぐに抱っこしてあげられなくて，可哀想なことをしたなと思った。しかし，S男の方が保育士を一人占めできる時をちゃんとみていたので，すごいなと思った。まだ１歳になったばかりなのに。

〈私からのコメント〉

家庭であれば，下に弟や妹が生まれると，上の子どもはどうしても我慢を強いられることになりますが，たいていは１歳以上の年齢差があります。しかし，このエピソードでは１歳になったばかりの子どもと６ヵ月の赤ちゃんとの関係です。それでも場の雰囲気から何かを感じ取ることができるのでしょうね。「あ～」と手を伸ばすけれども，そこで引っ込めるという描写に，S男くんの気持ちがよく表れています。それに気づいて抱きしめてあげたところを読むとほっとします。

エピソード７：〈牛乳飲もうね〉

〈背　景〉

昨年度冬頃から途中入所してきたDくん。１歳６ヵ月で入所し，年齢的なこともあってなかなか友達の中に入っていけず，皆と離れた場所で，１人遊びをしたり，部屋の中を歩きまわったりして１日を過ごすことが多かった。

今年度，１歳児ではあるが園の都合上，２歳児クラスに入っている。４月当初，部屋も保育士も変わったが，Dくんはそれほど不安な様子はみられないものの，やはり皆の中には入らず，部屋の中を歩きまわったり，窓の外を眺めていることが多い。

〈エピソード〉

毎日，午前と午後のおやつの時，牛乳が出されるがDくんは飲もうとしない。そこで，Dくんだけ牛乳の量を少なくしてテーブルに置く。一口だけでも飲んでくれるといいなあと思い，「１回だけね」とことばかけをするが，断固として飲まない。

飲んで飲んでと毎回言うとDくんにもプレッシャーがかかると思い，飲まなければすぐに下げておやつを食べるように促した。周りの子は「Dくん，今日も牛乳飲まんだねぇ」といいつつも，「Dくん小さいしね」と言い，しょうがないねという感じで見ていた。

６月に入り，いつものように「牛乳飲もうね」と声かけしながらテーブルに牛乳とおやつを置いておいた。きっと飲まないだろうなあ，今日こそは一口飲んでくれないかなという気持ちが入り混じりながら見守っていると，おやつを食べた後，コップを持って一口飲み，保育士の方をチラッと見た。目が合い「Dくん牛乳飲めた？　すごいねー，やったー！」と言うと，少し微笑みながらコップ1/3ほどの量の牛乳を飲み干し，保育士に差し出した。その日以来，Dくんは毎日牛乳を飲むようになった。

〈考　察〉

途中入所し，担当の保育士に慣れてないうちにクラス替えでまた環境が変わって，見た限りでは動揺や不安は見られなかったが，ずっと園での生活に慣れてなかったのだと思う。Dくんの担当になり，なぜDくんは皆と遊ばないのだろうと考え，保育士の方から積極的にDくんに関わり，朝の受け取りの時も母親とも連絡を十分にとり，スキンシップも十分に行ってきた。そのうちに，Dくんの方から，「せんせい」と呼んだり抱っこを求める場面も出てきた。保育士とのつながりも出てきて，少しずつ安心して，保育所での生活を送れるようになってきたのだと思う。

〈私からのコメント〉

牛乳を飲んでほしいと思うのと，飲ませたいと考えるのとでは，保育の様相が大きく違ってきます。飲んでほしいけど，まだ無理かな，でも飲んでほしいな……そんな思いで付き合っていると，いつしか子どもが飲めるように変わってくる……。保育の他の場面でもこれと同じ構図が見られるはずです。繋がりを作り，その安心感の中で保育者の願いや期待が子どもに少しずつ通じ，そうしてある変化が生まれてくる。これが保育の流れだと思うのですが，今の先を急ぐご時世では，とにかく「〜させたい」が先行してしまいがちです。このエピソードから感じ取れる「ゆとり感」を是非，保育者は大事にしてほしいと思います。

エピソード8：〈どうーじょ，めしあがれ〉

〈背　景〉

園生活では，活動終了後から給食の準備，給食時間，午睡の準備と，お昼の時間が忙しさのピークになる。特に私のクラスは2歳児で，「自分のことは自分で！」と，子どもたちもそれぞれ自分の意志をそれなりにもち，かわいい声でおしゃべりしてくれる年齢でもある。しかし，ことば・食事・排泄など月齢によって大きな個人差があることも現実である。普段は，子どもたちを寝かしつけてから昼食をとっていた私たちであったが，子どもたちもだいぶ自分で上手に食べられるようになったので，「今日は私たちも一緒に食べてみよう」と準備をした日のことであった。

〈エピソード〉

子どもたちのテーブルの真ん中に，ドンと置かれた大盛りの給食。子どもたちの手は止まり「え！？　なに！？」と言うようにジーッと見つめて，その次には私の顔をジーッと見つめる。「せんせいたちも，いただきまーす！」のかけ声に，子どもたちは「どーじょ，めしあがれ！」と笑顔を見せてくれた。しかし，その時すでに食べ終わっている子どもは半数以上。椅子に座るのに飽きてきた子，まだ食べている子にちょっかいをかけてトラブルになる子，ボーっとしてまだお皿の上には給食が残っている子……。それぞれに声をかけながら，自分の給食をかきこんで食べる私たち。しかし，「おいしい？」とニコニコしながら声をかけてくる子どもたちを見ながら，幸せを感じるひと時であった。私の横で食べていたＹくんは今日はなかなか進まず，そんな中でも一生懸命食べていた。「ごちそうさま」が終わった子どもたちは，テーブルの周りや棚の前で走り回り，いつもより少し興奮気味であった。

私はこの次のことを考えながら，急いで給食を口へ運ぶ。「子どもたちをトイレに連れていって，床に落ちている残飯の掃除をして，そして午睡の準備！ああーもう少し待っててー」と思ったとき，「ごちそうさま」と食べ終わったＹくんがじっーと私の顔を見て，片肘をつきながら「よし，おしっこ行こっか！」と言った。私たちは大笑いしながらも，大きな安心感に包まれた。

〈考　察〉

どうなることやら……と少しハラハラしながら給食を食べ始めた私たちであったが，Ｙくんの落ち着いた一言で，不安も一気に飛んで「前へ進むしかない」と思えた。私たちの強い味方，「３人目の保育士さん」の登場であった。

〈私からのコメント〉

昼食を前後する頃の保育の場は，本当にめまぐるしい感じで，その場の担い手の保育者にとっては大変な時間帯ですが，その息遣いが聞こえてくるような，臨場感に溢れた生き生きしたエピソードです。その目まぐるしさの中にも子どもと気持ちが通う場面があり，それが喜びになるところに，保育の仕事の楽しさもあるのでしょう。子どもたちを導いていくというより，子どもたちと共に生活するという感覚が溢れているのも，このエピソードを読んで何かしら嬉しい気持ちになる理由のようです。

エピソード９：〈ぼく「疲れた」って言わなかったよ〉

〈背　景〉

４月に入園した４歳児のＹくんは，母，祖母，叔母との４人暮らしである。とても活発で明るい面もあるのだが，依存心が強く，すぐに頼ったり，あきらめたりする事が多い。家族は「甘やかしすぎてしまったので」と心配しており，その心配がＹくんにも伝わっている様子。以下は，４，５歳児で園外保育に出かけた際のＹくんの姿である。

〈エピソード〉

入園して１ヵ月が経った５月のある日，４，５歳児で少し距離のある公園まで散歩に出掛けた。Ｙくんは新入園児であり，まだ長い距離を歩く経験が少ないのでは……と考え，列の先頭にし，様子を見ながら散歩に出掛けることにした。園外へ出掛けるという期待で，いつもよりもお喋りが弾むＹくん。道行く人に元気よく挨拶をしたり，止まってくれた車に率先してお礼を言ったりと，普段の引っ込み思案な様子がうかがえないほどの積極性を感じる。園に戻るまで１度も甘えることなく，お友だちと会話したり，歌を歌ったりと楽しんだ様子のＹくんであった。

園に戻り，他の子どもたちと「～が楽しかったね」「また行きたいね」と散歩での出来事を振り返っていると，Ｙくんが満面の笑みで保育士の元に駆け寄り，「Ｙね，『疲れた』って言わなかったよ」と，一言感想を伝えてくれた。それを聞いて，お母さんのことばが頭に浮かんだ。「買い物に連れて行っても，少し歩いただけですぐ『疲れた』って言うんですよ……」。私が「たくさん歩いていろんなものを見て楽しかったね～」と返すと，「うん。疲れなかった～」と返すＹくん。そのことばで，Ｙくんの『疲れなかった』は『楽しかった』の意味であることがはっきり分かった。

〈考　察〉

今回の園外保育を通じて，散歩への喜びもあってか，いつもとは違うYくんの姿を見ることができた。本来のYくんはこうであるのかなと感じる中で，Yくんの「『疲れた』って言わなかったよ」ということばに大きな意味が込められていると感じる。家庭では，大人に囲まれ，大人のリズムに合わせて生活しているYくんだが，お母さんに買い物に連れていかれることはYくんの望んでいることではないのではないか。なので，少し歩いただけで『疲れた』ともらすのでは？と考えたのである。今回の散歩は，Yくんの興味・意欲などが高まった活動であり，主体的な活動も多かったので，疲れることも忘れるほど，楽しんだ活動であったのではないかと思う。その後のYくんに，少し変化が見られ，いろんな事に挑戦する姿が見られるようになっている。

〈私からのコメント〉

散歩の様子が生き生きと描かれていて，Yくんの「疲れなかった」が「楽しかった」の意味だと「分かる」ところが素敵ですね。もちろん，Yくんがこのことばを語るその場でも，その意味はこの保育者にほぼ摑めていたと思いますが，そこから振り返って，家庭の様子が想起され，「疲れた」と「そうしたくない」との結びつきに思い至り，「疲れない」と「そうしたい」が結びつき……という思考の流れは，１人の子どもの様子をいろいろな出来事と重ね合わせながら見ているからこそ生まれるものだと思います。保育の場が子どもの主体としての育ちを支え，また促す場であることがとてもよく分かります。

エピソード10：〈アリさん，いたい，いたい〉

〈背　景〉

２歳児のクラス12名が運動場でそれぞれにアスレチックや三輪車，コンビカーなどで遊んでいたときのことである。

〈エピソード〉

Mちゃん（２歳５ヵ月）がたったままじっと地面の上を歩くアリを見ていた。私が「アリさん，どこ行くんですか」と言ったとき，ふいにMちゃんはズックでアリを踏んでしまった。私は思わず，「アッ」というと，Mちゃんはあわてて足をよけた。私の「アッ」という声に，近くにいたKちゃん（２歳８ヵ月）

が三輪車にまたがったまま近づいて来て，「どうしたん」と言いながら，私とMちゃんの見ている方向にいるアリを見た。アリは，足を引きずりながらも，あわてたようにこっちに歩いてくる。Kちゃんは，「アリさん，どうしたん？」と言い，私の顔を見た。私が「アリさん『いたい，いたい』になったんや」と言うと，Kちゃんも「ふーん」といいながら，一緒に見始めた。Mちゃんも心配そうに見ている。すると，アリは，普通に歩き始めた。私が，「アリさん，お家まで帰れるかな」というと，Mちゃんは自分の方に歩いてきたアリに道を譲り，通り過ぎてもいつまでも見送っていた。

〈考　察〉

はじめ，何気もなくアリを踏んでしまったMちゃんだったが，私が「アッ」と声を挟んだり，Kちゃんと会話したりしたことで，アリに対してかわいそうなことをしたと思ったようだ。いつまでも見送っていた姿が印象的だった。

〈私からのコメント〉

これなどは「子どものかわいらしい姿」というこの節の表題そのもののエピソードです。何でもない場面のようでもありますが，しかし，最後の「アリに道を譲り，通り過ぎてもいつまでも見送っていた」というMちゃんの様子は，Mちゃんがそこで何かを考え，何かを身につけた場面でもあったのではないでしょうか。見過ごされてしまいかねないちょっとした場面ですが，そこに子どもにとっての大事な経験が潜んでいるように思います。先生が「あっ！」と言ったときに，Mちゃんが「あわてて足をよけた」とありますが，そのときのMちゃんの表情はどんなだったでしょうか。

エピソード11：〈まねっこして食べて〉

お昼の食事中のこと。子どもたちは好きな友達と好きな場所に座って食事をしている。あるテーブルには，仲良し３人組のHとNとTがおしゃべりを楽しみながら食べていた。そのとき，「今日，僕のまねっこしてたべて」とHが言った。NとTは「うん，わかった！」「面白いね！」などと言い，まねっこが始まる。「はじめはパンね」「はーい！」，「つぎはハンバーグ」「はーい！」などと楽しそう。Nは苦手な食べ物も無理なくすすんで口にしている。おしゃべりしながらでも，食事がすすんでいっているので，なかなかおもしろいアイデアだなあと思い，様子をみていた。しばらくすると，「あ～あ，なんにも好きな物食べられない」とTが言う。Nも「うん！　ほんとやー！」と一気に雰囲気が悪くなり，「もうやめる！」と言う。そこで私が「どーしたん？　楽しそうだったのに」と言うと，「だって好きな物たべれん」「面白くなくなってきた」などと次々に自分の思いを言い始める。同じテーブルにいたMちゃんが，「お食事って，自分で食べたいものから食べた方おいしいよ」と言うと，「そうだねー!!　やっぱり好きな物たべよう」「うん！」と思い思いに食べ始めた。一時は，イヤーな雰囲気になりかけたが，またおしゃべりを楽しみながら，食べ始めた３人に笑顔が戻った。

〈考　察〉

Hの「まねっこしよう！」というアイデアはなかなか面白く，子どもたちが楽しんでいたのでよかった。その後，一転して雰囲気が変わり，自分の思うように食べられないという思いからこの遊びは中断する。まねっこするという楽しさも感じていたが，自分という存在にも気づく出来事の一つだったように思う。

〈私からのコメント〉

なかなか愉快な子どもたちの「まねっこ」の様子がエピソードから伝わってきます。保育の場にはこのような可愛らしい，愉快な場面が多数ちりばめられています。しかし，この保育者がこのエピソードを取り上げた理由は，むしろ「まねっこ」が行き詰った後の展開だったようで，「自分の食べたいものを自分で決めて」と子どもたちが気づいたところに目を向けています。それぞれの子どもの気持ちの動きがとても面白いと思いますが，提案者のＨくんは，行き詰ったときに，また「自分で」となったときに，どんな思いだったのでしょう。普段の３人の関係が読み手には分からないので，同調したり，それが崩れたり，新しい同調に移行したりの流れが，楽しい雰囲気に覆われて，かえって見えにくい感じもありました。

エピソード12：〈人参食べられたね！〉

０歳児クラスでのこと。もうすぐ１歳１ヵ月になるＡちゃんは，食べることが大好き。私が食卓いすを出しているのを見ると「マンマン　マンマ」と大きな声で叫んでいました。手を洗って食卓いすに座り，食事が運ばれてくると「アッーアッーアッーアッー」と手を伸ばして催促します。ところが，「はい，人参！」とスプーンに人参をのせて食べさせようとするとプイッと横を向いてしまいます。「あーあ，やっぱりダメ?」と今度はごはんを差し出すと大きな口をあけて食べていました。

そんなAちゃん，ふとした拍子にいつも自分の前に差し出されるスプーンに興味を示し，スプーンを持とうとしました。「あれ，Aちゃんスプーン持ちたいの?」「はいどうぞ！」とごはんを乗せたスプーンを手に持たせてみると，自分で口の所に運んで食べることができました。「上手！　じゃあこれは?」と人参をのせたスプーンを持たせると，何のためらいもなくパク！「口から出すかな……」と思いながら見守っていましたが，そのまま，モグモグと食べてしまいました。「Aちゃん人参食べられたね！」と喜ぶ私を見て，Aちゃんも「アハハ……」と笑っていました。その後も，食べさせようとするとプイッと横を向くけれど，スプーンに載せて渡すと食べるAちゃん。『同じ人参なのに，自分でなら食べるんだ』と自分でしようとする意欲の大切さを痛感した出来事でした。

〈私からのコメント〉

エピソード７の〈牛乳飲もうね〉とほぼ同種のエピソードですが，ここでも強引に食べさせるのではなく，子どもの気持ちの動きを見定めながら対応している中で，ふと，子どもの側に期待していた行動が現れたというところが重要です。強引に対応して，食べた結果に対して褒めるというパターンが保育の場に実に多いと思うからです。保育者が食べさせようとすると食べない人参を，スプーンの上に載せて渡すと食べるという不思議を目の当たりにした保育者の思いが印象的です。食事に限らず，他のいろいろなことに関しても同じようなことが起こっているのではないでしょうか。

エピソード13：〈誰かな，泣いているのは〉

４月，新入児はまだまだ慣れない１週間位経った降園時の事。Rちゃん（３歳１ヵ月）も，母親の迎えを待っていた。私もクラス担任ではないが，３歳児のクラスのカバーのため，園に慣れていない子どもたちを抱っこしたり，泣いている子どもたちの涙を拭いたりして，「もうすぐお家の人が迎えに来てくれるよ」とすぐにでも帰りたい子どもたちの気持ちを受け止めていた。

そのうち一人ずつ帰りはじめ，いつも早めに迎えに来るRちゃんの母親なのに，今日は何故かいつもより遅い。不安気にしていたRちゃんであるが，急に廊下へ走り出し，年長組でささいな事で友達同士トラブルになって泣いていた年長児Sくんにティッシュを持っていき，「お兄ちゃん，泣いてかわいそうね」と自分より大きい子の涙を拭こうとしていた。それを見ていた私は，どうしたのかとあ然としていたが，自分と同じく悲しい気持ちになっているのだと思い，ティッシュを持っていったのだと考えた。Rちゃんはまだまだ自分のことでいっぱいなはずなのに，と思うと胸が温かくなってきた。

年長児は半分照れくさそうな顔で私を見ていたので，「やさしい女の子やね。Sくんは男の子やし，保育園の１番大きいお兄さんやから，新しい友達守ってあげんなんね」と知らせると軽くうなずき，さっきトラブルを起こしていた仲間の方へ消えていった。

〈私からのコメント〉

Rちゃんのかわいらしい振る舞いと，年長児の照れくさそうな顔が印象に残って取り上げたエピソードだと思います。予想しなかったRちゃんの年長さんの涙を拭いてやる行為が，自分と同じく悲しい気持ちになっているところから生まれているというこのエピソードの描き手の解釈は多分，当たっているでしょう。いつもよりお迎えの遅いお母さん，不安げなRちゃんは自分のことでいっぱいなはず……という流れが示唆されていますが，本当はそこが〈背景〉に示され，〈考察〉で吟味される必要があります。そうなってこそ，年長の子どもの涙を拭いてやるというこのエピソードのクライマックスの意味が読み手にはっきり伝わり，悲しい気持ちになっているというのが解釈ではなく，その場にいる保育者が感じ取ったこととして示すことができるのではないでしょうか。

自分中心の３歳児にも，他の子どもの気持ちを感じ取り，いつも自分がしてもらっているようなことをしてあげる気持ちがあることが分かります。そのように子どもの気持ちが動くのは，普段，その子の思いをしっかり受け止め支えている大人の存在があるからでもあるでしょう。

エピソード14：〈おたまじゃくしの死〉

〈背　景〉

4歳児のクラスでは，小動物に興味を示している子が多く，亀やおたまじゃくし，カエル，だんご虫，黄金虫の幼虫など8種類ほどの小動物の飼育をしている。毎朝，「おはよう」と声をかけにいき，虫の様子を見たり，ご飯をあげたりする姿が見られる。また，幼虫やおたまじゃくしについては成虫やカエルになっていないかと毎日楽しみにしているようだった。亀とおたまじゃくしはたらいの中にいれ，部屋の横のウッドデッキに置いている。又，ウッドデッキは園庭のすぐ横にあり，どの年齢も出入りすることができる。

〈エピソード〉

4歳児が部屋での集いを終え，ウッドデッキから園庭に出ようとしていた時のこと。3歳児のT男が石でおたまじゃくしをつぶしているのを見つけ，4歳児たちが「あー！」と声をあげる。T男はびっくりし，それを周りで見ていた何人かの3歳児も一緒に園庭へ走っていく。多くの4歳児はかわいそうという思いはあり，一度はその場で立ち止まったものの早く外で遊びたいという気持ちが強く，いつの間にかいなくなってしまった。しかし，H男だけはその場で立ち止まって，たらいの中を見つめていた。H男はクラスの中でも，とても小動物に関心が強く，毎日園庭での虫探しを楽しんできた。H男の何か悲しい表情が気にかかり，私が横にいくとH男はそっと手を握ってきた。私が「おたまじゃくし死んじゃったね」と声をかけると，H男「かわいそう。お墓作ってあげよう」と言う。2人でおたまじゃくしのお墓を作り終えると，H男は「もも組（3歳児クラス）に『殺さんといて！』って言いにいこう」と言い，3歳児クラスの集いの中に入り，「くりのみ組（4歳児）が大事にしとるんやし，ころさんといて！おたまじゃくし，かわいそうやろ！」と一言強い口調で言う。3歳児たちが「ごめんね」とかえすと，H男の表情はゆるみ，園庭へ遊びに行った。

〈考　察〉

虫を大切にすること，命の大切さを伝えることへの難しさを日頃から感じていたため，おたまじゃくしの死を通して，H男には生き物を大切にする気持ちが育っていることを知り嬉しく感じた。又，実際に死を経験することによって学んでいくのだということが改めてわかった。これからも生き物の死の場面の時にはじっくりと子どもと関わり，H男のように命の大切さについて気づいてくれる子が多く出てくることを願いたい。

〈私からのコメント〉

H男くんが3歳児クラスに行って強い口調で「殺さんといて！」というシーンには，H男くんの思いが溢れ，迫力があっていいですね。「命を大切に」ということはいまや言い古されたことばですが，子どもたちのあいだでこのような経験が潜り抜けられる中で，「かわいそう」という気持ちを実感してはじめて，H男くんのことばが紡がれてくるという経緯を保育者をはじめとする大人は，もっと真剣に考える必要があると改めて思いました。それにしても，「多くの4歳児はかわいそうという思いはあり，一度はその場で立ち止まったものの早く外で遊びたいという気持ちが強く，いつの間にかいなくなってしまった。しかし，H男だけは……」という一文は，その場面の出来事を正確に伝える観察として，とても好感が持てました。

3．子どもを主体として受け止めて：保育者の対応

保育の場は何よりも子ども同士が関わり合う場です。そこには楽しい活動もたくさん生まれます。子ども同士で思いやりを示しあうことも少なくありません。そして，それぞれの思いが衝突してトラブルになることは，むしろ頻繁にあります。保育者はそれぞれの子どもの思いを受け止めながら，子どもの心の動きに感動してそれを子どもに返したり，子ども同士で容易に収拾できない場面では，お互いの思いを伝える調整役を買って出たり，熱くなった場を少しずらしたり，微妙な対応を求められる局面も多々あるでしょう。それが日々の保育の大きな構成部分になっているはずです。そこで大事なことは，特にトラブルの際に，保育者は単にどちらが正しいかを判定するだけの規範提示者で終わってはならないということです。規範に従わせるという「させる」対応が横行するなかで，やはり子どもの主体としての気持ちをしっかり受け止めていると，子ども自身が何がいけないことなのかに自分で気づくようになり，そこに子ど

もの育ちがあると思うからです。

エピソード15：〈トーマスがほしい〉

〈背　景〉

M子（2歳4ヵ月）は，生後2ヵ月から早朝・延長保育であずけられ，母親と過ごす時間は日曜日を除き，1日3，4時間しかない。母親も寂しい思いをさせないよう頑張ってはいるが，3人兄弟の真ん中でM子は寂しい思いをしているのではと考えさせられる姿も時折見られる。M子は人一倍，こだわりや独占欲が強く，思いが通らないと大声で泣き続ける。M子は，お気に入りの電車の玩具をいつも持ち歩いている。時々はその電車で遊ぶものの，大半は持ち歩くことで満足し，食事，午睡の際にも必ず傍らに置いている。

〈エピソード〉

この日，M子が早朝保育の部屋から戻ってくると，先に部屋に来ていたH男，T男，Y男が電車の玩具をすべて使って遊んでいた。いつもの電車の玩具がないことに気づいたM子は，大きな声で泣き「トーマス，トーマス」とH男，T男，Y男たちを指しながら私に訴える。私が「Mちゃん，トーマスほしかったね」というとM子は「うん」と言う。私が「M子ちゃん，いつも使っとる大事なトーマスやもんね」と言うと，M子は「Mちゃんの」と言う。私は「そうやね。トーマスかわいいし，H男，T男，Y男ちゃんもほしかったんかな～?」と言うと，再び大声で「Mちゃんのー」と泣き出す。H男，T男，Y男は気まずそうに，遊びを止めてその場を去るが，トーマスはしっかりと握り締めて離さない。M子はさらに大声で泣く。私は「一緒に貸してってお願いしてみようか」と言うとM子ちゃんは，「うん」と泣き止む。近くにいたH男に，私が「H男ちゃん，Mちゃん，トーマスほしいみたいやし，遊ぶのが終わったら貸してね」と言うと，H男は「まだ」という。それを聞きM子はまた大声で泣き出す。私はM子を抱き上げ，「Mちゃん，トーマスほしかったね。でもH男ちゃんもほしかったみたいやし，先生とちょっと待とうか」と言うが，M子は「トーマス，トーマス」と泣くばかり。しばらく私に抱かれ落ち着いてきたので，「Mちゃん，トーマス貸してもらえるまで，先生，絵本読んであげよっか?」と言うと，M子はしばらく考えた後，本棚に絵本をとりに行き，私の膝に座った。一冊読み終わるころに，H男が「はい」とM子にトーマスをもってきてくれた。

〈考　察〉

母親とすごす時間が少ないM子は寂しい思いを物をたくさん持つことで解消しているのでは，と考える。トーマスのおもちゃは今現在，M子の心を安定させてくれるおしゃぶりのような物になっているのではと思う。M子にはその気持ちを十分に受け止め，できるだけ受け入れてあげたいが，他の子どもがじっくり遊んでいるのを保証してあげたいという気持ちもあった。M子を抱き，気持ちをしっかり受け止めることばかけを繰り返すことで，この日はトーマスが手に来る前に泣き止み，気分転換が出来た。保育士がM子の安定剤となれるように日々ていねいに関わる必要性を強く感じたエピソードだった。

〈私からのコメント〉

保育の場で寂しい思いをしていたり，落ち着かない気分でいるとき，子どもは何かに安心の拠り所を求めようとします。ピアノの陰を居場所にしたり，押入れにもぐりこんだり，自分だけの箱に入ったりとさまざまですが，その中に，Mちゃんのような物を拠り所にする場合があります。ここでのトーマスは，ですから，単に遊びたい物なのではなく，保育の場での拠り所なのでしょう。それが必死の思いでトーマスを確保しようという動きになっています。「心を安定させるおしゃぶりのような物」と表現しているのはまさにその通りだと思います。しかし，このエピソードでのような保育者の対応を繰り返し経験するようになって，次第に物から人へと安心の拠り所を移すようになっていきます。それが保育者との信頼関係です。

2歳半ば以降は，人の使っているものが欲しいときに，貸してと言って頼んだり，貸してくれるまで待ったり，順番に使ったり，代わってあげたりと，人に思いを伝え，人の思いを受け止めるという，人と共に生きる姿勢がだんだん身についていく時期です。そこをゆったり支えている様子が分かり，好感が持てました。

エピソード16：〈おれたち，親友だから！〉

〈背　景〉

週に１回の縦割り保育の日（3～5歳が混合で3クラスに分かれて過ごす)。午睡の時間。子どもたちが寝入ったのを見計らい，明日の行事の打ち合わせに他のクラスへ20分程行ってきた間に起きた出来事である。そのクラスには，日頃から仲の良い，お互い肩を組んで「オレ達，親友だから！」と公言してはばからない，DくんとYくんがいた。この2人は日頃から常に一緒，やんちゃで元気のかたまりのような子どもたちであり，どちらかというと縦割り保育の日は「小さい子と一緒でつまらない」と関わる姿のない様子があった。

〈エピソード〉

打ち合わせが終わり，部屋へ戻ろうと階段を上がった私の目に飛び込んできたのは，パジャマの腕まくりをし，(服の）裾をぬらしたDくんの姿。「どうしたの？」と尋ねると，Dくんは「Hちゃん（3歳）がおもらししたから，今，パンツ洗って干してあげた」。「えっ！？」と驚く私に，重ねて「で，今Yがお着替えさしてるから，Hちゃんも，泣きやんだところだよ」と当たり前のように答える。そして「あんね，眠れなくて，ふとんの中で起きていたら，だれかが泣き出した。で，誰かな～と思って見たら，Hくんで，ちょうどその時，YもHくんに気づいたみたいでさぁ，そいで起きていって，Hくんにどうしたのって聞いたけど，Hくん泣いていて言わないから困ったけど，Yがおもらしじゃないっていうからみたら，布団ぬれていたから。で，シャワーで，2人で洗って，僕がパンツ洗って干して，Yが着替えさせた」。

ベランダの手すりには水がしたたり，不格好に洗濯バサミで止められたパンツ，袖まくりをし，裾をぬらして嬉しそうなDくん。トイレのシャワーは水がはねて水浸し，そして保育室にはHくんの洋服のボタン付けをしているYと，それを嬉しそうにされているHくんの姿があった。

〈考　察〉

日頃から小さい子にあまり興味もなく，2人とも1人っ子であったため（この縦割りの中で）異年齢の関わりを通し，触れ合いやいたわりの気持ちを持って欲しいと思っていた。が，このことを通し，この2人がちゃんと優しさや思いやりを持って，小さな子を見つめていたこと。そしてしたこともないであろうおもらしの始末まで，協力してやり通したことに感動し，嬉しかったと共に，私が見ている子どもの育ち以上の成長をしているのだと，もっともっと子どもの育ちを知りたいと思った。YくんとDくんが，Hくんの気持ちに気づき，それを解決しようと行動してくれたことに頭が下がった。

〈私からのコメント〉

年長さんになると，こんな思いやりも示すことができるのですね。このエピソードには，縦割りのよさと難しさが両方ともほのめかされています。このエピソードはまさに縦割りのよさを紛れもなく示すエピソードであり，Hくんの面倒をみたYくんとDくんはすごいなあと思いますが，5歳児のDくんYくんも，小さい子の世話をすることに喜びを感じ，お兄ちゃんであることを自覚できたことは大きかったと思います。そして，大人が気づかないあいだに，子どもは大人のすることをしっかり見て取り込んでいることも分かります。

その一方で，先生は，普段はこの2人が縦割りの日につまらなさそうにして，幼い子どもに関わらないことにも触れています。同年齢集団には同年齢集団のよさがあると同時に制約もあります。異年齢集団には異年齢集団のよさがあると同時に制約もあります。ですから，それぞれのよさをブレンドするような形態が保育の場に求められているのですが，ともすれば，いまのようなエピソードを異年齢保育のよさを示すものとして過大評価してしまう傾向がないとはいえません。そのことに用心しながら，こんな経験を梃に子どもたちが一段大きくなっていくのを見ることができるところに，保育者の幸せがあるように思います。

エピソード17：〈子ども同士の思いやり〉

〈背　景〉

降園時の自由遊びでの出来事である。最近，園で流行っている遊びに「棒倒し」がある。小さな山を作り，木の枝を立てて，順番に砂を取っていって，棒を倒した人が負けという遊びである。年長の女児5人と私で遊んだ。女の子5人とも歌が大好きなので，棒を倒した人は，自分の好きな歌を歌うというルールにしようと話し合った。喜んで「棒倒し」ゲームが進んでいき，棒を倒した子どもは，照れながらも，大きな声で歌って楽しんでいて，手拍子も入り，遊びはとても盛り上がっていた。みんな，棒が倒れそうになると，「あっ～！」と言ったり，ヒヤヒヤした表情を浮かべたりしていた。

〈エピソード〉

一緒に遊んでいた子どもの中に，いつもみんなの前に出るととても緊張してしまい，お当番の時も泣いてしまうMちゃんがいた。何回かしていると，Mちゃんが棒を倒し，歌を歌うことになってしまった。私は，Mちゃんはいつも緊張して泣きそうになるけど，どうかなと，Mちゃんの様子を見守った。すると，やはり，今にも泣き出しそうな顔で私に助けを求めるような目を向けてくる。他の子どもは，それを見て，一瞬，またMちゃんが！？と困った表情をするが，その中のAちゃんが「あ～，Mちゃん，ちょっと恥ずかしがり屋さんだもんね！　いいよ，1人で歌うのが嫌だったら，私が一緒になって歌ってあげるからね！」と言って，Mちゃんにニコッと笑顔を向ける。Mちゃんは涙ぐみながらも「うん，ありがと！」と目をパチパチさせて泣くのを必死にこらえていた。すると，他の女児3人も笑顔で「そうだね！　無理をしなくていいんだから！」と言った。Mちゃんは，Aちゃんを見ながら笑顔で何を歌おうか考え，女の子の好きな“プリキュア”に決めると，他の子も，「えっ！？　プリキュア！？」と言って，うれしそうだった。はじめは，MちゃんとAちゃんだけ歌っていたが，後からはみんなで揃って大声で歌っていた。Mちゃんも，とても嬉しそうだった。

〈考　察〉

保育者が口を出さなくても，年長児になると自分たちで解決しようという気持ちが見られるのだと，子どもたちの成長を感じた。また，AちゃんのMちゃんに対する思いやりの気持ちもすごく嬉しかった。その姿は，Mちゃんの顔を心配そうにのぞき込み，頭をなでながら声をかけるというもので，本当にMちゃんの気持ちになって考えてあげられる子なんだなぁと思い感心したし，また子どもたちの仲間意識を感じることもできた。恥ずかしがり屋のMちゃんにとっては，Aちゃんの一言で救われる思いだったろうし，他の友達の態度も心強かったのではないだろうか。また一番びっくりしたのは，Aちゃんの口調が，年長児担任のK先生に似ている事だった。きっと，喧嘩やトラブルがあった時などのK先生の対応をよく見ているのだと感じ，常に保育者をお手本に，子どもたちは園生活をしているのだと日々の自分の態度を見直すきっかけになった。

Ａちゃんのことばを通して，子どもの立場になって考えることの大切さを改めて感じさせられた。

〈私からのコメント〉

このエピソードも直前のエピソードと同様に，周りの子どもが１人の子どもに思いやりを発揮したというエピソードです。年長さんの年齢になると，お互いの力関係も見えてきて，相手の子どもにどのように関わるか，それぞれに考えられるようになってきます。３歳前後の自分の思いを互いにぶつけ合う関係ではなく，それぞれの気質や性格がある程度分かった上で，どのように付き合うかを微妙に調整できるようになるところに，この年齢での友達関係があると考えるべきでしょう。「思いやり」は，時と場合によっては，「優越の余裕」でもあり得るし，周囲の賞賛を手にすることを半ば予期してのことでもあり得ます。つまり，子ども自らの気持ちで助けてあげたいと思ったのか（本当の意味での「私たち」が育っているのか），大人から賞賛される子どもを演じているのかを見極めることも大切です。このエピソードだけ読むと，本当に微笑ましい，子ども同士が助け合う楽しい保育場面がイメージされますが，その裏面で動いている子どもの複雑な思いにも，ときには目を向け，耳を傾けてみる必要があるのではないでしょうか。

４．保育者が反省するとき

普段，保育者が自分の心に残ったことを自分の保育記録の中にエピソードとして残すときは，感動したり，かわいかったりという場面が多くなることは，序章や第１章で触れてきました。ところが，研修の場でこれまでを振り返って印象に残る場面をとなったとき，どうやら保育者は自分の失敗や，深く反省したことをかなりよく取り上げるようです。その反省の中にも，軽いものから重いものまでかなりの広がりがあります。加えて，以下のエピソードを読むと，保育者が普段，どのような考えに従って保育をしているかも垣間見えてきます。

エピソード18：〈なんでそんな乱暴なことするの！〉

〈背　景〉

年長のクラスでいつもリーダーシップを取りたがるSくん（4月生まれで一番年上)。自分の思い通りにならない事があると，乱暴にことばを発したり，手をあげたりすることが少なくないのに，友達の多くは彼を慕い，彼の周囲には多くの友達が集まっていた。

〈エピソード〉

日中，遊戯室でボールやスポンジ積み木，カラーリングなどで子どもたちが自由に遊んでいる時，私と一緒にボール遊びをしていたYちゃんが「Sくんが Tくんにいじわるしとる！」と大声で知らせてくれた。目をやるとSくんがTくんにまたがり胸ぐらをつかみ，怒った顔で強く何かを言っていた。自分の気に入らないことがあると，力で押さえつけようとすることを何度も繰り返していたSくんに，私はまたかという思いで仲裁に入った。「なんでそんな乱暴なことするの！」と訊く私に，Sくんは涙目になり，「だって，こいつがMちゃん（Sくんが以前から気のある女の子）に嫌なことばっかりするんだもん！！」と強く返した。

そのことばを聞き，またかと思ってしまった自分を反省し，「そっかぁー」とSくんにことばを返した。「Sくん，Mちゃんを守ってあげたかったんやね」と言うと，Sくんは「うん」とおとなしく答えた。それから，お互い冷静になって，「手をあげるのはよくなかったよね。今度は口でTくんに『Mちゃんがいやがっているからやめて』って言えるといいなぁ」と言うと，Sくんは「ごめんなさい」と言い，Tくんにも自ら謝りにいった。このことがあってから，私のSくんに対する偏見はなくなり，そうすると不思議なことにSくんのトラブルも減った。

〈考　察〉

いつもトラブルばかり起していたSくんに対し，「乱暴な子」という目を持ってしまっていた。私に強く「だって，こいつがMちゃんに……」と言って来たSくん。偏見を持っていた自分にはっとして反省すると同時に，Sくんの友達を思いやる気持ちに驚きと嬉しさを感じた。Sくんの「守ってあげたい」気持ちがTくんへの乱暴につながったのかと納得し，その気持ちを受け止めたことによって，Sくんも納得し，反省してTくんに謝ることができたのではないかと思う。トラブルという事実の裏にあるSくんの心の優しさにクラスのみんなも気づいていて，彼の周りに友達が集まっていたのだろうなと感じた。

〈私からのコメント〉

最初のうちは「気になる子」という受け止めだったのが，次第に「問題児」という受け止め方に変わり，それが一つの子どもを見る枠組みになってしまう……。これはいま，多くの保育の場が抱えている共通の問題です。大人の意に沿った子どもがよい子という子ども観が浸透しているからでもあります。このエピソードはついそのような子どもの見方になってしまっていたところに，それを覆すような子どもの思いやりを示す場面に遭遇し，深く反省したという内容になっています。特に「乱暴な子」というイメージは，集団を動かしていかねばならない保育者にとって，ついつい陥りがちな子どもの見方です。しかし，なぜその子が乱暴せざるを得ないかを考えると，本当は誰よりも先にその思いを受け止め，時には抱えることが必要な子どもだと分かることがしばしばあります。子どもが何かをするとき，そこには必ずその子の思いがあります。その思いに大人が気づくことで，その子が大人に認められたと感じたとき，子どもも変わっていくのです。

エピソード19：〈もう，Kくん，ダメでしょう！〉

〈背　景〉

Kくん（3月生まれ，4歳児年中）は，3月に母の離婚を機に当園の3歳児クラスに転園してきた。生活習慣がまったく身についておらず，紙パンツ使用，食事は手づかみ，気にいらないことがあると物を投げる，ツバを吐くという状態。

4月にKくんの担任となった私は，Kくんとスキンシップを図る一方で，着脱や排泄など生活面への援助を心がけてきた。4月は，年中児になって張り切っている子も多い反面，環境への変化から不安な様子の子も多く，30人に1人の担任の中で，他の子に十分に関わってあげられないのでは……という心配があった。

5月に入り，Kくんは，トイレに行って排泄できるようになり，少しずつ落ち着いてきたが，他の子に比べて幼い面が多く，周りの子が，「先生，Kくんまた○○しとるよー」と苦情を言いに来る声も多かった。

〈エピソード〉

そんなある日，みんなが絵を描こうとクレヨンの準備をしているときに，Kくんが粘土板にクレヨンで何かを描き，見ると机にもクレヨンで何かを描いている。これから活動というときに，Kくんは勝手にそんなことをしていてと思い，私は思わず，「もうKくん，ダメでしょ！」と思わず声を荒げてしまったのだが，そんな時，同じグループのRくんが「先生，仕方ないやん。Kは，まだ，ここにきたばっかりでわからんし，教えてあげんなん」と言うのだ。すると，周りの子も，「そうや，Kは，まだしらんがや。粘土板拭けばいいやん」と続けた。

〈考　察〉

周りの子たちは，Kだけ特別扱いって考えているのじゃないかなと思っていた私だったが，特別に思っていたのは，私の方。クラスの子どもたちは，ちゃんとKを彼らなりの思いで受けて受け止めていたことに気づき，嬉しく思うとともに，声を荒げてしまった自分を深く反省した。

〈私からのコメント〉

流れに乗れない，流れに乗せたい……集団を動かす保育者は当然このことが頭から離れません。そしていろいろ言っても言うことを聞いてくれない子どもには，ついつい叱ることばをぶつけてしまいます……。おそらくは，どのクラスにもある出来事ですが，保育者がどこでその進め方の限界に気づくかがポイントです。このエピソードは，30人のクラスの一人ひとりを大切にと思いながらも，なかなかうまくいかないという思いを持ちながら保育をしていたときに，子どもたちが先生の焦る気持ち，余裕のなさに気づかせてくれたという話です。先生の側に着目すれば，幼さを残す新入園児を特別視していると他の子どもに思われているのではないかということが重要な背景になっています。そこに早くみんなと同じにという保育者の目に見えない思いが動き始め，強い関わりになるという流れが生まれたのでしょう。そこに気づかせてくれたのが，他の子どもたちのことばだったというわけです。子どもたちはお互いがどういう子どもかを，子どもなりに受け止めているので，先生とのあいだに信頼関係ができていなくて，子どもたちが先生に振り回されている場合には，むしろ子どもたちは弱い子どもを踏み台にして，自分がよい子として先生の前に立とうとします。そこから翻って考えれば，他の子どもたちがこのように言えた背景には，普段から先生とよい信頼関係を育めていたということがあったのではないでしょうか。

エピソード20：〈Mくん，ほんとうにこまっとるげん……〉

〈背　景〉

Mくん（2歳6ヵ月）は，4人姉妹の末っ子（姉が3人）で，2歳児19名（保育士4名）のクラスの一員である。父親はある事情のため半年程度留守にしている。母親は男児一人の末っ子であるため，本児をとてもかわいいがっているが，父親不在による精神的なものと4人の子育てとで，疲れた様子も見られる。本園では，食事が終了した子どもから順番にパジャマに着替え，自分で布団に入るという流れで，午睡を行っている。数人が布団に行ったら，リーダー保育士が子どもにつき，食事の済み具合をみて，他の保育士も順番に移動するという形をとっている。

〈エピソード〉

早目に着替えたMくんは最初の方に布団に入った。今週のリーダー保育士はM先生であり，Mくんの午睡には今までほとんど関わったことがなかった。Mくんにはこれまでたいてい私が関わってきたためでもあるが，M先生がそばにいくと「いや，T先生がいい」と言う。それでもM先生がMくんの背中をなでながら歌を歌うと，嫌がることをやめて静かに布団に入っていた。私は他の子を寝かせながらMくんの様子をみていたが，なかなかに眠りに入れない姿が気になっていた。普段は私が寝かしつけることが多かったからである。M先生はなかなか眠れないMくんのそばを離れ，同じようになかなかな眠れないRちゃんのそばについた。「やっぱり行った方がいいかな」と思った私は，Mくんのそばに座り「先生お歌うたってあげるね」といった。いつもは，「○○のうた」と自分の好きな歌をリクエストしてくるMくんであるが，その時の反応はいつもと違い，「T先生いや！　M先生がいい」と泣き出してしまった。私は，いつも寝かしているから，そうはいってもすぐに気持ちが変わるだろうと高をくくってMくんを布団にひきよせた。少し背中をさすれば落ち着くに違いないという気持ちがあったように思う。しかし，Mくんは，布団から離れて座ると「T先生，いや，Mくん，本当に困っているげん」と泣きながら訴えてきた。私は，いつもならすぐ布団に入るのにどうして？と思いながら，「先生も困ったわ」とMくんを抱きかかえて立ち上がった。しばらく抱っこすると落ちついてきた。そしてMくんは，ぎゅっと私にしがみついてきた。もう大丈夫かな？と抱いたまま座ると，「いやー立ち抱っこ」と再び大声で泣き出してしまった。仕方がないので，また立ち上がると安心したように落ち着き，また，ぎゅっとしがみついてくると，私の肩に頭をくっつけて眠ってしまった。

〈考　察〉

私自身，いつも寝かせているからという安易な気持ちがあったようだ。また，いつもはすぐに寝かせてくれる先生が，どうして今日は来てくれなかったのかというMくんの気持ちもあったのかもしれない。そして，いったんM先生に寝かしてもらおうと決めていたMくんの気持ちを，私がしっかりと受け止めていなかったようにも思う。「困っとるげん」と言ったMくんは，自分の思いを分かってくれない私に対して，精一杯の不満をぶつけたのだと思い，とても反省した。

〈私からのコメント〉

子どもからすれば，「大好きな先生と」というのが本音でしょう。しかし，保育の場は常にそれを満たしてくれるようには動きません。子どもも次第にその事情が分かってきますから，時には強く自分の気持ちを表現するときもありますが，状況を見て自分で折り合いをつけるようにもなってきます。このエピソードは，できるだけ子どもの思いに添ってやりたい保育者の思いと，自分の思いがなかなか受け入れてもらえないときに，わざと反対のことを言って，すねたり，駄々をこねたりするという時期のMくんの気持ちがなかなか嚙み合わなかったけれども，Mくんの気持ちを受け止めようとする保育士さんの思いが何とかMくんに伝わったということでしょう。

エピソード21：〈Rちゃん，ごめんね〉

〈背　景〉

8月のある日。「今日も暑いな」と感じながら，戸外遊びを楽しむ子どもたちの姿を見ていた。そんな集団になって遊んでいる子どもたちから少し離れたところに4歳児のRちゃんが一生懸命，空を見上げていた。普段からなかなかみんなと遊べないRちゃんである。

〈エピソード〉

私もRちゃんに誘われるように戸外に出て空を見上げると，2機の飛行機が飛び交い，飛行機雲ができていた。Rちゃんはこの飛行機雲を見ていたのだと分かり，「Rちゃん」と私が声をかけると，うれしそうに駆け寄ってきて，私の手をとり，空を見上げて，「先生，飛行機さん……」と言いかけた。そのとき，傍で大きな泣き声がした。3歳児同士のトラブルのようである。私はすぐにそちらに駆け寄り，泣いている子どもを抱きかかえながらお互いの言い分を聞き，それを相手の子どもに伝えるという，いつもの対応をとった。泣いていた子どもがやっと泣きやんだところで，はっとRちゃんのことを思い出した。

Rちゃんはさっきいた場所で，同じように空を見上げていた。私は慌ててRちゃんの傍らに行き，「ごめんね」と言った。しかし，もうその時には，飛行機雲は消えかけていた。Rちゃんは「先生，飛行機さんは，お空にどんな絵を描こうとしていたのかな……」と少し寂しそうに言った。「そうだね，どんな絵だろう……」と言いながら，私はなぜかことばに詰まってしまった。

〈考　察〉

本当は，Rちゃんが私の手をとってきたあの時に，Rちゃんは飛行機雲を見つけた気持ちを私に共有してほしかったのだろうと思うし，何よりも私がすぐに来てくれなかったことに心を痛めていたと思う。泣く子への対応を優先してしまい，Rちゃんの気持ちに添えなかったことを申し訳なく思った。Rちゃんはとても感性の豊かな子なのに…。

〈私からのコメント〉

保育の場には，対応してあげたくてもしてあげられない場面がたくさんあります。そんなとき，保育者は子どもに申し訳ない気持ちになるようです。その背景には，子どもを一個の主体として尊重したいという気持ちがあるからだと思います。自分の都合だけで動いている人には「申し訳ない」という気持ちは動かないでしょうから。飛行機雲を見つけて一緒に見てほしかったRちゃんの気持ちが分かるからこそ，その気持ちに添えなかったことが悔やまれるのでしょう。それにしても，「空にどんな絵を描きたかったのか」という問いかけは，子どもらしいファンタジーから生まれた問いのようでもあり，消えてゆくはかなさは，まだ集団の中に溶け込んでいけないRちゃんの今の気持ちのようでもあり，何か心に残るものがあります。

描かれたものが短いのでよく分からないところがありますが，トラブルなどで泣いている子どもへの対応は，かなりの園でマニュアル化されているようで，気になります。Rちゃんに「あっ，どうしたんだろうね」と話しかけながら，ゆっくりトラブルの場に出かけるような余裕が保育の場にほしいですね。

エピソード22：〈Uくんのことば〉

〈背　景〉

運動会まであと１ヵ月余り，年長クラスとして，種目も決まり練習に取り組み始めてしばらくした頃，マーチングとして発表する鍵盤ハーモニカの練習をしていた。子どもたちは年度の初めから練習をし，数曲が弾けるようになっていた。運動会では，そのレパートリー以外の曲にも挑戦することになったため，鍵盤ハーモニカが苦手なKくんは乗り気ではなく，皆が弾いているときも弾こうとしなかった。

〈エピソード〉

私はKくんの隣に行き，１対１で鍵盤ハーモニカの練習を始めた。Kくんは弾こうとする姿勢は見せるのだが，全くと言っていいほど弾けない。「他の子はゆっくりでも曲の最後まで弾くことができるのに……」と，周りの子との差にあせりを感じた私は指導に夢中になっていった。毎日，皆で練習をするたびにKくんとの１対１の練習の時間を持ったが，なかなか進まず，力が入る私に，Kくんも嫌気がさしたのだろう。Kくんは，口をとがらせたり，「もう１回やってみよう」の声かけに反発したりして，手を動かそうとしなくなってしまった。「他の種目の練習もあるのに」という気持ちもあり，少しずつ感情的になっていく私の指導にKくんはついに泣きはじめた。周りの子どもたちは鍵盤ハーモニカを弾いていた手を止めて，Kくんの様子や私の表情を見たりしている。

「Kくんどうするの？　練習するの？」と厳しいことばをかける私に，Uくんが歩み寄り「Kくんも頑張っているんだけどねぇ……」と言ってきた。Uくんは，なかなか弾けないKくん，泣きはじめたKくん，感情的になっている先生，この2人の様子をうかがいながら，泣いているKくんにではなく，感情的になっている私に声をかけたのだ。それも，Kくんと私の両者の気持ちを考えたことばで。日頃からやさしく穏やかなUくんの一言に，私は感情的になってしまっていた自分にはっと気づいたのだった。

〈考　察〉

年長の子どもに，友だちと保育者の両方を思いやる気持ちがあるのに，保育者である私は，Kくんの気持ちを思いやりながら指導することができていないことに気づいて，とても落ち込んでしまった。それ以来，保育の中でUくんのことばが私の感情をコントロールしてくれている。

〈私からのコメント〉

これもエピソード19とよく似た構造のエピソードです。このエピソードを描いた保育者はこの出来事を深く胸に刻んで，このようなことがないようにと反省したようですが，今の保育現場には，保育者の思い通りに事を運ぼうとして，それに乗れない子どもに否定的な評価を返していくというのは，しばしば見られる光景ではないでしょうか。先生の迫力に押されて，次第に固まっていくKくんも辛かったでしょうが，反省した後に，これをエピソードに描いた先生も辛かったと思います。このように先生が子どもを追い込むことになるのも，発表会の席で保護者に子どもたちがしっかり上手にやっているところを見てもらって拍手喝采されたい，子どもたちに自信を持たせたいという，保育者の思いが先行するからです。発表会や行事は保護者に見せるものである前に，子どもが楽しむもの，子どもが楽しいと思ってやるものでなければなりません。そこに保育が「子ども本位」である理由があります。Uくんの一言で気づくことができて，本当によかったですね。

エピソード23：〈Aくん，ありがとう〉

〈背　景〉

家庭の事情で，甘えたい気持ちを十分に出し切れないでいるAくん。今年入園してきたBくんとお母さんのふれあいを目にし，Bくんにいじわるをする日が続いていた。ある日の朝，保育園の門を入ったとたん，後ろからBくんを押し倒したAくんが目に入る。

〈エピソード〉

周囲の様子から叱られることを覚悟したかのように固まって立っているAくん。Bくんとのトラブルが続いていたため，間をおいた方が落ち着くかもと思い，イモ畑へ行くことをAくんに提案する。その日は2歳児のひまわり組がサツマイモの苗植えをする日で，畑のおばちゃんとサツマイモ担当の保育士が先にツラ取りをしていたので，そのお手伝いに行こうと誘うと，私の手を握ってきた。事情を察した担任が「ひまわり組さんのためにいっぱいお手伝いをしてね，あとでBくんと一緒にAくんが準備をしてくれた苗を植えに行くからね」と言うと，Aくんは「わかった！」と誇らしそうに返事をした。

畑では「どこに運ぶの？」「この竹，邪魔だから片づけるね」とおばちゃんと保育士の間を行ったり来たりして，芋を1ヵ所に集めてくれる。2種類ある苗をきちんと見分け「足がたくさんあるやつ」「足の長いやつ」と器用に分けてくれる。「すごーい，Aくんお芋博士だ！」と声をかけると，「全部分けるから，早く切ってね」と得意顔になる。苗運びを最後まで手伝ってくれた。そして「ひまわり組のみんなの分，運んだからね」とおばちゃんにも報告し，「ありがとうね」と言われると，とても嬉しそうであった。

ひまわり組のみんなが来るまでの時間は，畑の際を2人で散歩をする。どんどん進んで，私の5m前くらいを時々振り返りながら歩く。目が合うと，ニコッとする。微笑み返すとまた，前に進むといった具合。Aくんとの5mの空間を穏やかな空気が流れているのを感じる。畑を一周するあいだ，20回近く，笑みをかわす。2歳児クラスが畑に揃い，「Aくんありがとう」と言った時のAくんは，実に晴れ晴れとしていた。

〈考　察〉

Aくんに声をかけるのは，決まってトラブルの場面だったと，散歩しながら気がついた。親に気持ちを受け入れてもらいたいと思いながら，叶えられない

Ａくんの気持ちをこれまで私たちはきちんと受け止めていなかったと反省する１日だった。Ａくんの「やりたい」「僕やれるんだ」という気持ちを受け止め，認めてあげれば，ネガティブな場面はポジティブな場面に変えられるし，Ａくんは自分で自分を肯定できるようになると思う。

〈私からのコメント〉

明らかにＡくんが悪いと分かっているとき，多くの場合，Ａくんを叱ったり諭したりという流れになります。破目をはずした状態があまりにエスカレートした場合には，叱る必要があるのも事実です。しかし，そこで規範を示したり，叱ったりしても，それで子どもが本当に納得することは残念ながらあまりないようです。そのようなトラブルになりやすい子どもに対しては，このエピソードが教えてくれているように，その子とゆっくり付き合い，自分ですることを認めていくことで，子どものプライドや優しい心をうまく引き出していくというやり方が，遠回りのように見えますが，もっとも実効のあるやり方です。Ａくんと気持ちの通う時間を持てたことによって，これまでは否定的な繋がりにばかりなってしまっていたことに気づいたことは大きかったと思いました。芋畑にというアイデアは環境との絡みもあっておいそれとは思いつきませんが，それが功を奏する裏には，事情を察して対応してくれる同僚とのよい関係があることも見逃せません。

エピソード24：〈お母さんの手作りお弁当〉

〈背　景〉

その日は月に１度の愛情弁当の日。普段は保育園での給食を食べている子どもたちが，お母さんの手作りお弁当の日は，前の日から楽しみにしている。前日のお迎えの時，真っ先に出ることばが「お母さん，明日はお弁当の日だからね！」と念を押す光景があちらこちらでみられる。

〈エピソード〉

さてお弁当の日の当日，普段は落ち着いて登園してくる５歳児の女の子Ａちゃんが，なぜかその日は母親が門を開けると飛び込むように，私のもとへ駆け寄ってきた。その表情は，はやく会って言いたくてたまらないというくらいの嬉しさに溢れ，興奮しているのが手に取るように分かるほどだった。

「先生あのね，今日ねAちゃんのお弁当のごはんは，枝豆がいっぱいに入ったごはんなの」と一気に話しかけてくれ，「えーいいな，じゃあお昼になったらAちゃんのお弁当見に行かなくちゃね」と答えると，「うん。いいよ！　少しあげるからね」との返事。しかし，お昼にどうしても園の雑用で見に行くことができず，夕方になり「先生，待ってたんだよ」と寂しそうに言ってきたAちゃん。ただ謝ることしかできず，悪いことをしてしまったなと思う日だった。

〈考　察〉

Aちゃんは俗にいう優等生で，あまりペラペラと話したり，感情を表に出したりしない子である。しかも，担任ではない私に真っ先に駆け寄り，お弁当の中身を弾むように話してくれたのは，お母さんが作ってくれたものを自慢したかったからだと思う。きっとお昼も部屋に近づく足音を気にしたり，食事終了の時間を気にしながら食べていたに違いない。本当は全部食べたいのに，私にも味見をさせてくれると言ったその気持ちを想像すると，本当にかわいそうな事をしたなと思い，申し訳ない気持ちになった。

〈私からのコメント〉

これはエピソード21と少し似たところのあるエピソードです。そこでも触れたように，保育の場ではいろいろな事情が重なるために，対応してあげたいところで思うようにならないことがしばしば起こります。そのことで申し訳ない気持ちになったというのも保育者の優しさの表れですが，私がこのエピソードで注目したのは，「きっとお昼も部屋に近づく足音を気にしたり，食事終了の時間を気にしながら食べていたに違いない」という箇所が，まさに子どもの側から子どもになって考えているという印象だったからです。先生がもう来てくれるのではないかと期待しているとき，足音が気になり，自分の食事の進み具合と時間の進み具合を気にしてしまう。このようにAちゃんの気持ちを受け止めるからこそ，申し訳ない気持ちになるのでしょう。単に時間の都合がつかないから仕方がない，ではないのです。

5．保育はとにかく難しい(1)：子どもを主体として受け止めて対応する場面で

前節の「反省」のところとも重なるのですが，保育は保育者の計画通りに進行することは滅多になく，保育者の思い通りにならないことが山積しています。保育者は子どもがかわいいと思い，子どもの思いをていねいに受け止めてと思いながら，それだけではなかなか保育にならないと思うほど，次々に難しい問題が押し寄せてきます。子ども同士のトラブルの場面への対応しかり，保護者対応しかり。その上にもってきて，子どもたちが置かれている生活環境が日増しに厳しく，また多様になってきているので，それが子どもに影響して保育を難しくしているという面もあるでしょう。

研修の場で印象深かったことと言ったときに，保育者の大半が取り上げたのは保育の場面で自分の対応が難しかったときのことでした。前節の「反省」はその難しさの中に現れた反省だったとも言えるでしょう。以下のエピソードを読めば，この難しさは単に保育者の力量を高めれば何とかなるという性格のものではなく，むしろ保育という営みにつきまとう難しさ，さまざまな家庭環境を背負う子どもを支え，主体として育てることの根本的な難しさだということに気がつくはずです。

私はこれまで，機会あるごとに，天真爛漫な子どもと優しい保育者をイメージし，そこで楽しく遊び，安心して生活するという美しいイメージを打ち立てておいて，なぜ現実はそのようにならないのだと嘆くものの考え方を「エンジェル・モデル」と揶揄してきました。それは保育の現実からあまりにかけ離れているからです。そして，単にかけ離れているだけでなく，そのように考えると，保育の営みがいかにも簡単な誰にでもできる営みに見えてしまうところにも疑問を感じてきました。これに対して私は，むしろ保育は，主体である子どもと，これまた主体である保育者が，お互いに思いを受け止め，受け止め返す営みなのですから，基本的に難しい営みなのだと考えます。そこを出発点に据

え，その相互主体的な関わり合いの中に，喜怒哀楽が生まれ，そこで子どもは育っていくと考えるのがより生産的，健康的ではないかと思います。以下のエピソードは，その私の考えにとっても，とても重要なことをたくさん教えてくれるように思います。

エピソード25：〈ある日のブロック遊びで〉

Rは，父と母と妹の４人で生活していたが，両親が離婚し，Rは父と生活していて，週末に母のところへ行っている。ブロック遊びの好きなRは，いつものように仲良しのTやAやSとブロックで遊んでいると，「オレのお母さんって，もうおらんのやし」という。そばにいた私がドキッとしていると，Tが「なんでおらんの？」と訊き，Aが「仕事やろ」と言う。Sが「旅行いったんやろ？」とブロックをしながらにこにこしてRに訊いている。Rは「違うよ。おれのお母さん，離婚したんや」とぼそっと言った。Rがどう答えるか，気になって私はずっとそばで見守っていたが，あまりにあっさりと離婚ということばを口にしたので，少し驚きながら，この子は離婚ってどんなことか誰にどんなふうに聞かされたのかなと考えてしまった。

３人の友達は，離婚と聞いてもよくわからなかったのか，「なんや？」と聞いていたが，Rは答えなかった。私はそばにいて何かことばをかけなければと思ったが，「離婚してもお母さんは，Rくんのとこに会いに来てくれるやろ」としか言えず，今のこの子に何を言ってあげればいいのか戸惑うばかりだった。Rの頭をなでると体をよせてきたので，しばらくはそのまま２人で体を寄せていた。Rの体を抱きながら，別れた両親に「どうして？」の思いばかりが溢れた。

〈私からのコメント〉

夫婦のあいだに離婚という事態があるのは良い悪いを超えた人間の現実です。しかし，特に幼い子どもから見れば，やはり両親と一緒に暮らせないのは寂しいことでしょう。その現実を子どもなりに懸命に受け止めて，何とか心のバランスを計っていこうとします。それはまさに健気だというしかありません。そんな寂しい子どもの心に寄り添い，いっとき体を抱きかかえてやる保育者は，子どもにとって本当に拠り所です。

今回の研修でも，このエピソードに類似したエピソードが多数描かれていました。そういう環境が今日の保育の現実だということと，保育者はこのエピソードのように，幼い子どもの心の動きに直に接しているので，それを見過ごせないという思いがあるからでしょう。次のエピソードもその点でよく似ています。

エピソード26：〈パパに会えなくて残念だった〉

〈背　景〉

Ｓくん（３歳児クラス）の両親は今年２月に離婚している。Ｓくんは３月に当園に入園し，新しいクラスに１ヵ月いてやっと馴染んだかなと思ったら，４月になり，新年度が始まり，また新しい環境での生活となった。

〈エピソード〉

６月に入って間もないある日，大泣きして登園してくるＳくん。４月当初は機嫌が悪いと今日と同じようにギャ～ギャ～と大泣きして登園してきていたが，５月中旬あたりからは泣かずに部屋に入ってくるようになっていたので，この大泣きには少々驚いた。泣きたいんだから，まあいいかと思い，気にかけながらも廊下にしゃがみこんで泣いているＳくんに，「あ～びっくりした」「そんなとこにおったら踏まれてしまうよ」などと声をかけ，場所を変えようと抱っこしようとするが，岩のように力を入れて重い。廊下を通っていく他クラスの保育士が「誰や！　えらいでっかい声で泣いて！」「朝っぱらから何や？　泣きやみね！（泣きやみなさい）」と声をかけていく。すると，そのことばに反応してＳくんはさらに大きな声で「バカー」「かまうなー」「あっち行けー」とありったけの乱暴なことばを吐いている。私はそっとそばに行き，耳元で「泣きたいんだから，泣けばいいんだよ」と声をかけ，泣き声なんか気にならないよという素振りで普通に過ごしていると，しばらくして泣き止み，「先生，オレかばん片付けるわ」と自分から立ち上がってかばんの片付けをし始めた。朝の出席シール貼りも自分からやっている。その後，他児と遊んでいた私のところにやってきて「先生，俺，パパとあえんだや～」「パパとお祭り行く約束したのに，パパはいつも，いつもお仕事なんや～」と沈んだ声で話してくる。私は「そうか……会えんかったんか……残念だった？」と聞くと，Ｓくんは「すごく残念やった」と言う。私が「そうか……悲しい？」と訊くと，「うん，悲しい」と答える。私が「今度会えるといいね。パパじゃないけど，今日は先生と遊ぶか?」と言うと,「うん」とうなずく。その後,テラスに出て2人でアリさがしをした。

〈考　察〉

6月の前半に町の祭りがあってそのときにパパと会う約束をしていたSくん。そういえば,5月の終わり頃によく「もうすぐパパに会えるんや」と言っていたことを思い出す。登園のときに園内に響き渡るような大泣きをされると,担任としてはすごく気を使うのだが(小さい子たちの中にはその声を聞いて悲しくなり泣く子もいるので),泣きたいときは泣きやませようとしても泣きやまないものである。泣きたい気持ちを受け止めて,「いいよ」「泣いてもいいんだよ」と伝えると不思議と泣きやむ子が多い。心を受け止めるということはこういうことなのだろうか。まったく理由なしに泣く子はいないのだから,その内面を受け止めるようにといつも心がけてはいる。Sくんは情緒不安定なところがあるが,少しずつ私に心を開いてくれているように感じる。大好きなパパとの話は私だけにしてくれる。Sくんとの2人だけの大切な話。これからも,Sくんの大泣きとパパとの話に耳を傾け,心を傾けていきたいと思う。

〈私からのコメント〉

別れた父親と会う約束が果たせなかった子どもの複雑な思いが,ことばの端々から伝わってくるエピソードです。家庭環境の難しさが保育の場での子どもの不安定さに繋がっているという例は,それこそ,どの保育の場に行っても見られる今日的問題です。Sくんが落ち着かなくて泣きわめいているとき,先生はそれを抑え込もうとするのではなく,Sくんの気持ちをていねいに聴くという対応をとりました。その対話は,先生にとってもとても重いものだったにちがいありません。しかし,ともかくそのようにして自分の気持ちを受け止めてもらったSくんは,先生に心を開き,先生を信頼していく気配です。問題が解決されるというかたちではなく,子どもが今置かれた状況を自分で自分に引き受けていくこと,それには,自分の拠り所となる人が必要なのだということがとてもよく伝わってくるエピソードです。

エピソード27：〈私のだいじなワンワン〉

〈背　景〉

1歳9ヵ月のNちゃん。4月入所当時から，犬のぬいぐるみと，アンパンマンの通園カバンが離せずにいた。N子の両親は，学校を卒業し，4月に就職したばかりで，2人とも新社会人である。県外から慣れない土地に移り住んで何もかもが大変な状況での入所だったと思う。N子の不安な気持ちも無理はない。少しずつ安定するようになり，遊びを楽しんでいる時はぬいぐるみもカバンも忘れているのだが，急に思い出し，「ワンワン」「アンパンマン」と泣きながら探したり，手に持ったりして過ごしていることがある。

この日，看護師をしている母親は，3時までは自分と過ごさせたいので，父親が迎えに来る5時半までの2時間半，保育所で預かってほしいといってきた。いつもと違う状況と，母親とゆっくり過ごした後の登所なので，N子にとっても母親とは辛い別れだったと思う。それでも1歳児クラスの担任が温かく迎えたので，気持ちもおさまり，おやつの時間やプレイルームでの遊びを楽しんでいた。

〈エピソード〉

延長保育の時間になり，降所していく子を見て寂しくなったのか，「ワンワン」と泣きながら，ぬいぐるみを探しだした。しかし園には持って来ていなかった。私は「Nちゃん，今日は，ワンワンないねー」「Nちゃんの大事なワンワンなくて，さみしいね」とN子の不安な気持ち受け止めながら，絵本を読んだり，一緒に遊んだりしていた。その遊びに気が紛れて泣きやんだり，しかしまた泣いたり……と延長保育の当番として入った私は何とかNちゃんと過ごそうと一生懸命だった。そこに他の用事で入ってきた担任のS保育士が「Nちゃん，どうしたの？」と声をかけた。そこで，「Nちゃんの大好きな大事な大事なワンワンのぬいぐるみをお家に忘れてきたので，さみしくて泣いてるんやねー」と私が言うと，「じゃあNちゃんの大好きなワンワンを描いてあげようか」とS保育士は紙に犬の絵を描いてあげた。Nちゃんは，とても満足そうにその紙を持ち，お迎えまでの時間を過ごしていた。

〈考　察〉

担任の対応と満足そうなNちゃんの顔を見て，Nちゃんと担任保育士が信頼関係にあることに改めて気づき，普段のていねいな関わりの大切さを感じた。

〈私からのコメント〉

保育園は，歴史的に見れば，両親の仕事や勤め先の事情で家庭での養育を受けられない子どもの受け皿として出発しました。子どもはまだ両親の下で安心を得たい年齢ですから，気持ちが不安定になる局面は多々あるはずです。このエピソードは先の「トーマス」のエピソードと同じように，保育の場での心の拠り所であるぬいぐるみのワンワンを持って来ていなかったことに，Nちゃんの泣きが収まらない理由がありました。特に信頼関係ができていない人とのあいだで，このような不安な気持ちを鎮めるのは難儀ですが，保育者は抱っこしたり，歌を歌ったり，いろいろな手立てを講じて子どもの気持ちが和むようにもっていこうとします。このエピソードでは，担任の保育者がNちゃんの忘れてきたワンワンを絵に描いてあげるという手立てが何とか功を奏しました。その背景には，この保育士さんが気づいているように，日頃の信頼関係が築かれていることがあります。

よく考えてみれば，いま多くの子どもはこのような事情の下に保育の場に出かけ，保育者を心の拠り所にして成長していくのだということが改めて分かります。

エピソード28：〈先生なんか，キライ！〉

〈背　景〉

Yくん（5歳1ヵ月）は両親，兄（小6），姉（小1）の5人家族である。両親は共働きで忙しく，あまり子育て（子どもとの関わり）に力を入れていない様子。母親と登所したときはぐずる事が多い。保育所では，自分の思いを通すことが多く，訴えが通らないと暴れることが多い。

〈エピソード〉

保育参加の日の出来事である。1時間ほど親子でゲームやシャボン玉をして遊び，母親が帰る時間になると，Yくんは母親にくっついて離れようとしない。お母さんも仕事に戻らなければいけないので，私は「お母さんとバイバイしようね」と無理やり離した。するとYくんは「先生なんか嫌い。先生のとこなんか嫌や。バカー」と大泣きして暴れだす。他にも何人か泣いている子がいる。

Ｙくんが暴れて寝転がったので，泣いている他の子を抱っこして気持ちの安定を図る。他の子が落ち着いてきたので，Ｙくんの所へ戻り声をかけるが，いちいち反抗してくる。母親と一緒に帰った子もおり，「○○くんばっかり（一緒に帰って）ずるい」とさらに泣き暴れる。そこで，Ｙくんを抱っこし「お母さんがいいよね」「一緒に帰りたかったよね」と気持ちを受け止めつつも，「でもね，お母さんお仕事行かんなんし，それにＹくんがお家に帰っても１人やよ。帰ったら先生も困るわ」と話してみた。それでもしばらくは「バカ」「ずるい」「大嫌い」を続けていた。その後10分くらい黙って抱きしめ，頭をなでていると，ようやく落ち着き，疲れたのか，少しうとうとしかけたが，そうするうちに自分から降りて昼寝の準備を始めた。布団に入る前に「先生トントンしてね」と言ってきた。

〈考　察〉

登所時，母親との分離でぐずることも多かったので，甘え不足だろうと思っていた。普段から，自分の思いを通すところがあり，思いが通らないと暴れるので，私のＹくんに対する接し方も「しようがないか」で済ませてしまうところがあった。今回あまりにも激しく暴れるので，どうしよう，何とかしなくちゃと思いながら，私は焦るばかりであった。思いを受け止めても暴れ続けるので，抱きしめてみたが，身体の触れ合いでＹくんは落ち着きを取り戻せたようだ。最後に「トントンしてね」と言ってくれたのが，私を受け入れてくれたようで嬉しかった。

〈私からのコメント〉

保護者参加の日に自分の親が来ないとき，来た子どもが羨ましくて拗ねる場面は，他のエピソードにもみられます。自分の羨ましい気持ちや寂しい気持ちを拗ねて暴れる行動に出しても，しかし，子どもは子どもなりに事態を受け止めようとしているのです。拗ねている，わがままだとみて抑えようとする前に，Ｙくんの落ち着かない気持ちをいっとき受け止めることができれば，たいていの場合，子どもは自分で折り合いをつけて立ち直っていくことができます。ちょっとのあいだ拠り所となれるかどうかが，保育のむつかしいところです。折り合いは１人ではつけられません。最後にＹくんが「トントンしてね」と言ったのは，自分の思いを受け止めてくれた保育士さんへのＹくんの信頼のことばだったのでしょう。

エピソード29：〈お空，きれいやよ〉

〈背　景〉

0歳児の妹を持つ2歳児のRくん。お迎えにきた母親と一緒に0歳の部屋にやってくる。ちょうどミルクの時間だったので，母親は赤ちゃんに授乳している。

〈エピソード〉

母親と0歳児の部屋に入ってきたRくん。保育をしていた私に，「先生，お空きれいやよ」という。担当の子どもがたまたま眠っていたため，Rくんを抱っこして窓から空を見る。「もう，夕焼け見えんくなったね。Rくん，夕焼けみてきたん？」。するとRくんは「うん。さっきT先生と屋上行って見た。お空きれいやった」と夕方に屋上で夕焼けを見てきたことを教えてくれた。母親が授乳中なので，Rくんと遊んでいると，「先生，屋上行きたい。お空きれいやよ」と言うRくん。その日見た夕焼けが美しかったのか，普段，2歳児では屋上に行くことがないため，屋上に行けたことが嬉しかったのか，何回も私や母親に「お空きれいやったよ。屋上行った」と話していた。「Rくん，初めて見たんかね？　今日は先生見れなかったから，またお空きれいな時，屋上行こうね。先生も夕焼け見るの好きだから」と言うと，「うん。また，屋上行く」と話していた。

〈考　察〉

私の園では，保育時間の長い子は夕食も園で取るため，外に出て夕焼けを見ることはほとんどなく，家庭で保護者と夕焼けを見たり，夕焼けそのものを見る機会がないという子が多いのが実情である。日頃，見落としそうな毎日繰り返される日没を，何度も何度も話しかけてくるRくんをみていると，なんだか忙しさの中で日々忘れてはいけない事を思い出させてもらった気がした。

〈私からのコメント〉

下に妹が生まれてお母さんに甘えられないRくんの気持ちと，夕焼け空がきれいだと思う気持ちはどこか繋がっていないでしょうか。先生と一緒に夕焼けを見たいというRくんの今の気持ちは，単にきれいな夕焼け空を見たいだけではないように思われました。

妹がお母さんに授乳してもらっているとき，自分の存在を受け止めてくれる先生と一緒にいたいという思いがそこにあったのだと思います。

エピソード30：〈お母さん，すみません……〉

〈背　景〉

昨年度，移動で当保育所に赴任して５歳児の担任としてＩ男を受け持ち，今年度，その弟Ｒ男を１，２歳児混合クラスで保育している。Ｉ男を担任しているとき，発達の面で気になるところがあったが，うまく母親に伝わらず，母親はこれまでの保育所の対応に腹をたてていたこともあって，一時口もきいてもらえないことがあった。それでもＩ男が修了する頃には，母親は私に自分のこと，父親のこと，家のことなど話してくれるようになった。

今日，Ｒ男の顔にひっかき傷がついてしまい，お迎えの時に謝罪する。

〈エピソード〉

「お母さん，お疲れ様です」と私は笑顔で明るく迎えて対応する。すると母親は機嫌よく「こんにちは」と保育室に入ってくる。母親のお迎えに気がついたＲ男は喜んで母親の元に走ってくる。そこに私も行って，「すいません。実は今日，お友達にブロックを貸してと言われて，Ｒちゃんが断ったら，お友達がぎゅっーとしてしまって，本当，すいません。防げなくて……」と母親の目をみて頭を下げた。母親は「Ｒもしたんでしょ？」と私の方をみて心配そうに訊いてくる。「はい。Ｒちゃんがいややといった時，お友達を押してしまって……。お友達もカーっとなってしまったんです。本当，すいません」と私。母親と私が話しているそばで，母親の足にまとわりついているＲ男に，母親が「Ｒちゃん，痛かった？　Ｍくんか？」と聞くので，Ｒ男が何と答えるかはらはらしていたが，痛がる様子もなく，お迎えにきてくれて嬉しいという表情を見せていた。私が「Ｒちゃん大丈夫やね，強いもんね」というと，「先生，なーに，いいんですよ」と落ち着いた様子で話してくれた。私はこの母親の姿に本当に申し訳ないと思い，「本当にすいませんでした。これからも気をつけます」と頭を下げた。

どれくらい時間がたったか，Ｒ男が「ママ，アイスー」と甘えて家へ帰ろうと言う。母親は「はいはい，ほんなら帰ろうね」「先生，ありがとうございました」と笑顔でR男を抱っこして帰っていった。「また，明日待ってるよ」と玄関まで見送ると，お迎えのまだの子たちも「R男，バイバーイ」と笑顔で手を振り，R男も笑顔で手を振っていた。

〈考　察〉

これまで，保育所に不信感を抱いていた母親だったため，昨年，今年と引き続いて兄と弟を受け持った保育士としてプレッシャーを感じ，悩んだこともあった。子どもを大切に預かっていることや，母の話に寄り添い，毎日細かく会話を積み重ねてきたことが母にも伝わっていたように思う。保育士としてもっと信頼されるよう，これからも母の子育て不安を受け止め，子どもの成長の様子もていねいに伝えていきたい。R男が元気に手を振って帰って行った姿や，周りの友達も手を振って見送った姿が今も目に焼きついている。

〈私からのコメント〉

兄のときから関係をとるのが難しい感じの母親だったのに，その弟を保育することになり，しかも，その弟が他の子どもに引っかき傷をつくられてしまった……この保育者が母親のお迎えの場面をどのように迎えるのか，読み手としても緊張してしまいそうです。しかし，その不安はどうやら杞憂で，「Rもやったんでしょう」という母親の大らかな対応で一件落着となりました。そうなったのは，考察にあるように，やはり保育する側が保護者にていねいに対応し，誤解を解き，子どもの様子をていねいに伝えて，保護者の信頼を勝ち得てきたからでしょう。いま，保育の場の多くは，その過程を省略して保護者の側の理解が足りないと保護者の側を責めたり，あるいは保護者がどうしてくれると自分の不満をストレートに保育者にぶつけたりという，お互いの「思いやりのなさ」が目につきます。どれほど注意していても，子ども同士のトラブルの中でちょっとした傷を「つけた―つけられた」というのはほとんど避けがたいものがあります。責任はどこにあるかを問い詰めてもどうしようもなく，「おたがいさま」というきわめてあいまいな対人関係ルールに従うしか仕方のないところがあります。このエピソードは何とか切り抜けることができましたが，これと似た展開で，しかし，このようにほっとして終われないケースが，いまたくさんあるに違いありません。

エピソード31：〈ママと一緒がいい！〉

〈背　景〉

２歳児のＴちゃんのお母さんは妊娠７ヵ月である。４月当初で，園舎，担任とも変わりまだ部屋にも馴染んでおらず，朝は部屋の前まで母親と来て，泣いているところを引き離しているという状況である。しかし，電車が大好きなＴちゃんなので，泣きながらも電車の玩具，絵本などをみつけると，「ガタン，ゴトン」ところりと気分をかえて遊んでいる。

〈エピソード〉

ある日，戸外に出ようと玄関へ移動していると，玄関の方からすごく激しい泣き声が聞こえてくる。「何事？」と思い目をやると，ＴちゃんがＮ保育士に抱かれて大泣きしている。Ｎ保育士は担任ではない。話を聞くと母親から離れるのを嫌がっているとのことであるが，いつもの嫌がり方に比べると，何倍も激しい泣き方である。２歳児クラスには私，そして１年目のＩ保育士，そして今日はベテランのＫ保育士が休みのためフリーのＹ保育士が入っていた。Ｔちゃんは１年目のＩ保育士が受け取るが，あまりの泣きじゃくりぶりにＩ保育士もどうしてよいかわからないようだ。

私は自分が代わろうという思いと，でも残っている15人の子どもたちを運動場まで連れていかなくてはという思いで迷っていた。Ｉ保育士からＹ保育士に手渡されても，Ｔちゃんはいぜん泣きじゃくっている。Ｙ保育士から「Ｔちゃんみとるし，行きね」と言われたが，戸外が大好きなＴちゃんなので，運動場に行けばまた気分がかわるかもしれないと思い，「一緒に抱っこしていくわ」とＴちゃんを抱っこする。そこにＮ保育士がきて，「お母さんのお腹に赤ちゃんおるもんね」と一言いわれる。そのようなこと，ちっとも考えておらず，そうか，そうだったのかと思い，Ｔちゃんに「ママ，Ｔちゃんのママやもんね。大好きやもんね。一緒がよかったね」と言う。あいかわらず泣いているＴちゃんだが，私の方にぎゅっと抱きついてくる。みんなで，運動場へ行く。運動場へついてからも，さっきよりは収まっているが，まだしゃくりあげて泣いている。そこでＴちゃんを抱っこして，運動場を散歩する。私は独り言のように「ママ大好きやもんね」「ママと一緒がよかったね」とくり返し言う。しばらくするとＴちゃんは三輪車をみつけ，「ブーブー」というので「本当やね，ブーブーあったね，Ｔちゃん乗るか？」と言うと，うなずき，私の手から降りて乗って遊びだす。その後は泣いたりすることもなく一日を過ごした。

〈考　察〉

とりあえず外に行けば気分が変わるかもしれないという思いがまずあり，Tちゃんを抱いたが，N保育士の一言で，Tちゃんのやりきれない気持ちの爆発が分かったような気がした。この出来事以降，Tちゃんは以前より，「せんせ」とそばに来てくれたり，困ったことがあると引っ張って呼びにきてくれたりするようになった。一つの出来事をきっかけにTちゃんとの距離が少し縮まったかなと感じる。

〈私からのコメント〉

このエピソードを私が取り上げたのは，Tちゃんのやりきれない気持ちを保育者が抱えることもさることながら，3人で子どもたちを見ているときの，保育者間の連携が難しいことがよく見えるエピソードだと思ったからです。N保育士の一言でTちゃんのむずかる気持ちの出所は分かったけれども，1年目の若い保育士ではなかなかTちゃんのやりきれない気持ちを受け止めかねるかもしれないし，自分が出れば何とかなるだろうけれども，自分は他の子ども集団を導く責任があり，先輩の保育士が受けてくれたけれども，どこまでTちゃんを受け止めてくれるか読めない……。そんな書き手の複雑な思いが伝わってきます。そんななか，Tちゃんの負の状態をしっかり受け止めたことによって，Tちゃんとの心の距離が縮まるというところに，心を育てる保育の大事なポイントが潜んでいます。いま，Tちゃんの気持ちをしっかり受け止めてやりたい，やれるという，保育士さんの思いが伝わってきます。

エピソード32：〈お母さんに叱られた……〉

〈背　景〉

登園時，Aくん（4歳児）はお母さんから離れるのが嫌だと言って泣いている。いつも元気に登園して来るのだが，どうしたんだろう，お母さんに叱られたのかな，それともお家で何かあったのかな，お友達とケンカしたのかな（昨日）と，いろいろな考えが巡る。

〈エピソード〉

Ａくんの気分を変えようと「Ａくんみんなとあそぼ！」と明るく誘ってみるが，Ａくんは泣いたまま暴れている。そこでＡくんを後ろからギューと抱きしめるようにして，「どうしたの？」ともう１度尋ねてみるが，Ａくんはただ泣くだけだった。そこで私が「分かった，お母さんに叱られたんか？」と尋ねると，Ａくんが「うん」と答えたので，「そうか，何でお母さん叱ったんやろうね」と言うと，「早くしなさいって，言った」と言ってまた泣き出した。私が「そうか，お母さん早くしなさいと言ったんや」というと，Ａくんはこっくんとうなずいた。Ａくんは大好きなお母さんに叱られてショックだったのだろう。私はその気持ちを受け止めて「そうか，辛いね」と言いながら，ずっーと抱いていた。すると，他児が「どうしたん？」と尋ねてくるので，「Ａくん，辛いんやて」と言うと，「ふうん」と言って，傍でブロックで遊びだす。私はしばらくＡくんを抱いていたが，Ａくんは気持ちが落ち着いたのか，「先生，ボク遊んでくる」と言って，私の手を振りほどき，友達の方に小走りに駆けていった。

〈考　察〉

特に何をしたということはないけれども，何も言わなくてもＡくんの気持ちを分かってあげたことで，Ａくん自身，何かが吹っ切れたのだろうと思った。お迎えの時に母親に尋ねると，「朝グズグズしているので，早くしなさいと言って，叩いたんや」と言う。母親の気持ちもよくわかるので，「朝は大変よね」と言うと，「そうねん，ありがとう」と言い，２人はいつも通りに降園して行った。

〈私からのコメント〉

子どもが一番落ち着かないのは月曜日だと，ある保育現場の方から聞きました。家庭でのトラブルを引きずったまま保育の場にやってくるからだそうです。休日を家族と過ごした時間からの気持ちの切り替えが難しかったり，家族の中で揉めたりして，休日あけの月曜の朝は，子どもが親と衝突して惨めな気持ちになり，それを引きずって保育の場で爆発させる……このようなパターンの子どもが増えているというのです。このエピソードでも「朝，グズグズ言ったから叩いた」とのことでした。大人の側にも心の余裕がなく，子どもに当たってしまうのでしょうか。早く早くとせかされて，従わなければ叩かれる……これでは子どもの心は育ちようがありません。それを必死にカバーして，子どものやり場のない気持ちを受け止め，抱きかかえて話をきいてやると……子どもは自分で気持ちを収めて自分から動いていく。ちょうど序章の「もう一つの顔のKくん」のエピソードを思い起こさせるラストのシーンでした。このようなエピソードを読むと，本当に保育者は大変，という思いを禁じ得ません。

エピソード33：〈I先生，イヤ！〉

〈背　景〉

母親は出産後，しばらく育児休暇をとっていたが，5月より復帰し0歳児の弟とTくん（3歳児）の2人で登園するようになった。母親の職場が遠いため，朝7時から登園してくる。5月半ばぐらいから友達に対する乱暴や保育士に対する反抗が目立ち始め，3歳クラスは1人担任ということで，フリー保育士である私が時々手伝いに入っていた。Tくんが他の子どもにちょっかいを出したり，乱暴したりするときは，やめさせようとすると大声を出して暴れるので，その度に抱いて，事務室までつれていっていた。事務室ではぺったりとくっついてしばらく抱っこされ，落ち着いた頃を見計らって，「部屋に戻る？」と訊くと部屋に戻っていた。この週は，フリー参観（1週間のどの日に参観にきてもよい）ということで，Tくんの母親は最終日（土曜日）にくることになっていた。

〈エピソード〉

金曜日，他児の母親が来る前までは普通に歌を歌ったり，絵本を見たりしていたTくんだったが，Mちゃんの母親が部屋に入り，その隣に嬉しそうにMちゃんが座ると，すかさずTくんもその傍に行く。そして，Mちゃんの母とMちゃんの間に入ったり，Mちゃんになにかとちょっかいをかけたり，ゴロゴロと横になったりする。

Mちゃんの母親は身重なため，Tくんの行動に対して困惑している表情だった。そこで何とかしようと私がTくんに近づくと，Tくんは大声で「I先生イヤ！　I先生イヤ！」と叫ぶ。私は，この保育参観の場を何とかしたいという思いもあり，Tくんを抱いて廊下に出た。階段を降り始めると，いつも通りT

くんはぺったりとくっついてくる。母親の仕事が始まり，環境が変化した中で，Tくんは母親の前ではお利口で良いお兄ちゃんぶりを発揮しているらしい。そんなTくんの気持ちを思い，いつも通り「なんかイヤなんやね」と言いながら，ぺったりとくっついてくるTくんを抱っこしていた。いつもはそこまでだったのだが，気持ちを切り替えさせようと思い，「朝ご飯，何食べて来た？」と尋ねた。するとTくんは，絶対に答えるものかという感じでそっぽをむき，私を完全に拒否した。全く心を許していないのに，体の温もりを一生懸命求めているTくんの複雑な思いを，その時私は初めて知り，本当にTくんをいとおしく思い，しばらくぎゅっと抱っこしていた。

〈考　察〉

Tくんの現在の状況の大変さも分かっており，何かもやもやした気持ちがあることも分かっているつもりだった。抱っこするたびにTくんの気持ちを代弁し，寄り添っているつもりだった。しかし，保育参観という特別な状況の中で，私は何とかTくんを落ち着かせようとしていた。そして，そのことがTくんにもはっきりとわかっていたのだと思う。ぺったりとくっついていることで安心していると思ったのは私の思い上がりだった。Tくんの複雑な思いに気づき，心からいとおしく思ったところから，Tくんの方も少し心を開いてくれたのかもしれない（次の週，さりげなく部屋に入ると「I先生，エイッ」とふざけてパンチしてきたが，そんなことは初めてだったので嬉しかった）。

〈私からのコメント〉

Tくんの気持ちも，I先生の気持ちもとてもよく描かれていて，しかも決してきれい事ではすまない現実の重さがしっかり伝わる中に，子どもらしいかわいらしさも少し覗かれて，とてもよいエピソードだと思いました。せっかくの保育参観の日。Mちゃんのお母さんは身重なので配慮も必要なところ，そこに気持ちが少し不安定になっているTくんが寄っていって……それを何とかしたいという先生の思いが，とにかくTくんを抱いて部屋の外に出る動きになったのでしょう。そこまでは，これに似た多くのエピソードがありましたが，このエピソードはそこからの展開が重要です。抱っこすれば簡単に体を寄せてきて，と思っていたI先生が，朝ご飯のことを訊いたとたんに，そっぽを向かれてしまったのです。先生に抱っこされて満たされるものもあるけれども，それでは満たされないものもあるというTくんの複雑な気持ちの動きが，そのぷいとそっぽを向く仕草にしっかり感じ取られたのでしょう。そこがすごいし，その気持ちの動きをいとおしいと思ったことが，結局はTくんとの心の距離を縮め，「I先生，エイッ！」というかわいいパンチになったのだと思います。

6．保育はとにかく難しい(2)：保護者対応の難しさ

保育者にいま本音のところで何が難しいかと訊けば，「保護者対応」ということばが返ってくるのが普通です。それほど，いまどきの保護者の保育者に対する対応は厳しく，自分の権利や自分の考えや自己主張をストレートにぶつけてきたり，それでいて，保育の場からのお願いは無視されたりと，保育者が悩むのも無理からぬと思われる事例に事欠きません。しかし，だからといって，その保護者を責めたり嘆いたりしても埒があくものではなく，そのような社会文化状況にあることを踏まえて，子どもを家庭と一緒になって育てていくという姿勢が保育者側に求められるのだと思います。それがひいては長い年月をかけて，保護者を変え，保護者も子どもを育てながら社会の一員としてなお成長していくというところに繋いでいけると思うのです。

以下に示す数個のエピソードは，ですから現代の子育て事情，保育事情の裏面を明るみに出してくれるものだと言えます。

エピソード34：〈子育て支援活動に参加された親子と〉

絵の具遊びを計画して，活動を始めている中，少し遅れて2組の親子が来館されました。1組は1歳6ヵ月になる男の子とお母さん，もう1組は2歳になる女の子と妊娠7ヵ月になるお母さんです。それぞれ保育士に案内されて，絵の具遊びを始めました。男の子はお母さんにくっついたままスポンジの筆で少しずつ色を塗っています。女の子の方は，母親に筆をもらうと，どんどん白い紙の上に描きはじめ，トレーに入った絵の具をこぼしてしまったり，同じ色の絵の具に筆を返さなかったり，好きなように楽しんでいます。

その女の子に対して，母親は止めようと「Mちゃん，そこじゃないでしょう，

ここでしょう」「そこはダメ，こっちよ」と叱りはじめました。その声はどんどんエスカレートしていき，他の親子もその声にハッとする程でした。他のお母さんや保育士はその叱る声にびっくりはしていましたが，子どもが楽しんでいる姿を見て「楽しいよね，おうちではできないから思いっきりやっていいよ」と言って，笑みを浮かべながら見ていました。しかしお母さんは，その子の行動に耐えられず，別の部屋へ行ってしまいました。

その後，お昼のお弁当をとり，女の子も好きなままごとをはじめました。そのとき，お母さんは「ピアノを弾いてもいいですか」と突然尋ねられました。一瞬，「えっ，ピアノ？」と思いましたが，すぐに「どうぞ」と答えると，それまでの硬い表情から，ニコッと笑顔に変わり，お母さんはピアノを弾き始めました。

しばらくして「先生，あたし子どもを叱りすぎるよね」と話されてきたので，「お母さんは自分でそう思っているの」と聞き返したところ，「うん」と少し沈んだ声で返事をされました。「お母さん，Mちゃんはいろんな事をとっても楽しんでやっているよね。見ていても楽しいくらいですよ。子育てって難しいと思いますけど，お母さんが自分の思い通りにさせようと思えば思うほど，Mちゃんの行動が気になって叱ってしまうことが多くなるんじゃないですか」と話すと，「そうなの。思うようにならないとイライラしてね」と言われたので，「親の思い通りになる子って，そういるものじゃないと思いますよ。危なくない限り，Mちゃんのやりたい様に遊ばせてあげてみたらどうでしょう」と話しました。

数日後，来館されたお母さんの顔はニコニコで，「先生，おはよう。先生が言っていたみたいに，気にしないで遊ばせたら気が楽になったよ」と話をされました。

〈私からのコメント〉

保育の場が「子育て支援」の一環として未就園の親子に開放され，保育の場に何組かの親子が訪れ，子ども同士が関わりあったり，親同士が話し合ったり，あるいは子育ての悩みを保育者に聞いてもらったりという動きが，全国で展開されるようになりました。このエピソードはそのような一こまを描いたものです。その中に，きわめて過干渉的に関わるお母さんの姿があり，それが保育者には気になったというのがこのエピソードを描く動機だったと思いますが，それに加えて，自分のイライラを鎮めるように，そのお母さんが「ちょっとピアノ弾いていいですか？」という姿に，おそらく現代の若いお母さん方の縮図を見る思いをしたというのが，もう一つの動機だったでしょう。

そこにはまずは自分の思いで動きたい，子どもを動かしたいという親の気持ちが蠢いています。子どもも主体だという思い，子どもにも自分の思いがあってやりたいことがあるのにという保育者の思いがその親の思いとぶつかると，何とも微妙な事態になります。ここでは保育者がこちんとくることなく，鷹揚に応対したので，次の回はお母さんはニコニコ顔で来ることができたようですが，これからいろいろな場面を潜り抜けて，親が子どもを育てる人として成長していくことが必要だと思わされました。

エピソード35：〈ぼくのお父さん：バス遠足の出来事〉

〈背　景〉

子どもたちが楽しみにしている春の親子遠足。バス４台に分かれて乗車し，いざ目的地へ。私が乗車したバスには，仲良しのＳちゃんとＫちゃん親子も乗車していた。Ｓちゃんは母親が出産間際なので父親と，Ｋちゃんは一人親家庭なので母親との参加であった。

〈エピソード〉

座席に余裕があり，親子で座る者，仲良し同士で座る者（この場合，親は子どもから離れて一人で座っていた）など，いろいろだった。目的地まで，歌を歌ったり，クイズやゲームをしたりと，楽しく過ごしていた。ＳちゃんとＫちゃんは最初は二人で並んで座っていたが，あと少しで目的地というところで，急にＫちゃんがＳちゃんのお父さんの隣に移動して座った。Ｓちゃんの父親はもともと子煩悩で，日頃から機会があればＫちゃんとも会話したりと親しかったため，すぐに二人で楽しそうに話し始めた。

それを見て，ＳちゃんはＫちゃんに元の席に戻るように言っていたが，Ｋちゃんはそれに耳を貸さず，Ｓちゃんのお父さんと話し続ける。Ｓちゃんはそれに腹を立て，「これはＳちゃんのお父さんだよ，Ｋちゃんのお父さんじゃないでしょう！」と涙を浮かべて強く言った。Ｋちゃんの母親が慌てて自分の隣に座るようKちゃんを促したが，Kちゃんは動こうとするどころか，Sちゃんのお父さんの腕にしがみついた。それを見てSちゃんはますます腹を立てたが，逆に父親に「そんな意地悪なことを言っては駄目」と諫められ，しゅんとなった。

ちょうど目的地の看板が見えてきたので，私は「もうすぐ降りますから，お友達と座っている人は，おうちの人の隣に座ってください」と声をかけた。他の子どもたちが移動を始めると，Kちゃんもやっと母親の隣に戻ったが，Sちゃんは父親の傍には戻らずに，一人で座ったままだった。そこでSちゃんにそっと「意地悪じゃないよね。お父さんがKちゃんと仲良くしていたから，ちょっとヤキモチやいたんだよね」と声をかけると，「うん」とうなずき，促されて父親の隣に座った。

〈考　察〉

Kちゃんに父親がいないことから，私はことばを選ばなければと乗車したときから思っていた。Sちゃんの父親も事情が分かっていたから，Sちゃんをたしなめたけれども，本意ではなかったはず。一番複雑な思いをしていたのはKちゃんの母親だったのではないだろうか。男親に甘えてみたいというKちゃんの思いも分かるし，父親を取られて面白くないSちゃんの気持ちも分かるし，保育士としてかけることばの難しさを痛感した。Sちゃんが腹立ち紛れにKちゃんに父親がいないことを指摘しなかったのは，それ以上言ってはKちゃんを傷つけるということが分かっていたからだと思う。Sちゃんの我慢が手に取るように分かった気がした。

〈私からのコメント〉

一番辛い思いをしたのはKちゃんのお母さんだったというのはその通りでしょうが，その場に居合わせた保育者もさぞ辛かっただろうと思います。誰がいけないというのでもないのに，しかし，両親の離婚は片親家庭という現実を導き，それによってＳくんのような振る舞いが生まれてしまうのを誰も妨げることができません。離婚を必要以上に罪悪視するのは間違いですが，それが子どもに影響を及ぼさないというのも言い過ぎです。もちろん，これまでの似たエピソードで指摘してきたように，子どもは子どもなりに置かれた現実を受け止め，自分の中で折り合いをつけるようになっていきます（ただし，それは心の拠り所があればの話です）。ですから，このエピソードを読んで，必要以上にKちゃんのことを不憫に思うのは離婚の全部否定に繋がるものとして避けられなければなりません。ただ，ここで問題にしたいのは，離婚の是非ではなく，そこから生まれた現実に子どもが何とか対処しようとしているところです。特に最後の，Sちゃんが我慢して言いたいことを言わないでおくというくだりが，保育者が感じ取ったこととして重要だと思いました。

エピソード36：〈春の親子バス遠足〉

〈背　景〉

2，3，4，5歳児の親子120名が大型バス3台に分かれてバスに乗る。どのバスにも親子が1シートずつ座り満席状態である。バスの中では親子が一緒に保育士の話を聞いたり，歌を歌ったりと楽しく過ごしている。

〈エピソード〉

あと10分程で目的地の水族館というところで，Y男の母が急に大声を上げ，Y男を叱る。「もうあんたなんかバスの中に残っとけばいいんや！」「いつまで泣いてるんや！　そんな子は嫌いや！」大きな声がバスの後ろまで響く。Y男はただしくしくと泣いている。隣に座っていたRちゃんも「Y男，泣いとるね」「どうしたの？」と自分の母親に聞いている。Rちゃんの母親は戸惑いを見せながら，Y男をなだめるように，そーっと周りを気にしながら声をかける。私は親子のことだから，すぐに収まるだろうと高をくくっていた。

普段からY男の母親はY男に対して強い口調でものを言っていたけれども，今日ばかりは言わないだろうと思っていた。けれどもY男のことになると……。あの荒々しい口調は普段と同じだ。私は周りに聞こえないように，「朝，早かったんか。遠足でうれしくて早起きしたんかな？」「もうすぐ水族館着くからね」とY男に向けて囁くように言った。それが聞こえたのか，母親は「そーなんです。早く起きてぐずぐず言うので，怒ったんです」と言う。Y男は私のことばにも反応せず，ずーっと下を向いて黙っていた。それでも私は気になり，着くまでの10分間，何度もY男（親子）だけに聞こえるように「もうすぐ水族館だよ，イルカショーもあるし，ペンギンもいるんだって！　うれしいね，Y男ちゃん」とことばをかけ続けた。

母親の大きな声は保育士のことばかけによって止んだが，Y男はシートの下にうずくまっていた。目的地へ着き，後部座席のお母さん方はY男の様子を見て見ぬふりをして降り，Y男の母親は周りを気にしてか，一番最後に降りた。Y男は泣き止んだものの，下を向き，母親に「着いたよ」とだけ言われて，しぶしぶ歩いていた。

〈考　察〉

毎日，Y男親子の激しいやりとりは見ていたが，こういう場所ではないだろうと私は思っていたので，実際に起こったことに鳥肌が立つくらい驚いた。「どうしてあんな声で怒るのだろう」と思ったのと同時に，「Y男のせっかくの楽しい気持ちをどうして……」と悲しい気持ちになり，また「Y男に何て言えばいいのだろう」と，ことばを探していた。母は感情的になっている。私の存在と周りの母親たちを意識しはじめ，Y男の母が落ち着き始めると，Y男も泣く声が小さくなった。私たち保育士は「親子だから……」と放任するのではなく，Y男の泣いている気持ちを受け止めて，母に伝えたり，目先を変えたことばかけをしたりして，気分を切り替えていけるようにすればよかったと後で思った。何より私自身が周りを気にして，上手くY男親子へ自分の気持ちを向けていなかったことが恥ずかしい……と反省する。

〈私からのコメント〉

「人前をはばかる」という表現は死語になったのかと思われるほど，人前でわが子を怒鳴ったり叩いたりする保護者がしばしば見られるようになりました。周囲は明らかに驚きの表情で見ているのに，それにも気づかないように怒りをエスカレートさせる場面に出くわすことも稀ではありません。それだけ保護者をはじめ若い世代の大人にとっては「私は私」という面しか育っていないということなのでしょうが，それでは子どもは育ちません。Y男くんのせっかく楽しい気持ちが台無しではないかという保育者の気持ちはよく分かります。親子だからと放任せずに……と反省していますが，実際にはそこに介入するのはなかなか難しいかもしれません。むしろこういうときに，周囲にいる他の保護者たちが，「まあそこまで叱らなくても」と軽くその場をずらす動きをするのが，お互いさまルールの一環だと思うのですが，今の時代は結局そこが「自分のところのことではないから」となってしまうのでしょう。このエピソードを読むと，なかなか出口は見えそうにないなという，若干暗い展望になってしまいますが，しかし，そのように対応してしまうお母さんの側に視点を置いて考えてみる必要もあります。お母さんから見れば，おそらく普段のＹ男くんは，自分の思いがうまく伝わらない，落ち着かない，友達とうまく遊べない，等の気になる面があるのでしょう。そこでお母さんはしっかりしつけをと思って強く言ってしまい，悪循環になっていることも考えられます。お母さんの気持ちも受け止めて，少しゆっくり話してみるのも必要かもしれません。

7．主任の立場の難しさ

保育園には「主任」という職種があります。幼稚園でも教頭や主任の職種が置かれているでしょう。この職種は，保育を統括する仕事ですが，場合によってはフリーの立場で保育者の都合で空いた保育の穴を埋めたり，職員のリーダー的な役割を果たしたり，あるいは難しい保護者対応の窓口になったり，若い職員の悩み相談の引き受け手になったりと，ほぼ「何でも屋」的な役割を担わされているようです。保育の質を考え，その向上を目指すときに，何よりも主任がしっかりしているのでなければなりません。

そのような難しい立場なので，主任は主任で悩みが多いに違いありません。かつては現役の保育者として子どもに直接関わっていたのに，いまや事務室が居場所で，園内の様子を見ながら，ここが出番と思ったり，ここは控えてと思ったり，気遣いの必要な，それゆえに神経の休まるところのない辛い職種でもあるでしょう。

今回，そのような主任の立場の難しさをエピソードに描いた方が研修の場におられましたので，その方々のエピソードも，ここに収録することにしました。

エピソード37：〈重たくなったね……〉

〈背　景〉

Mちゃん（4歳児）には2歳下に弟がいる。普段はいいお姉さんだが，下の弟のせいで母親に甘えられないためか，ときどき手がつけられないほど泣きわめくこともあった。私は数年前から主任の立場になり，実際の保育から少し遠のいていた。

〈エピソード〉

夕方のお迎え時，激しい泣き声に事務所から見てみると，４歳児のMちゃんが２階の階段の手すりの所で激しく泣き叫び，同じクラスのお友だちのTちゃんが困り顔でその横に立っていた。そこへ，Mちゃんの担任保育士が来て「どうしたの？　何があったの？」と問いかけるが，ただただ泣き叫ぶばかりで何も答えられず，泣き続けている。担任保育士も「言わなきゃわからないのよ」と声をかけるが，夕方の忙しい時間帯で戸外遊びの他の子どもも見なければならず，いつまでもそのままにしてはいられないと思い，主任の立場の私は事務所から出て「どうしたの」とMちゃんに声をかけた。

玄関を見ると，Mちゃんのカバンが置いてあったので，お迎えに母親が来ていることが分かった。そこで私は担任に「お迎えに見えたお母さんが弟の所へ行ってしまったから，その事で拗ねて泣いているのかもしれませんよ」と声をかけた。担任は「ああ，そうか」という表情で園庭の方へ行ったので，私は階段を上がり，Mちゃんに「おいで，抱っこしよう」と声をかけると，Mちゃんは手を差し出し，私に抱っこされた。

以前には朝の登園時にもこのようなことが度々あり，よく抱いていた事を思い出すが，さすがに２年ほど前とはちがい，ズシリと重い。階段を下り，玄関の中のベンチに座って，背中をトントンと叩きながら「どうしたの？　お母さん，○○ちゃん（弟）を迎えにいった？」と訊くと，まだしゃくり上げながら何かを訴える。やはりその様で，母親の履いていたらしいスリッパが，保育室の入口に置いてあるのが見えた。

しばらくして，母親が弟を連れて保育室から出てくると，今まで落ち着いていたMちゃんが，また大きく叫び，母親に抱きついていった。Mちゃんを抱っこして戸惑い気味の母親に，「○○くん（弟）より先に来て欲しかったのでしょうか？」と声をかけると，「先にこの子を迎えに行ってから，弟の所へ行ったのに，どうして泣くのか分からないわ」との返事。「抱っこしてもらって降りて行きたかったのかもしれませんね」と言うと，母親がMちゃんに「そうなの？」と訊いた。まだ泣いていて，顔がグシャグシャになりながらも「うん」とうなずくMちゃん。「わかったから……」と母親はMちゃんを抱っこして再び階段を上がり，また抱っこして降りてきた。弟はさっさと靴を履き，玄関に立っている。私が弟に「お姉ちゃんもう来るからね」と声をかけていると，お母さんに抱かれたMちゃんは今度は笑顔で手を振って降りてきた。「涙止まったね！　また，あした。ニコニコちゃんでおいでね」と言うと，Mちゃんはコクリとうなずいた。

〈考　察〉

小さいときから，そういう小さなこだわりから大声で泣く事のあったMちゃん。大きくなって，ズシリと重くなった体を抱っこしたのも，久しぶりだったなーと，懐かしい思いがした。担任だった頃は子どもによく関わっていたけれど，近頃ではあまり子どもと一緒に過ごす時間もなくなってきたなとつくづく感じる。抱っこしてあげられる存在でずっといたいと，改めて自分なりの保育士としてのあり方を考えた。

〈私からのコメント〉

夕方のお迎え前後の忙しいとき，子どもも一日の疲れがでて，気持ちが不安定になりやすい時間帯でもあります。そんなとき，大泣きされると対応に苦慮します。このエピソードでは，担任が忙しいことが分かっていたこともあって，主任さんが自分の出番だと判断されたのでしょう。もしかしたら，担任のMちゃんへの対応に少し疑問を感じて自分が出なければと思ったのかもしれません。泣いているMちゃんを抱くとずっしり重く，Mちゃんの成長がうかがわれるとともに，子どもと一緒に過ごす時間がなくなった主任の立場の一抹の寂しさもつのる場面だったようです。Mちゃんがなぜ泣くか理解できないお母さんに，Mちゃんの気持ちをMちゃんの代わりに言ってやるところが，さすがにベテランだなという感じがします。

エピソード38：〈先生に叱られるRくん〉

〈背　景〉

私は今年度の４月から主任保育士になった。現場を離れ，職員室で慣れない仕事をしていると，園庭から子どもたちや保育士の遊び声が聞こえてくる。そうすると，何かしらじっとしておれない気持ちになる。ある日の給食の準備をしている頃の出来事。４歳児のRくんと担任のY先生（２年目）とのやりとりが聞こえてきた。Rくんは2年前に私が担任だったので，Rくんのことはよく知っており，信頼関係には少々自信があった。

〈エピソード〉

どうやら何度声をかけてもふざけてばかりで，給食の準備が進まずにいたY先生が，しびれをきらしてRくんを叱ったようだ。最近，なんだか様子のおかしいRくん。夕方のお迎えも延長保育ギリギリだったり，甘え方もすごく寂しそうだったりと，様子がおかしいと感じていた矢先のことだった。

午後にも，RくんはY先生に叱られていた。今度は友だちを噛んでしまったとのこと。一度泣いたり怒ったりの状態になると，なかなか戻らないRくん。何度言っても言うことを聞かないので感情的になるY先生。きっと私も現場にいたら，あのように怒っていたかもしれないと思う。でもRくんが激しく怒ったり，泣いたりする姿を見ると，「ああしたらいいのに」「こうしたらいいのに……」とRくんへの対応策が頭をよぎる。きっとY先生もRくんのために一生懸命しているのだからと思うと，余計な手出しは出来ない。今は黙って2人のやりとりを見守るしかないと思った。

〈考　察〉

Rくんは，最近様子がおかしかったので，このようなことになったのだろうと思う。でもY先生もそれを知っているはずである。今すぐ急には出来ないかもしれないが，先生の思いに従わせようとする前に，Rくんの思いを受け止めていけば，この1年を通して，2人の信頼関係はぐっと深まるに違いない。Rくんの今日の1日はどんな1日だったのかなと思うと何とも言えないが，きっとY先生の一生懸命な気持ちは伝わっているのではないかと思う。私としても，Y先生のよい相談相手になれるよう，Y先生の成長を見守っていきたい。

〈私からのコメント〉

2年前にRくんの担任だっただけに，Rくんの負の様子が気になるけれども，いまは現担任に任せるほかはなく，しかしRくんを叱ってばかりの担任に対して，「ああもしたら」「こうもしたら」とつい言いたくなる……。主任のもっとも苦しい場面でしょうね。自分が出すぎれば若い保育者が育たず，さりとて，若い保育者の対応のままでよいとも思えないというジレンマは，避けて通れないものなのかもしれません。若い保育者を育てる立場として，どのような対応をすればよいのか，じりじりしながら見守るのは，本当に辛いものでしょう。従わせようとしないで，まずはＲくんの思いを受け止めて，そうすれば信頼関係ができてきて，と言いたいことは十分ありながら，それをストレートに言っていけないのが本当に苦しいところです。とはいえ，若い保育士さんにとって，何かにつけて相談できる主任さんが必要なことは確かです。昨今の厳しい社会文化状況の中で，保育士一人ひとりを支えるのは難しいでしょうけれども，やはり主任さんに頑張っていただかなくてはなりません。

エピソード39：〈保育士の悩み相談〉

〈背　景〉

職員会で各クラスの子どもの姿を取り上げ話し合っていたが，２歳児クラスの正規職員の担任が「子どものことではないのですが」と前置きして話し出した。

２歳児クラスは話を切り出した30代後半のＡ正規保育士と50代前半のＢ臨時保育士の２人で担当しているクラスである。Ｂ臨時保育士は大学を卒業し，１年間幼稚園に勤務し，その後はずっと主婦をしていて昨年度から本園で保育士の仕事を始めたので，保育園，しかも２歳児の経験はまったくない。なので，Ａ保育士なりに対応にとまどっているというのが悩み相談の内容だった。

〈エピソード〉

「ついこの間……自分で自分で……と何事にも頑としてゆずらないＳくんが友達と大喧嘩をし，なんとかなだめて，『Ｓ，もう泣かんもん』と言ってＳくんが遊び出そうとしたとたん，ままごとの棚に頭をゴツンとぶつけてしまったんです。『あっ！』と思ったけれども，ぶつけてもケロリとした表情だったので，様子を見ようと思っていた矢先でした。Ｂ保育士がＳくんの頭を冷やそうと，Ｓくんのタオルを水でぬらしてＳくんのところに走ってきて，そのタオルを頭にあてようとしたんです。その瞬間，Ｓくんは大暴れして泣き出しました。Ｂ保育士は痛いのかと思ってあわててまたＳくんの頭にタオルを当てたんですが，Ｓくんは「Ｓのタオル……Ｓのタオル……」と足をバタつかせて，その場の収拾がつかない程の大暴れになりました」。

このようにＡ保育士はその場の状況を説明してくれた。

A保育士はSくんの力を信じて見守りたかったし，Sくんの大好きなタオルをB保育士が濡らしてしまったのが悪くてSくんは大暴れしたのだと考えている。どうやったら自分の思いをB保育士は理解してくれるだろうか。年下の自分から言ったらB保育士は厭な思いをするかもしれない，だから悩んでいるとのことだった。

〈考　察〉

この話を聞き，主任の立場から見れば，A保育士もB保育士も，両方ともよかれと思ってした事が困った状況になった様子が手に取るようにわかり，どう返答しようかと思いあぐねた。年齢の差があると，互いに遠慮してしまい，思うように言えない部分もあるだろう。どちらの気持ちも手に取るように分かるのである。泣いて暴れたSくんの思いがどこにあったのかを2人で話し合ってみたらとA保育士にアドバイスしたが，複数担任のむずかしさはよく分かるだけに，心に残る職員会であった。

〈私からのコメント〉

職員間の思いのズレをどのように調整したらよいかは，職場の対人関係の中でももっとも難しいものです。特に，先輩，後輩と年齢差があるときは，当然，そのことへの配慮が生まれ，特に年配の保育者の保育への疑問があるときには，それをどのように伝えるのかは本当に難しいところです。年齢が下のA保育士さんは，どちらの対応が正しかったかという観点から疑問を投げかけているようですが，おそらく，問題はいずれが正しいかではなく，どのように子どもの思いを受け止めるかにかかっているのではないでしょうか。職員間にまだ信頼を寄せ合う関係がないときに，ある場面の対応をめぐってどちらが正しかったかというかたちで問題を煮詰めようとすると，かえって後々の人間関係が難しくなるでしょう。そのことが主任さんには見えるので，ますます苦しい思いになるのだろうと思います。

以上，39個のエピソードを六つの節に分割・整理して，手短なコメントを付してみました。全体を通して読むと，保育の営みとはこのように複雑多岐にわたり，そして目に見えない局面でこのように難しい気持ちの動きがあることに，目を開かれる思いがします。このような保育を通して，いま日本の子どもたちは成長していっているのです。このエピソード群には，保護者が喜ぶような一斉型の保育場面は登場してきません。むしろ子どもと気持ちが触れ合う局面を取り上げたエピソードがほとんどでした（私の研修の後に描いてもらったという制約があったせいかもしれませんが)。「育てる」という営み，特に心の面を育てる営みは，まさに目に見えないものであり，それゆえに，その営みはエピソードに描かれなければ周囲に分からないものだといえます。

分厚いエピソードに書き直してほしい重いエピソードもありました。短いけれども，子どもの気持ちの動きがとてもよく分かるエピソードもありました。さらに，保育の難しい局面を考えさせてくれるエピソードもありました。ここに掲げたエピソードを資料に，保育現場の担い手たちが自分の経験を重ねながら議論すれば，きっと保育の質を一段高めることに繋がるだろうと確信しています。

第３章　事例をエピソードで描く

この章では，これまで述べてきたエピソード記述によって保育の場の事例を描く試みを紹介します。一つの事例は必ず時間経過の中で展開を見ます。成長途上の子どもは，身体運動面，知的能力面はもちろん，心の面をも大きく変容させながら，一個の主体としてその厚みを増していきます。その過程をこれまではたいてい，「できることの増加」の事実を示すことによって表現してきたといえます。しかし，それによっては，子どもの成長の目に見える面だけしか捉えることができません。もしも目に見えない心の面をも取り上げようと思えば，エピソード記述以外に手立てになるものはないのではないかというのが，これまでの章の議論でした。

特に一つの事例，つまり一人の子どもの成長過程を時間軸に沿って心の面をも含めてていねいに描きだそうとするとき，エピソード記述はこれまでとは違ったかたちでその強みを発揮してきます。それはエピソードを綴り合せる，重ね合わせるという手法です。

第１章に収録した「ぶんぶん」のエピソードは，その意味ではいまの議論を先取りしているところがありました。あのエピソードは短期間に収録された三つのエピソードを重ねる体裁になっていましたが，それによって，「ぶんぶん」がどんな子どもなのかが，とてもよく見えてくる感じがありました。

障碍などによって他の子どもと少し異なる様子を見せる子どもが，保育の場でどのように成長を遂げていくのか，時間軸に沿ってその子についてのエピソードを重ねていくと，当の子どもの理解が深まることはいうまでもありませんが，それだけではなく，その子どもに関わる周囲の子どもや大人のこともよく理解できるようになってきます。しかも，そこにエピソード記述の特徴（描き手が感じ取ったものが盛り込まれることによって，子どもの思いが捉えられ，場の生き生き感が捉えられる）が生かされてきます。

本章では以下に二つの事例を取り上げます。一つは，一人の幼稚園教師が広汎性発達障碍を疑われた子どもに１年間関わった経過を一連のエピソードと子どもの描いた絵画によって示したものです。もう一つは，「おもちゃの家」という一種のNPO組織の担当者が，障碍が疑われ，子育てに難しさを抱えた就学前の親子とその場で出会い，１年間，その親子と関わり合った経過を数個のエピソードで綴ったものです。以下，順にそれを見ていきましょう。事例の中身そのものというより，事例を理解する上にエピソード記述が有効だということを確認するのが本章の主旨です。

1．エピソードを通してA子さんの育ちを捉える試み

(1) はじめに

私は2006年11月に岐阜市立加納幼稚園で行われた公開保育と保育研究会に招かれました。事前に送っていただいたその幼稚園の研究紀要の冒頭に，これから紹介する和仁正子先生の１年間に及ぶていねいな事例エピソードが掲載されていました。それは，保健センターから広汎性発達障碍の疑いがあると言われているA子さんを，３歳児クラスに受け入れて１年間，集団の中で保育していった経緯をたくさんのエピソードを通して綴ったものでした。またそのエピソードで綴る事例レポートには，本文にも掲載されているように，ほぼ１ヵ月に１枚の割で絵が添付されていました。その絵を本文に沿って辿ると，A子さんが一個の主体としてどのように世界を広げながら生きてきたかがとてもよく見えてきます。和仁先生は自分の身体を通して感じ取ったA子さんの変化と，絵画に現れるA子さんの変化とを重ね，それを読み手にも分かるように適切に表現しています。そしてA子さんだけでなく，周りの子どもにも温かいまなざしを注ぎ，A子さんが周囲の友達と関わり合いながら成長していくさまを，周囲の子どもの姿も描きながら，見事に描き出しています。

その綴られたエピソードを読み，またＡ子さんの絵画表現を見て，これは何らかの支援を必要とする子どもを保育するときのある意味で理想的なかたちだと，私は深い感銘を受けました。そして，ちょうどそのとき構想段階にあった本書に是非とも掲載したいものだと直感し，まだ構想段階であったにもかかわらず，この事例レポートを是非，本書に掲載させてほしいと和仁先生に依頼したのでした。私がいろいろなところで主張している「子どもを主体として受け止め，主体として育てる」という保育の基本理念を，和仁先生はしっかり理解し，まさに実践を通して具現しているように思われたからです。

いま特別な支援を必要とする子どもに対しては，行動療法的な枠組みで生活スキルの定着に向けたさまざまなプログラムが大流行です。負の行動を減らし，大人にとって願わしい行動を形成・定着させるのだという主旨はたいへん分かりやすいだけに，多くの保護者の賛同を得，また保育の場にも深く浸透してきています。しかしながら，一人の子どもの行動を，好ましくない行動，好ましい行動というように，目に見える行動の次元（生活スキル）だけを議論して，心の面を育てるという問題に目を向けなくてもよいのか，特別な支援を必要とする子どももまた，一人の人間として人を求め安心を求める心があるはずではないか，という疑問を私はかねてから持ち続けてきました。

一見したところ，人を拒むかに見える扱いの難しい子どもも，実は人を求め安心を求めているのだということを，私は成人の自閉症の方の入所施設の実践に触れる機会を通して確信しました。以来，「関係発達臨床セミナー」と銘打って，子どもの行動を変えようとする前に，子どもを一個の主体として受け止め，子どもとの心の繋がりを作り出し，それによって子どもが安心と人への信頼を手にしたとき，子どもは劇的に変わり得るのだと確信するようになりました。和仁先生の事例レポートと実践に直に触れることができたのはそのような折でした。

私は研究の立場上，さまざまな実践レポートに目を通す機会がありますが，レポートと実際の実践に乖離があることはしばしばです。しかし，このレポートを読んだときに，まだ和仁先生の実践を見る前から，きっと実践も素晴らしい先生なのだと確信しました。そして実際には2時間程度の実践しか見ることができませんでしたが，まさに期待通りの実践でした。この先生の実践を通してA子さんは育っていったのだと，改めてレポートと実践がぴったり重なるのを実感しました。

一人の子どもを深く理解していく上で，印象に残った場面をエピソードに綴り，それを時系列に沿って見ていくというやり方以上のものはおそらくありません。いま流行の子どもの障碍特性をアセスメントによって診断評価し，それに基づいて対応の方針を定め……という流れは，1年もの年月をかけてじっくり子どもと日々付き合うという保育の思想とは別の，限られた時間内で出会ってすぐさま対応を考えなければならない医学や療育の思想の産物です。それに保育が巻き込まれて何の得があるのでしょうか。和仁先生は，もちろん，子どもになすべき行動を方向づけるのに役立つ絵カードやマークをも柔軟に活用しながら（私も絵カードやマークの使用をすべて無意味だなどと考えているわけではありません），しかし，A子さんという一人の子どもを一個の主体として尊重し，その思いをていねいに受け止めながら自分も主体として自分の思いをA子さんに返すという，大人が子どもに関わるときの基本，つまり保育の基本に沿って，A子さんに関わっていっていました。そのことがこれ以後のエピソード記述を通して明らかになるはずです。

特別な支援を必要とする子どもの保育や療育に関してはさまざまな立場があり得ますが，しかし，保育の原点は障碍がある，障碍がないにかかわらず，同じではないでしょうか。和仁先生は生きた身体をもってA子さんに関わり，それを通してさまざまなものを感じ取り，感じ取ったものを優しくていねいにA子さんに返していっています。それはさりげないエピソードの一文，一文に染みとおり，それが読み手に直に伝わってくる感じがあります。そして何よりも，A子さんが一個の主体として生き，主体として成長していくさまがエピソードを通して，また絵画表現を通して読み手に生き生きと感じ取れるのです。

このような実践，このようなエピソードの記述は，簡単に誰にでもできるものではないかもしれません。しかし，そこには保育の一つの理想のかたちがあるように私には思われます。いま，特別に支援を必要とする子どもの保育には，私のような考え方と，それとは逆行する考え方とに大きく二分される現状がありますが，多くの保育者に，このような実践があること，このようにして育っていく子どもがいることを知ってもらいたいと思い，研究紀要に掲載された事例レポートをここに再掲させていただくことにしました。

和仁先生の事例レポートは，１ヵ月単位で括られており，１ヵ月に２，３個のエピソードを取り上げ，それに１枚の絵画を添付し，それに解説を加えるとともに教師の援助や配慮に触れ，その１ヵ月を振り返るという流れになっています。小見出しなど，一部簡略化した部分もありますが，できるだけ和仁先生の記載どおりに事例レポートを再掲しようと努めたつもりです。

(2) Ａ子さんとの出会い：入園式　　岐阜市立加納幼稚園教頭　和仁正子

入園式の日，３月生まれのＡ子さんはまだとても小さく，手足も頬もぷよぷよしていて，幼さがより愛おしく感じられた。第１日目から激しく泣き，自分のお気に入りの物に誰かが触れようものなら相手を叩いたり噛んだりしてしまう勢いがまたかわいらしく思えた。

それよりも驚いたのは，Ａ子さんと同じように物にこだわり激しく泣いたり怒ったりするＤ男さんや，自分の遊びの場に入ってくる人全てを突き飛ばしてしまうＨ男さんとの出会いである。自分の物や場が確保されるとその中ではじける笑顔で遊んでいる。

広汎性発達障碍の傾向があるからこだわるというよりも，初めて人や物に出会う時は，自分を強いことばや態度で守ったり，安心できる物を身近に置いたりしながら親しんでいくことはごく自然なことなのだと強く感じ，私の思いは本当にはなはだ失礼な思いであることを知らされた。ただその行為が長く続いていくと生活のしづらさに繋がっていくことも考えられるので，“あなたとわたし”の中で，その行為のその人にとっての意味を分かり合い，「まぁそうそう」「ぼちぼち」「まっいいかぁ」などと，程よい間と気持ちの折り合いのつけどころを“あなたとわたし”の中で創り上げていく日常が大切なのではと考えた。そして何より“わたし”は，人に大切に受け止められているという信頼感を基に，大きくなっていく自分を“わたし”が実感し，自分の育ちを自分が信頼できる“わたし”がそこにいることが大切な保育を営みたいと考えた。

入園式の日，お母さんは「風邪アレルギーで入院をしたり，３歳になる頃に頭を強く打ってパニックになったりしてからは，トイレも嫌がるようになるし，ご飯も食べなくなるし，出来るようになったことが戻ってしまい……」と矢継ぎ早やに話され，話の内容よりもお母さんの不安や戸惑いがひしひしと伝わり，お母さんのパートナーになれればと思った。一人っ子で愛おしくてたまらないお母さん，私も一人娘を育てる母なので，同じ親として本音をのぞかせながら繋がりが深められるようにと願った。

⑶「だめのＡちゃん」（４月）

〈Ａちゃんの！〉（４月入園当初）

左手でＡ子さんを抱き上げ，右手の小指でＢ男さん，人差し指でＡ男さんと手をつないでいると，彼らの息使いや手の平から初めての園生活への不安がひしひしと伝わってきた。そして，左の腰の辺りではシャツの裾をＣ子さんがぎゅっと握りしめている。不安な気持ちを少しでも和らげようと，団子のようにくっつきあって小鳥や金魚・うさぎに餌をあげていると，餌をついばむ小鳥の姿にしばし柔らかい空気が流れ込む。Ａ子さんは「おかあさんどこいった？！」と泣きながらも，Ａ男さんらが自分よりも先に餌箱を持つと「Ａちゃんの！」と餌箱を取り上げ，「Ａちゃんが！」と１番先に餌を入れては満足げな顔を覗かせる。ひと呼吸おいて再び「おかあさんどこにいった」と泣き始める。バイキンマンの積み木・真新しい椅子・赤い三輪車とＡ子さんのお気に入りのものに誰かが触ろうものなら「Ａちゃんの」と相手を突き飛ばしたり，髪の毛をつかんだりして奪い返し，自分の周りにそれらがあると安心して，再びとってつけたように「おかあさんどこいった」と泣き出す。とられた子どもたちは，一瞬の事にあっけにとられ呆然としていた。すかさず「ごめんね　びっくりしたね　Ｏちゃんもこれが好きなんやね」と同じものを手渡すと，ぱっと顔が明るくなりまた元の遊びに戻っていった。

〈まぁそうも大きい声出さんでも聞こえるって〉（４月26日）

Ｄ男さんは真新しい椅子にこだわり，誰かが座ろうものなら顔を真っ赤にして「だめＤくん」と激しく泣き出す。「剣作って」という要求がすぐに叶わないと「Dくんの」と声を張り上げたり，地団駄を踏んで怒ったりする姿を見て，Ａ子さんは「Dくん　いかん！」と向かっていったり，D男さんが仁王立ちすると「Dくん　こわい！」とあわてて私のところに逃げてきた。「Aちゃんとおんなじ椅子が好きなんやね」と声をかけながら，D男さんの思いにも添うように「ジャスト　モーメン　あわてなーい　あわてない」とユーモラスに受け止め，剣を作って渡すと，みるみる笑い顔に変わっていくD男さんを共に見つめていた。

26日「DくんもR男さんみたいなのがほしい」と泣きわめいているD男さんの横を，「まぁそうも大きな声出さんでも聞こえるって」とすうっと素通りするＡ子さんが，急に大人に見え可笑しかった。Ａ子さんの中にも“そうも”という感覚が芽生えたのか，この頃より真新しい椅子に他の子が座ったり，三輪車に乗ったりしても怒らなくなったし，D男さんとも程よい間を保つようになった。

〈援助の視点〉

・Ａ子さんのものにこだわる姿を好意的に受け止め，そのものに存分に浸れるように関わりながら，私自身へも気持ちが向けられるように，すっぽりと抱きとめていきたい。

・Ａ子さんのおじいちゃん譲りの方言がユーモラスな雰囲気を漂わせ，思わず笑ってしまう。そこに生まれるほんわかとした間を出来るだけ大切にしたい。

・５年ぶりの通常学級担任で張りつめた気持ちを，Ａ子さんによってほぐされていることを実感。支えられているのは私である。

・母親の不安に寄り添い，私とＡ子さんの相性がとても良い感じをマメに伝え，少しでも安心感を持ってもらえるように心がけたい。

〈この１ヵ月を振り返って：４月〉

転勤をし，しかも５年ぶりの通常学級担任，加えて以前３歳児学級は３名の教師で35名を担任していたが，今年度から３歳児学級を２クラスに分け，17名を一人で担任するという緊張感に押しつぶされそうになりながら迎えた入園式。ぷよぷよの足やお尻の感触は，娘が歩き始めた頃の記憶を呼び覚まし，私をなつかしさとやさしさに包み込んでくれた。

「ことばの教室」も通常学級も一人ひとりに寄り添って保育を営むというスタンスは全く変わらないと思っているが，目の前の環境の違いに戸惑う私にとって，「おかあさん」と私にしがみつき，泣きながらも「Aちゃんの」とお気に入りの物にこだわって怒るA子さんとの触れ合いは，ことばの教室での保育のひとこまと同じ感覚であり，ことばの教室と通常学級，黄色と青を重ね合わせ緑色の空間を私の中に創りだしてくれた。

私自身の昨日と今日をつなげてくれたA子さんにつながっていることがうれしい。〈絵画表現１：「点となめらかな線」〉（資料参照）

(4)「Aちゃんやる」（５月）

〈Aちゃんやる〉（５月14日）

登園をし，ウサギや小鳥に餌をあげ，私と一緒に遊び，おやつを食べて，絵本や歌を歌って帰るという大まかな生活のリズムが分かり，それに添って生活を送ることができるようになって来た。だから少し気持ちに余裕が出て来たのだろう。拒んでいたトイレにも私と一緒ならば行けるようになった。一番手前の洋式トイレに二人で入って「おしっこでろ，おしっこでーろ，ビビディバビディブー」と，歌いながらA子さんのお腹をさすっているとおしっこがでた。「しっこでた」と伝えるA子さんが何とも愛おしかった。「お尻プリプリ」とリズムを口ずさみながらパンツやズボンをはく手伝いをし，上靴を履きやすいようにゴムの所を広げた時，「Aちゃん　やる」と私の手を制して，床に座って自分一人で上靴を履き始めた。次の日から登園時にも上靴は自分で履けるようになった。

私はうれしくてたまらず，そのことをお母さんに伝えると「家で出来ることがやっと幼稚園でも出来るようになったってことですよね」と淡々としていた。お母さんは，友達と遊べるようにという思いの方が強いようで，連絡帳にも「皆が群がってだんご虫を捕っている中にAの姿はなく，虫が嫌いなのか，まだ皆と遊べないかどちらでしょう」と書いてあった。私とお母さんの間に温度差があることを感じた。

〈大雨　降る〉（５月20日）

F男さんやG男さん，H男さんは，保育室前にある足洗い場の水道の蛇口を上向きにして思い切り開けた。水が勢いよく弧を描くように飛び出し，アスファルトに水がはじける様や，土をえぐる様が面白く，歓声を上げながらさらに強く水を出したり，水のトンネルをくぐり抜けたりして遊んでいた。A子さん

資料：Ａ子さんの表現活動

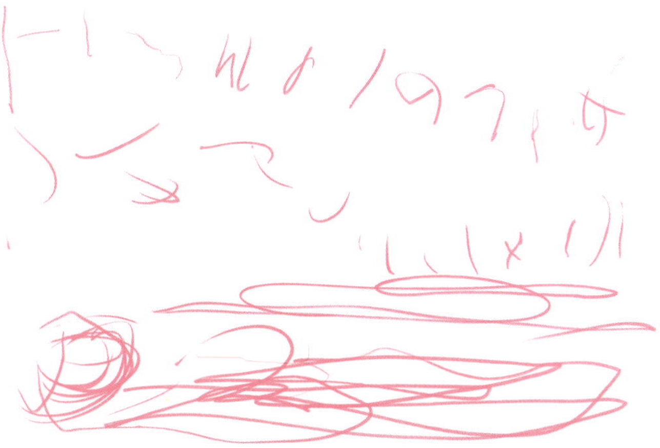

絵画表現１：「点となめらかな線」（４月19日）

私の膝に抱かれながら，好きな黄色やピンクのサインペンで，机を叩き付けるようなタッチで点・点を描き表していた。Ａ子さんの中の不安とも激しい気持ちとも持っていき場のない思いとも感じながら，Ａ子さんが描きたいだけ描けるようにと見守っていた。私にもたれかかるような姿勢に変わってきた時，腕を伸ばし線を描いた。なめらかな線に，描くことを楽しんでいるように感じ，Ａ子さんが私や幼稚園に親しみ，私の中に「いける，大丈夫」という思いが湧き上がってきた。

絵画表現２：「ぐるぐる」（５月25日）

お気に入りの黄色やピンク以外の色も使って，腕を大きく動かしグルグル描きを何枚も何枚も描くようになった。時折，ふと腕を止めて，隣で「トトロ　トトロ」と丸をいっぱい描いているＫ子さんを覗き込む姿が見られた。無心に描くことを楽しむＫ子さんの醸し出す雰囲気が，Ａ子さんの気持ちを盛り立てているようにも思えた。

絵画表現 3 ：「○とかお」（ 6 月26日）

「Aちゃん　おひるね」と狸寝入りをしながら，周りの様子を見たり感じたりすることが，絵に描かれているようだ。ぐるぐるの輪を囲むように○と顔がたくさん描かれている。顔の一人一人が，O子さん，I 子さん，K子さん，D男さんに見えてくる。私もその中の一人だとうれしい。

絵画表現 4 ：「おかお　おかお」（ 7 月14日）

鼻歌まじりで絵を描いている。よく耳を澄ますと帰りの会で歌ってきた歌のメドレーだ。「おかお　おかお」と伸びやかに描く。頭から手も伸びてきた。アンパンマンに加え，「O子ちゃん」「I 子ちゃん」「K子ちゃん」と友達を描くようになり，この 3 人が大好きでぎゅっと抱きついて頬ずりをする姿がよく見られる。I 子さんは，その日の自分の気分で抱き合ったり知らん顔したり，O子さんは，まるでお母さんがおんぶするかのように受け止め，K子さんは，ちょっと困惑気味で身体をすぼめていた。

絵画表現５：「手と足がびゅーっ」（９月16日）

Ａ子さんは，自分で描いた絵を黒板に貼ってまた描き出す。９月16日には，手と足がビューとのびた伸びやかな絵を描いた。人の全体像が捉えられるようになったことがとてもうれしかった。

「いれて」「いいよ」　「ごめんね」「いいよ」と友達と呼応したやりとりが出来るようになってきた育ちが，絵にも表れているようでうれしかった。

絵画表現 6 :「Aちゃん　かいて」(10月18日)

O子さんが絵を描いていると，A子さんは，その傍らに立って「Aちゃんかいて」「Aちゃんかいて」とO子さんにお願いしていた。O子さんは黙々とクレパスを走らせ，A子さんの声など耳に入らずといった感じだった。が，描き上がった絵を指差し，「O子ちゃん」「これA子ちゃん」「これおかあさん」と言って満足そうに笑った。「これAちゃん　これAちゃん」とA子さんは足をばたつかせて喜んだ。

それから，A子さんもすっと絵を描き「これ　O子ちゃん」「Aちゃん」と指差し，O子さんに見せていた。二人が並列で描かれ，楽しく縄跳びをしているかのような絵で，互いの絵をギャラリーに貼って，二人でもつれるように笑い合っていた。

絵画表現７：「Aちゃんもつくる」（11月21日）

給食を食べ終わったひと時に，子どもの興味を惹きながら，のりやはさみなどの用具の使い方や，折り紙の折り方を伝えていっている。折り紙でサンタクロースを折り，顔を描いていると「Aちゃんもつくる」とクレヨンを片手に仲間入りしてきた。私はA子さんがクレヨンを持っている姿に，先にやっていた子の様子を見ていることや以前に作ったドングリの経験が生かされていることがうかがえうれしかった。

絵画表現８：「どんぐりやさんです」（12月９日）

10月頃から私やO子さんと一緒に折っていたドングリの折り方が分かり，毎日せっせと折ってはひとつひとつに顔を描いていった。たくさん折ったどんぐりを見てひらめいたのか「Aちゃんはどんぐりやさんなの」とワゴンの上に自分で折ったドングリを並べ「いらっしゃいませ」と声を張り上げていた。K子さんたちが買い物に来ると，上機嫌で「Aちゃんはどんぐりやさんなの」と言いながら，袋にどんぐりを一つ入れて手渡していた。私も「これくださいな」と指さすと「はい　Aちゃんはどんぐりやさんなの」とくれた。それからも，帰る頃になると「おみやげ」とどんぐりをプレゼントしてくれて，とてもうれしくてたまらなかった。

絵画表現９：「ゆきやこんこん」（１月16日）

いつものように顔を描いている。にこやかに描かれた二人の顔に惹き付けられながら見守っていると，「ゆきやこんこん」と鼻歌まじりに二人を包むように○の雪を描いていった。Ａ子さんが顔以外の絵を描くのを見るのは初めてで，またひと回り世界が広がったように感じられ，うれしかった。鼻歌から，「ゆきが降ってきました。Ａちゃんと〇ちゃんと先生とお母さんと，わっー，Ｄくんいかんの，こうも降ると洗濯もんが乾かへん…」とお話に変わり，○が文字の役割に変わった。そして，○○○と自分の名前のサインを描いて出来上がり。

絵画表現10：「きいろ鬼のお面を描く」（2月24日）

鬼の子がすっかり気に入ったA子さんは，鬼のお面をつくり，それに黄色を塗ると，鬼の子の青いスカートをはき，そのお面を被ってO子さんを「むしゃむしゃの森」に誘って遊んでいた。それから数日後，そのことを思い出したかのように，きいろ鬼のお面を被って青いスカートをはいた自分を描いた。

絵画表現11：「むしゃむしゃのもりはなぞのもり」（3月4日）

「むしゃむしゃのもりはなぞのもり」と鼻歌を歌いながら，A子さんが劇ごっこを思い起こし絵を描いていた。地面は緑で草むらのような森をイメージさせ，空は青く冒険の楽しさがあふれ，なんと鬼の角も描かれ，とても細かい描写に驚くとともに，A子さんが皆と団子のように重なり合って逃げる様や，毎日鬼の子ごっこをしていた様がよみがえり，うれしくてたまらなかった。

もその声に惹かれるように上靴のまま飛び出していった。全身ずぶぬれになりながらも，水の冷たさ，強さが心地よかったのか，繰返し「きゃあ」と声を張り上げながら水のトンネルをくぐり抜けた。その顔に惹きつけられ私もずぶぬれになった。Ａ子さんと声と心が呼応した。

様子を見計らって「晴れになりました」と水を止め，ずぶぬれになったＡ子さんらの身体を拭き，身体を休める間をもたせるようにした。再び，Ｈ男さんたちが水を勢いよく出した。私は，「天気予報をお伝えします。ひまわり組さん前は大雨洪水警報中です。大雨が降って来ました」とアナウンスしながら，一緒にトンネルをくぐり抜け，そして「晴れになりました」と水を止めては，遊びに動と静のリズムが生まれるように働きかけていった。

水を止めると，Ａ子さんは「大雨　降る」と私を見上げ，友達が再び水を出すのを今か今かとわくわくしながら待った。水が弧を描くと「きゃあー」と飛び出していき，Ａ子さんも水もはじけとんだ。

〈Ａちゃんお昼寝〉（５月27日）

５月23日から始まった給食。始めの２日間は初めてのことに興味があり，皆と一緒にテーブルに向かったが，偏食のあるＡ子さんにとっては，食の進むものではなく，３日目からは，給食の用意もせずにうろうろしていた。27日には，窓辺の陽だまりコーナーのベンチに横になっていた。「Ａちゃん　ぼちぼち給食やけど」と声をかけると，「Ａちゃん　おひるね」と眠る振りをした。Ａ子さんの苦肉の策が愉快で思わず笑った。Ａ子さんの好きなくまのプーさんのまくらを用意して，狸寝入りがしやすい環境を整えた。薄目を開けながら，給食の雰囲気を身体で感じ取っているようだった。

〈援助の視点〉

・自分でという育ちを喜び，やり終えるまでをゆったりと見守っていきたい。
・皆と共にと願う母と，一つひとつ自分でと自分を太らせていくＡ子さんの姿を喜んで受け止めていきたい。
・私と歩幅が違うことを，発達への不安や育ちへの期待と受け止め，母の話をよく聞くように心がけたい。

〈この１ヵ月を振り返って：５月〉

屈託なく水と遊ぶＨ男さんらに惹かれ「きゃあ！」と水しぶきとともにＡ子さんの声がはじけとぶ。力強いぐるぐる描きと，Ａ子さんの気持ちが解き放たれる。そして，トイレでゆったりＡ子さんのお腹をさする柔らかな時が共有できることがうれしく，こうしたつながりから“自分で”という姿が生まれたと思う。この育ちがうれしく，はしゃぐような気持ちでお母さんに声をかけてしまったが，お母さんの淡々とした受け止めに，お母さんとのつながりも早く築こうと無意識に思っている自分にも気づかされた。入園前に広汎性発達障害の疑いがあると保健センターで言われたり，大泣きで園生活がスタートしたりと，心配で心配でたまらないお母さんの想いを察する配慮が足りなかったように思う。Ａ子さんが“自分で”と自分の足で楽しみながら自分を育む一こま一こまにじっくり寄り添っていきたい。〈絵画表現２：「ぐるぐる」〉（資料参照）

(5)「まぁ　そうも待っとらんでええって」（６月）

〈まぁ　そうも待っとらんでええって〉（６月14日）

２日から６日まで水疱瘡のために欠席をしていた。７日の朝から「幼稚園いきたくない」と激しく泣き，お母さんが「先生待っとるよ」とあの手この手でなだめすかし抱きかかえるように登園して来ることが１週間続いた。夜泣きもし，おばあちゃんの家に行っても「幼稚園お休み」と思い出したように泣くので，家族からは「幼稚園を止めさせたら」とも言われ，お母さんもすっかり疲れ果ててみえた。お母さんと別れるとそれで気持ちの区切りがつくのか，わりとすぐに泣き止み，私の膝からＡ子さんが気に入っているＩ子さん，Ｋ子さん，Ｏ子さんの所へ出かけ「おさんぽ」とベビーカーを押したり，「おひるね」とマットの上で寝転がったりして遊び始める。私はその様子をデジカメで写し，お迎えに来た時にお母さんに見せながら様子を伝えて来た。

朝は相変わらず泣くものの，表情は柔らぎ「先生　待っとった？」「待っとったよ」「どこで　待っとった？」「窓から覗いて待っとったよ」「まぁそうも待っとらんでええって」と，私にもたれかかってくるＡ子さんからじわっと伝わってくるＡ子さんの身体のぬくもりが温かくて心地よく，“先生が待っててくれるで幼稚園に来たんだよ”という声が聞こえてくるよう。

〈援助の視点〉

・「幼稚園　イヤ」と激しく泣く背景には，病気で長く休んでいたこともあるが，５月の第４週より給食が始まったこと，保育時間が午後までになったことの戸惑いが大きいのではないかと考えた。泣くことで，自分の中の戸惑いを表現し，自分の場所を探していると捉え，そこにゆったり寄り添うことを大切にしていきたい。

・保護者には，友達と触れ合って過ごしている様子をデジカメでリアルタイムに伝えることに心がけ，家族の不安を和らげるようにしていきたい。

〈この１ヵ月を振り返って：６月〉

あまりにも激しい泣き方に，お母さんの気持ちも大きく揺れていることが痛い程伝わってきた。私も，Ａ子さんは当面午前保育の方が良いのだろうか……でも私に抱かれるとすっと泣き止み，好きな友達に寄り添う姿や，「お昼寝」と自分なりに間合いを取っている姿を思うと，今が踏ん張り時ではないか……と揺れた。互いが揺れている時に結論を出すことだけはやめようと想い，幼稚園のありのままの姿を伝え，しんどいけど登園させて欲しいことをお願いした。「まぁ　そうも待っとらんでええって」ということばを聞いた時に，待ってよかったと心から想った。そして，お母さんは，Ｉ子さんのお母さんから，「家でよくＡちゃんの名前が出てくるのよ。遊びに来て」と声をかけられたことで，迷いがふきとんだそうだ。お母さん同士のつながりが子育ての大きな支えに，そして私の支えになることを改めて実感した。Ｉ子さんのお母さんともとても親しくなったような気がする。〈絵画表現３：「○とかお」〉（資料参照）

(6)「ラブタッチ！」（７月）

〈もういいかい　まぁだだよ〉（７月５日）

６月20日よりプールが始まった。大雨洪水ごっこでたっぷり水と親しんできたＡ子さんは，全く物怖じすることなくプールに入り，水しぶきをあげて楽しんでいた。が，水が苦手な子にとってＡ子さんは爆弾みたいなもの。そこで，ウォータースライダーを作り存分に水に親しめる場と，ゆったり水になじむ場を設けた。

Ａ子さんはもちろん，皆もウォータースライダーがすっかり気に入り，順番を待つのもまどろっこしいようで，我先にと団子のように重なり合って滑り降りる。滑り降りるスリルと水にドボンと浸る感じがたまらないようだ。その気持ちを損ねないように，「もういいかい　まぁだだよ」と声を掛け合い，前の友達との間合いが保てるように，一緒に滑りながら働きかけて来た。

「ウルトラマン滑り」と，手をまっすぐ伸ばし足を持ち上げるような姿勢で滑り降り得意になっているH男さん。そしてラッコのようにくるくる回っている様子を，滑り台の上から「もういいかい」と笑いながら待っているA子さん。二人の間に優しい空気がなだれ込む。行動的なH男さんはこわい存在で，これまで距離を置いていたが，この日を境にH男さんを「おばけ」と言って追いかけるようになった。

〈ラブタッチ〉（7月6日）

水遊びを終え，全身ずぶぬれになった子どもたちの身体や頭を拭きながら，冷たくなった手を私の頰にあて「先生のほっぺあったかーい　G男さんの手は冷たくって気持ちがいいね」と頰ずりをしている。とても穏やかな瞬間だ。自分もやってもらったり，傍らで見ていたりしているA子さんは，そのことがすっかり気に入ったようで，着替えをしている友達の頰をいきなり両手でぱちんとはさんでは「あったかーい」と言っている。私にはとてもほほえましく心温かくなる光景で思わず笑みがこぼれたが，子どもたちは何のことか分からず「Aちゃんがたたいたぁ」と戸惑ったり，泣いたり，怒ったり，たまったもんじゃないといった感じである。が，A子さんの笑い声に心根は伝わるようで，すぐに気は収まるようだ。

〈援助の視点〉

・「ラブタッチ」と友達の頰を触ったり，好きな友達に抱きついたりと，友達への関心が高くなったが，ともすると一方的な関わりとなるので，互いに嫌な気持ちが残らないよう，リズミカルに応え，ユーモラスな雰囲気が漂うように心がける。
・顔や頭や足が描かれ，とても気持ちをリラックスさせて描いている。排尿の自立も促され，「自分で」とたのもしく，生活が充足することで身辺の自立が促されることが分かった。

〈この1ヵ月を振り返って〉

水しぶきがはじけ飛ぶように，A子さんの笑顔もはじけ，「6月のあの泣き顔はなんだったんでしょうね」とお母さんが笑い，私とお母さんのつながりがぐっと深くなったと感じる。

生活も遊びも安定してきたことで，周りの人への関心が高まり“大好き！”という気持ちがあふれ「ラブタッチ」と頰に触れる姿が愛おしい。ラブタッチしながら，自分と相手の間も感じ取っているのだろうか。H男さんはおばけ，

A男さんはいかん，D子さん好きと表現したり，泣いている子を見ると「おかあさん」（おかあさんがおらんで泣いとるの？）と思い遣って，自分の膝に抱こうとしたりする姿が微笑ましい。「せんせいしっこ」とつないでくる手が離れたことがどこか寂しく感じる私。〈絵画表現4：「おかお　おかお」〉（資料参照）

(7)「いいよ」（9月）

〈いいよ1〉（9月6日）

A子さんは巧技台の上に立ち，「おばけがやってきて……」とまるで絵本の読み聞かせをしているかのようにずっと話し続けている。巧技台の上からジャンプして遊びたいD男さんたちにとってはじゃまでしかたがないが，A子さんの横をするりとかわしては飛び降りていた。しばらくするとA子さんが「痛いことした」と泣いて飛んできた。見るとおでこが赤くなっている。D男さんが顔をこわばらせながら仁王立ちしている。状況は一目瞭然なのだが，激しく泣いているA子さんを抱きながら，D男さんに「どうしたの？」と尋ねると「だって　ごちゃごちゃうるさかったもん」「Aちゃんどいてくれんかったもん」と声を震わせながら応えた。D男さんもまさかこういう風になろうとは思っていなかったのだろう。泣くA子さんを前にして立ちすくむ姿に，しまったという気持ちがあふれていた。「どいてほしかったDくんの気持ちはわかるけど，押すのはいかんね」と話すとD男さんは「ごめんなさい」と謝った。すると大声で泣いていたA子さんはぴたりと泣き止み「いいよ」と応えた。素直に謝れるD男さんと，D男さんのことばを受け止めて自分の気持ちを立て直したA子さんの気持ちがうれしくて，私は二人の手をつなぎ弾むような気持ちで保健室まで歩いて行った。その後ろを心配そうについてくるE男さんも愛おしかった。この日以来D男さんを見ると「おばけ」と言ってはうれしそうに逃げまわるA子さんである。

〈いいよ2〉（9月8日）

偏食の激しいA子さんは，園でも家庭でもご飯と牛乳しか食べない。A子さんの傍らでおかずは私が食べ，さり気なく汁物や果物をすりつぶして口へ持っていくと，受け入れて食べるようになってきている。用心深くするA子さんがとてもかわいらしく思えるひと時である。家庭では全く食べないパンや果物・みそ汁を口にするようになり，お母さんもとても喜んでいる。
　当然給食はいつも一番に終え，歯磨きも終わると，ままごとコーナーでどっぷりと遊び始める。テーブル一面にごちそうを並べたり，「ちょっと主婦の店行ってくるわ」とショッピングカートを押して買い物に出かけたり，「はいお茶です」と私のところに持ってきたりと浸りきって遊んでいる。その楽しげで穏やかな雰囲気に引き込まれて，食べ終わった子どもたちが「Aちゃん　いれて」と声をかけると「いいよ」とこだまする。

〈援助の視点〉

・偏食というといろいろな物を食べさせることへ目が向くが，偏食ゆえに周りと遊び出す時間差が生まれ，みんなの前でA子さん自身が楽しげな雰囲気を醸し出すことが出来，A子さんが主導で遊びが展開される場を持つことが出来た。偏食も見方を変えれば捨てた物ではないなぁと私自身が思えたことで，今までにましてゆったりと給食に寄り添えるようになり，その結果少しずつだが口にする物が増えてきている。一石二鳥である。

〈この1ヵ月を振り返って：9月〉

　A子さんが，巧技台や積み木の上で声を出して絵本を読み聞かせている様は，「ごちゃごちゃうるさかったもん」というD男さんの表現がぴったりその状況を言い当てている。場の状況にそぐわないので周りの子どもたちからはそう見えるのだろう。と思うと，A子さんに惹き込まれて隣で同じように絵本を読む子どももいる。固定観念をもたない子どもの繋がりは，とてもシンプルで面白くそして優しい。こうしてつながってきたからこそ，「ごめん」ということばに素直に「いいよ」と応え，泣き止むことが出来たのだと思う。
　また，一人で存分に自分のイメージに添って遊ぶ場と時間が保障されることで，遊びきった満足感が自分を輝かせ，周りを惹き込むエネルギーになって，そこに新たなつながりが生まれてくるようだ。〈絵画表現5：「手と足がびゅーっ」〉（資料参照）

(8)「O子ちゃんどこいった」（10月）

〈O子ちゃん　むかいにいってくる〉（10月1日）

　朝の身支度を済ませるや否や，「O子ちゃんむかいにいってくる」と私に告げ，「O子ちゃん」「O子ちゃんどこいった」とつぶやくようにささやきながら，

O子さんを探しに思い出の森の方に向かって行く。O子さんに出会うとぱっと顔が明るくなり，「ひよこ　ひよこしよう」と誘っている。「ひよこ　ひよこ」と調子をそろえ，O子さんは弾むように，A子さんはその後ろをちょこちょこと，まるでひよこのような足取りで保育室に戻ってくる。さっそくスカートをはき，買い物袋をもって，絵本屋さん（本棚）に出かけ，２人が声を揃えて「ひよこひよこ」（ひよこのえほんください）と言って買い物袋に入れ，２階建ての家に戻ってくる。袋ごと階段の桟にかけ，再び絵本屋さんへ出かけていく。「おばけください」「ノンタン」「こぐまちゃん」……　たちまち絵本は売り切れ，２階は絵本の山になる。その中に座り込み「ノンタン　あっかんべー」「うんちぃ」「ぴっかぴか」と言っては笑いこけている。ことばの響きと２人の波長とが響き合って，なんともほんわかとした居心地のいい空気に浸りきっている。少し離れたところで見守る私もゆるやかーな気持ちになり，惹き込まれてつい笑ってしまう。

〈O子ちゃん　やって〉（10月12日）

トイレから「O子ちゃんやってよ」「もう　Aちゃん　できるでしょう」「やってよう」と，A子さんとO子さんの掛け合い漫才のようなやりとりが聞こえてきた。そっと覗いてみると，O子さんがA子さんのパンツをはかせてくれていた。どっぷりとO子さんに甘えているA子さんとお母さんみたいなO子さん，２人の光景はパステルで描かれた１枚の絵のようだった。私に気がついたA子さんは，照れくさそうにあわててズボンを自分ではいて保育室に戻っていった。「もう　Aちゃん　できるのにねぇ」とO子さんと目で頷き合った。

次の日，A子さんは，便器に座りながら「O子ちゃん　ここにおって」とO子さんを呼び止めていた。A子さんがまだ排尿の自立が出来ていなかった頃，私がA子さんのお腹をさすりながらおまじないの歌を歌っていたように，O子さんにそれをやって欲しかったようだ。

〈援助の視点〉

「先生おしっこ行こう」と私の手をすっとつかむことがなくなったことが，うれしいような寂しいような気持ちでいたが，私がしてきたことを好きなO子さんに求め，愛着を表現していることがうれしくてたまらなかった。自分と好きな人と気に入った遊びの三項関係が充実することが，自分や人へのつながりを深める基盤であるとしみじみ感じた。

〈この１ヵ月を振り返って：10月〉

寝ても覚めてもO子ちゃんというくらい，O子ちゃんと馬が合うようだ。今までは，A子さんがO子さんを追いかけていたが，今は「ひよこひよこ」「きゃあ――」「おばけ――」とリズミカルなことばの響きに心も響かせ，ころころころげまわる２人。２人がクラス全体にユーモラスでほんわかした雰囲気を醸し出してくれる。気持ちが和らぐので，周りの子どもたちのつながりも柔らかくなるようだ。

絵本の読み聞かせや，トイレの中でのお腹ぐるぐるなど，私をモデルとしてくれていることもうれしくてたまらない。〈絵画表現６：「Aちゃん　かいて」〉（資料参照）

(9)「いまは朝やで夜はいかんの」（11月）

〈いまは　朝やよ〉（11月７日）

A子さんは，O子さん・S子さん・C子さんたちとままごとコーナーで，それぞれお母さんやお姉さんになりきって遊んでいた。２階に布団を運び込み，O子さんとごろんと寝転び顔をみあわせては笑っていた。その時に，窓際の絵本が置いてある陽だまりのコーナーで，D男さんやF男さんらがおばけの絵本を見ながら「夜になりました。おばけ――」と声を揃えて笑っていると，いきなりA子さんが「今は朝，夜じゃなぁい」と叫び声をあげ激しく泣き出した。さらにD男さんたちのそばに行き「今は朝！」と叫んだ。A子さんの剣幕に一瞬びっくりするものの，再び「おばけ――」と遊ぶ姿に，A子さんは「朝って言ってるでしょう」と地団駄を踏んで怒っていた。その声はますます激しくなるので，私は，「Aちゃんは，朝がよかったんやね」と手をつないでままごとコーナーに戻り，「ここでおはようってやっていたものね，Dくんたちはあっちのところで夜って言ってたね，じゃぁこっちのあたり（製作しているところ）はどうしようかぁ」と空間を仕切ってみせることで気持ちを切り替えようと話しかけた。A子さんはぴたりと泣き止み，再びO子さんと「朝　おはよう」と遊びだした。私の話が分かった訳ではなく，自分のこだわる気持ちを聞いてもらえたことで遊びに戻れたように思えた。また，何ごともなかったかのように遊んでいるO子さんやS子さんがそこにいるので，すっと遊びの世界に入り込めたように思う。片づけが終わり給食の時間にかかった時に，A子さんはD男さんに「いまは朝やよ」と念を押していた。「朝だからもう夜の話をしてはいかんよ」とだめ押しをしている姿に，Ａ子さんのことばにならない気持ちがあふれていた。

〈ここは　おふとん〉（11月17日）

Ｋ子さんやC子さん，Ｉ子さんがウレタン積み木をマットの上に並べ「ここはお船」といって船に乗ったり，船の上でご飯を食べたりして遊んでいると，Ａ子さんが２階から降りてきて「ここはおふとん」と叫び声をあげた。Ｋ子さんたちは全く動じることなく「ここはお船やよ　ねっ」と遊びを続ける姿にさらに「おふとん！」と激しく叫んでいた。Ａ子さんにイメージがあるように，周りの人にもイメージがあることを知るひとつのきっかけと思い，その様子を見守っていると，C子さんが「もうしようがないなあぁ，じゃぁここをおふとんにしよう」と少しスペースを空けてくれた。その狭いスペースに「おふとんおふとん」とＫ子さんやＩ子さんがごろんと寝そべった。マットを全部明け渡して欲しいと思っているＡ子さんは，「ここは　おふとん」と泣いて訴えていた。私は，そろそろＡ子さんに寄り添って一歩譲ってくれたC子さんの気持ちや，そこにこだわるＡ子さんの気持ちも皆に伝えようと立ち上がろうとしたその時，２階からO子さんの「Ａちゃん　おせんたく」という声がかかった。Ａ子さんは，ぴたりと泣き止み，２階に戻ってせっせせっせと「おせんたく　おせんたく」とスカートを桟に干していった。O子さんの絶妙なタイミングとことばに脱帽。つい納得させようとしている自分が恥ずかしかった。

〈援助の視点〉

・余分な情報もすべて拾ってしまうことで生活のしにくさを感じているＡ子さんのはがゆい気持ちを受け止めたいと思っているが，つい諭すことになってしまうことが情けない。

・生活の中でも，常に足のうらを触わったり，キーンとした音（皆好まないが）を嫌がったりすることがあるが，その行為を止めるのではなく，“なくてななくせ”という気持ちで見守ろうと母に話した。

〈この１ヵ月を振り返って：11月〉

自分たちにとっては，全く耳に入らず気に留めないことで，Ａ子さんが不快感を表すので，Ａ子さんの思いは全く相手にされない。Ａ子さん一人がもやもやとし，いらいらしてしまう。なんとかその状況を互いに分かり合えたらとつなぎ役を試みるが，気がつくと諭すことばかり……　その点，子どもはすごい！　遊び込むことで消化してしまうのだから。私は，遊びの場と時間と遊びやすい雰囲気を醸し出し，そして何より一緒に遊び込むことが，互いのつながりを育むものであることを子どもに学んだ。〈絵画表現７：「Ａちゃんもつくる」〉（資料参照）

⑽「いつも先生が……」（12月）

〈Ａちゃんはいつも先生がてつだってくれとるねぇ〉（12月２日）

「Ｂ男はつよいよ」と給食のおかわりをし，１番に食べ終えることにはりきっていたＢ男さん。そのがんばりは「家ではあんまり食べないんだけどね。私の料理がまずいのかしら」とお母さんが驚く程だ。

12月に入り胃腸風邪気味だったＢ男さんは，給食の途中でもどしてしまった。次の日，朝から何となく浮かぬ顔，給食時にはさらにおろおろし始めたので，Ｂ男さんの隣に座り様子を見守っていた。食が進まずうつむき加減だったＢ男さんは「Ａちゃんはいつも先生が手伝ってくれとるねぇ」と漏らした。体調がすぐれない今日は「先生手伝って」と言いたいけれど，強い自分へのあこがれを抱く自分には言えず，心細い自分との間で揺れ動きすっかり疲れたＢ男さんにとって，いつも隣に先生がいて食べさせてもらったり，苦手なものは先生が手伝って食べてくれたりしているＡ子さんの食べ方は，ハードルが低くうらやましく思えたのだろう。次の日もＢ男さんの隣に座ると，Ｂ男さんは「なんで今日もぼくの隣なの」「Ｂ男くんの給食美味しそうだから，ちょこっと分けてもらおうと思って」と声をかけ，Ｂ男さんのあまり好きではない豆腐をつまんだ。しばらくすると「先生，Ａちゃん手伝ったらな」とＡ子さんを心配してくれた。自分もＡ子さんと同じように守られていると安心したＢ男さんの心にゆとりが生まれたようだ。Ａ子さんはいつもと変わらずご飯を食べていた。

〈援助の視点〉

「いつも先生が……」と言うことばにはっとした。当たり前のようにそこに座っている私がいたからだ。青野菜や椎茸が苦手なＤ男さん，Ｉ子さんや，食が細いＣ子さん，Ｋ子さん，食べることよりおしゃべりが楽しいＨ男さん，Ｆ男さんら一人ひとりのところを回りながら最後にはＡ子さんの隣に座っていた。そのことに私は何の疑問も抱かなかった。「私の隣に座って」ということばを暗黙のうちに私が言わせなかったのかもしれない。この日からいろいろな所に座るようにしたら，S子さんが「こっち」と手を振ったり，T男さんが，「どうして人参が嫌いなの」と聞いて来たりと，また違った風景が見えて来た。A子さんと同じように自分も受け止められているという信頼感が，相手へ温かいまなざしを向けることにつながることを実感した。

〈この１ヵ月を振り返って：12月〉

B男さんのことばが深く胸に残る。A子さんの偏食が強い様子を，「ごはんが好きなんだね」とあるがままを捉える子どもの寛さに，目からうろこが落ちる思いがし，あるがままを深く見ていこうと心に銘じた。「いつも先生が……」とついこぼしたB男さんのことばに，私は深く目を届かせてきたのだろうか……　見つめているつもりのまま歩いてきたのではないだろうかと強く揺さぶられた。落ち込む私に同僚が，「B男さんが本音をこぼせる先生との関係があればこそ，とも受け止められるんじゃなぁい」と声をかけてくれ，少し目の前が明るくなった。

子どもも保護者もそして教師も，自分が受け止められている・必要とされているという信頼感が，つながりを濃いものにしていくと思えた。〈絵画表現８：「どんぐりやさんです」〉（資料参照）

⑾「サインは○○○」（１月）

〈ゆき　ゆき　ゆき〉（１月13日）

一夜のうちに園庭が真っ白な雪におおわれ，子どもも雪国育ちの私もわくわくし，朝の身支度もそこそこに園庭に飛び出して行った。F男さんやH男さんは思い切り狙って雪玉を投げてくる。B男さんやA男さんは二人でつるんで投げてくる。E男さんやD男さんはとても逃げ足が速い。T男さんは，滑り台の上から投げてくる。それぞれの投げ方が面白いと思いつつ，みんな私を目がけてくるので笑っている場合じゃない。雪国で鍛えた技で真っ向勝負。背後から「ゆき　ゆき　ゆき」と，はしゃぐ声が聞こえ，振り向くといつの間にかA子さんも仲間入りしていた。「ゆき　ゆき」と投げるというよりもふわっと雪を振りかけるよう相手に向かっている。男児が向かってくると「きゃ―――」と私を盾に逃げ足の速いこと。A子さんが私の足にもつれ二人で転んでしまい，ここぞと男児から総攻撃を受けることとなった。「きゃ―――」とA子さんと抱き合った。

雪で濡れた頭と心地よい汗を拭いていると，「まぁあかんわ　こうも雪が降ると洗濯もんが乾かんで」とぼそっとつぶやくＡ子さんの方言に大笑い。

〈神経質と神経質なので　こだわるんでしょうかねぇ〉（１月30日）

『おじさんと遊ぶ会』が行われ，野菜を切って芋煮を作り，その後親子で運動遊びを楽しむ会に，家族で参加して下さった。大勢の人に圧倒されたのか，その輪に入ろうとせずぐずるＡ子さんの手をひっぱるお父さんとお母さんの顔に不安が感じられた。さり気なくＡ子さんの手を引き，Ｏ子さんの隣に並ぶと，ぱっと顔が明るくなり遊びに加わり，はしゃぐ姿に，お父さんは「すいませんいつも」と私に声をかけながらほっとしたようだった。ゲームでＡ子さんが離した風船を全力で追いかけるお父さんの動きがとても楽しそうだった。お昼になり，芋煮とおにぎりを食べているとき，汁しかすすらないＡ子さんを見て，お父さんが「私も，家内も神経質なので，神経質と神経質なので，Ａ子もこだわりが強いんでしょうか」とつぶやかれた。

帰り際に，お父さんは園長先生を見つけ「ＰＴＡ会長をお引き受けできずに申し訳ありません」と深々と頭を下げてみえた。お父さんの誠実さを深く感じた。

〈援助の視点〉

・Ａ子さんが，顔以外の絵を表現するようになりとてもうれしい。雪合戦の楽しさや，リラックスし無心に描くことを楽しむ姿に，自分と周りをより見つめていることがうかがえる。また，描いた絵を見て，次の絵やことばが生まれてくるようにもなったので，私も自分の思いを素直に表し共感していきたい。

・お父さんと初めてお話したが，お父さんはご自身の事を神経質とおっしゃっていたが，というより，私は誠実な印象を受けた。そして，何よりＡ子さんが愛おしくてたまらない事がひしひしと伝わってきた。

〈この１ヵ月を振り返って：１月〉

お父さんがＡ子さんのこだわりが強い一面を神経質と捉えようとなさっている気持ちが痛いほど伝わってきた。神経質だからということばは，以前お母さんからも伺ったことがあるので，ご夫婦で不安を乗り越えようとしてみえることに心が打たれた。私に何らかの応えを求めているように感じ，クラスの子どもたちは，A子さんのこだわりのある姿を，「Aちゃんは○○が好きなんだね」と，好きな事として受け止めていることをお伝えした。〈絵画表現9：「ゆきやこんこん」〉（資料参照）

⑿「まっとったよ」（2月）

〈まっとったよ〉（2月7日）

結膜炎，中耳炎と立て続けにかかり，一週間休んでいたことや，併せて大好きな祖母も入院されたこともあり，幼稚園の登園を嫌がり，母親に抱かれながらやって来た。思い出の森の上から遅刻してきたA子さんを見つけたA男さん達が，「Aちゃんきたよ」と皆に向かって声をかけた。保育室にもその声が届き，女児達がテラスに出て来て「Aちゃん　まっとったよ　大丈夫？」と次々に声をかけた。皆の出迎えに，A子さんはぱっとお母さんの手から降り，靴箱へ急いだ。K子さんが「Aちゃん　まっとったよ」と顔を覗き込むと，A子さんは，ちょっとはにかみ「どこで」と応えながら保育室にいそいそと入っていった。その後ろ姿を見送りながら，お母さんと私は「さっきまでのやんちゃはどこへいったやら」と顔を見合わせて笑った。私はその場でしばし温かな空気に浸っていた。次の日“A子が皆の中で楽しく暮らしていることが分かり，うれしかった。皆がやさしくて目頭が熱くなりました。”と便りを頂いた。

〈ジュースください〉（2月15日）

年長さんがホールでジュース屋さんをオープンした。ふわっとした色花紙や数珠玉，紙粘土で作ったいちごやさくらんぼがあしらってあるパフェが本当に美味しそうに並べられていた。

めざとく見つけたO子さんとA子さんは，「ごめんください」と，喜々と出かけて行った。「Aちゃんはこれ」といちごパフェを指差した。ベンチに座って待っていると年長児がお盆に乗せて運んでくれた。二人顔を見合わせ「きゃっきゃっ」と歓声を上げながら食べた。

そして，食べ終わるとA子さんはいきなりカップをひっくり返し，中を空っぽにし始めた。それを見てO子さんも同じようにひっくり返した。二人は食べ終えたので空にしたようだ。床に数珠玉や飾りがばらまかれ，年長さんは唖然とした。「これはうそんこだから，そのままかえせばいいんだって」「しゃーないやん，小さい組やで」と床に散乱した数珠玉などを拾い集め始めた。年長さんの気持ちなどおかまいなしに，二人は次々と注文しては，食べる真似もそこそこに床に空けていった。数珠玉が飛び散る様の方が面白くなったようだ。せっせと何も言わずに拾ってくれる年長さんに感謝しつつ，見かねて私がことばをかけようとしたその時，年長さんが「もう売り切れになりました。またあしたにしてください」と声をかけ，二人は「はーい」と保育室に戻って行った。

次の日，二人はまだ開店していないベンチに座り「まだかなぁ」と待っていた。なかなか年長さんが来ないので，二人は保育室からカップや茶碗を持ち出し，机の上に並べ「いらっしゃいませ」と二人のジュース屋さんがオープンした。

〈Aちゃん　やっぱりきいろオニがいい〉（2月21日）

日頃の生活ぶりを保護者に見て頂く『楽しみ会』に向け，何をするか子どもたちに聞いたところ，口を揃えて「鬼の子あかたろう」という大好きな絵本が登場。そこで，赤・青・黄・緑鬼にグループ分けすることにした。それぞれの色のフープを置き，ピアノの音を合図に好きな色のフープに入った。赤のフープを選んだA子さんは，O子さんが黄色のフープの中にいるのを見て「Aちゃん　やっぱりきーオニがいい」とあわてて移った。その慌てぶりにO子さんへの思いがあふれていた。

〈むしゃむしゃのもり　やろう〉（2月27日）

鬼の子がすっかり気に入ったA子さんは，登園するや否や「むしゃむしゃのもり　やろう」とO子さんと私を誘い，鬼の子のスカートをはき，お面をかぶると，私にギターを弾くように促した。その様子を見て，U子さん，K子さん，I子さんらも加わり，「むしゃむしゃのもりに行こう！」と揃って出かけては「きゃ———」と走って戻ってくる。段ボールの家の中に群がって隠れ，しばし息を殺して再び「きゃ———」と逃げることを，再三繰り返して遊んでいる。ぼちぼち家から飛び出してくる頃だろうと待っていたが，いっこうに出てこないので，家の外から様子を伺うと「O子ちゃん大丈夫？　痛いの痛いの飛んでいけぇ」皆がO子さんの膝の辺りをさすっている。どうやら家に逃げ込む際に膝をぶったようだ。4人が手を当てる姿が何とも微笑ましく，家の外からその雰囲気に浸っていると，A子さんが「おかあさんくるでね」とさらに声をかけた。すると，I子さんが「わたしおかあさんやる」と家から出て来て，ままごと遊びを持ち込み，たちまちお家ごっこに変わっていった。「わたし　おねえちゃんね」とK子さん。O子さんはどうやら病気の子どものようでずっと寝かされていた。「そろそろ　暗くなって来たからお家に帰ろうか」と遊びの雰囲気を壊さないように片づけの時間が来たことを伝えると，「むしゃむしゃのもりはなぞのもり　なぁにがいるかわからない」とまた鬼の子に戻って家からぞろぞろ出て来た。私と目が合うと，鬼の子から子どもの顔に戻り，段ボールの家はタイムマシンのように思えた。子どもたちは現実の世界，想像の世界，絵本の世界と，いろいろな世界に行けていい。

〈援助の視点〉

・クラスの子どもたちの「まっとったよ」コールがうれしかった。入園当初からの私とA子さん，子どもたちとのやりとりが，皆の中に染みていたことに，私も目頭が熱くなった。

・年長さんがゆったりと付き合ってくれたことが，次の日にも遊ぶことへ繫がったと思う。ついその行為に目を留め注意を促したくなる私と違い，遊びの流れの中で区切りをつける年長さんの働きかけに脱帽。嫌な気持ちをもたずに遊びながら考える機会へと繫がっていくことが大切。

〈この1ヵ月を振り返って：2月〉

「まっとったよ」ということばが心地よく今も心に響いている。入園当初，登園を不安に思うA子さんをずっとテラスで待ち抱きとめて来た様子を，どの子も見守ってくれていたことがうれしい。A子さんと私との関わりを，客観的に見つめ，A子さんが自己実現していく姿を見届けていく体験が，自分もまた同じように受容されていくという信頼につながり，自然に「まっとったよ」と受け止めることばが響く。A子さんの育ちが周りの子どもたちの育ちでもあると，そしてもちろん私の育ちでもあると思った。〈絵画表現10：「きいろ鬼のお面を描く」〉（資料参照）

⒀「せんせいは　おらないかんの」（3月）

〈せんせいは　おらないかんの〉（3月10日）

チューリップ組の先生が出張だったのでひまわり組の子どもたちに「ぼちぼち　片づけやよ　先生はちゅうりっぷさんにも声をかけてくるからね」と働きかけて保育室を出た。ちゅうりっぷ組で片付けを終え，保育室に戻ると，全く片付けていない有り様に思わず「え―――っ先生がおらんくても（片付けできるよねって言ったのに)」と叫ぶ私の声を途中でさえぎるように，2階建ての家の上からA子さんが「せんせいは　おらないかんの　いなくなっていかんの」と叫んだ。すると，H男さん達も「せんせいは　おらないかん」と同調。ついさっきまでプリプリに怒ってとげとげしていた私の気持ちが一気に溶け，愛おしさがこみあげてきた。一人ひとりがとても重たくなっていることに1年の育ちを実感した。

〈援助の視点〉

・クラス全員でひとつ劇ごっこを経験したことで，皆がイメージを共有していることと，A子さんの楽しげな表現に惹き付けられ，数人の子どもたちが群がって遊ぶようになった。遊びを通して，同じ空気や肌が触れ合い，小さな日常が再現されることを大切にしたい。

・つい怒ってしまいそうになる私を，A子さんのことばやしぐさがふわっと包み込み，ひと呼吸あけることが有り難い。

〈この1ヵ月を振り返って：3月〉

楽しみ会では，お母さん達全員による『おおきなかぶ』の劇がとっても面白かった。どうキャスティングしたのだろうと思う程，全てが適役で，互いの持ち味を分かり合い楽しみながら劇をしていることが伝わって，心の底から笑った。後に伺うと，くじ引きで決めたそうだが，お母さん達の輪とエネルギーが，子どもたちが群れて遊ぶことにもつながっているとひしひし実感した。A子さんのお母さんからは，「今日の姿を見て，A子はA子なりにがんばっているなぁ。別に全部出来なくたっていいじゃん！　前まわりが出来なくても横まわりが出来るし，挑戦しようとする気持ちを認めてあげたいなと思いました」との感想があった。出来るにこしたことはないけど，出来ることより挑戦する過程に意味を感じてみえるお母さんはすごい！　お母さんとこれからもずっとつながっていたい。〈絵画表現11：「むしゃむしゃのもりはなぞのもり」〉(資料参照)

⒁ この1年を振り返って：人と人の《つながり》

「まぁそうも待っとらんでええって」～A子さんと私のつながり～

「まあそうも」ということばの裏側に「先生が待っとってくれるで来たんだよ」というA子さんのことばが聴こえとても愛おしかった。それと同時に，それまでの私は気持ちのどこかでA子さんの行動を“A子さんは○○にこだわるんだ”とこだわりにこだわって捉えていたように思え，深く自分を省みた。やんちゃを言ったりぐずったり，笑ったりひらめいたりと全てをひっくるめて愛おしいと感じた時に，A子さんと私のつながりがしっくりしたものとなった。そして，そのつながりを基盤に，遊びやまわりの友達に目を向け，さらには，「自分で」ということばにつながったように思う。

「むしゃむしゃの森はなぞの森」～A子さんの自分とのつながり（自己信頼感）～

鼻歌を歌ったり，時には「おばけがにゅっと出てきて？」と自分の中のイメージをしゃべったりしながら無心に絵を描いている姿に，A子さん自身が自分を表現する手段を心得，自分に信頼を寄せていることが感じられる。「先生がおるで」という安心感と，「○○が好きなんだよね」と認め，ともすると自分の一方的な関わり方にも「拍手（握手）するよ」と受け止めようとしてくれる周りの友達とのつながりが，自己信頼感を育んでいったと思える。17人の子どもに17通りの環境を配慮することが必要であると考え，一人ひとりの自己信頼感が高まるように心がけてきたことも大切な支援だったと思う。

「ごはんが好きなんだね」～A子さんと友達とのつながり～

偏食が強くごはんしか食べないことに，母や私は目が向いてしまうが，当のA子さんは「お昼寝」と狸寝入りをしながら間合いを保ち，まわりの子どもたちは「Aちゃんはごはんが好きなんだね」とありのままを肯定的に受け止めていることに目からうろこが落ちた。○○しかと捉えると，その○○をなんとかしなくてはという思いになるが，好きなことと捉えると，好きなことを生かしてという思いになる。捉え方で大きく支援の方向が変わってしまうことを子どもたちから学んだ（5月下旬という学期の始まりで本当に良かった）。

腕全体で力強くぐるぐる描きをしたり，「自分で」と靴を履こうとしたり，友達と場を共有しながら思い切り水遊びを楽しんだり，狸寝入りをしながら間合いを保ったり出来るようになった頃より，友達への関心が高まってきた。生活の中に自分という足場が出来たから友達へ目を向けたことが分かる。ラブタッチと頬ずりをしたり，膝に抱きとめたり，ちょっかいを出しては逃げたりしながら，相手と自分の関係を見ているようだった。友達へ働きかけていくしぐさやことばが，私が日常子どもたちに接している姿そのもので，改めて子どもたちにとって，私の存在が環境そのものであることを実感し，身が引き締まる思いがした。

次第におおらかでA子さんの「きゃあー」「ひよこひよこ」などのことばのリズムに呼応するO子さんと気が合い，2人で転がるように群れて遊び，互いの支えとなった。

身体の調子が悪くうかないB男さんが「Aちゃんはいいね」とつぶやいた。困った時や気持ちが萎えている時等に，いつもさり気なく私が傍らにいるA子さんがうらやましく思えたようだ。A子さんの飾らない姿とA子さんが回復していく姿を見つめ，自分もまたA子さんと同じように受容されているという信頼感が，自分にも友達にも柔和な気持ちをもち，つながりが濃くなると思った。また，A子さんの興味のある遊びに周りの子どもたちが集い，そこに遊びの渦が沸き起こるような柔和な環境構成に心がけてきたことも友だちとのつながりをもたせたと思う。

「1学期はがまんがまんでした」〜お母さんと私とのつながり〜

1年を振り返り，始めの1学期は泣いていたなぁ　2学期はやっとまわりに目を向けることができ，友達の存在に気付き始めたなぁ　3学期は毎日が楽しい，幼稚園って楽しいって思え，娘の成長を感じとることができます。というお便りを頂き，「1学期はがまんがまんでした」と笑うお母さんの気持ちが，一緒にその時を踏ん張った私には痛いほど分かる。本当に良く我慢して連れてきて下さったと感謝の気持ちでいっぱいであり，ひとつの山を共に登ったことが，さらに，つながりを深いものにしてくれたようだ。

⒂ 私からのコメント

和仁先生の加納幼稚園の「思い出の森」には樹齢400年の1本の雄大な銀杏の樹があります。その園の保育の目標には，「この大銀杏のように大地に根を張り，大空に向かって伸び伸びと育って欲しい」という願いが描かれていました。昨年，初めて和仁先生とお会いした日，私はこの雄大な大銀杏になぜかほっとするものを感じていました。子どもたちはこの銀杏の樹に守られているかのように，存分に遊び込んでいたからです。

この事例に登場するA子さんも，この穏やかな環境と，それにマッチした穏やかな先生の関わりのなかで，まずは安心の基盤をかたちづくり，そこから徐々に自分の持つ力を芽吹かせていったのでしょう。

とても感動的な事例エピソードを読んだ後には，中途半端なコメントはかえって邪魔かとも思いますが，ここに取り上げられた数々のエピソードには，やはり見逃せない重要なポイントがいくつもちりばめられています。蛇足を厭わず，再度それに読者の注意を喚起して，この事例エピソードの意味（意義）をおさらいしておきたいと思います。

まず入園式からの1ヵ月を振り返ると，3歳から集団生活を始める子どもたちが，その新しい場で落ち着かなかったり，泣きわめいたりするとき，子どもの内面では不安が大きく渦巻いているのだということが改めて分かります。最近はその負の行動を制御して適応的な行動を取らせるのだといういかめしい保育論や療育理論が横行していますが，そうではなく，その不安な気持ちを保育者がゆったり受け止めることが保育の基本なのだということ，そしてそれには何よりもその場がゆったりした雰囲気を持っていることが大事なのだということが，先生の穏やかな筆致に垣間見えてきます。A子さんのように人との関わりが難しいと思われる子どもも，安心の場を確保すれば，そこから次第に自分を発揮できるようになることが，本当によく分かります。

他方，5月の〈大雨　降る〉のエピソードからは，弾けるような子どものエネルギーが感じ取れます。これが従来の経過記録と違うことは一目瞭然でしょう。そして子どもたち一人ひとりの思いを受け止め，あいだを調整しながら，先生の思いを適切に子どもに返していく様は，和仁先生の並々ならぬ力量を読み手に感じさせます。

〈Aちゃんお昼寝〉のエピソードなども，たいていは「わがままな子」という目で見られかねない場ですが，それをこのように受け止めていけるのは，先生が大人の側から子どもを見るのではなく，子どもの側からこの場面を見ようとしているからだと思います。また偏食を取り上げた場面（9月の〈いいよ2〉のエピソード）でも，どうして食べさせるかと発想するのではなく，「A子さんの偏食によって子どもたちのあいだに遊びだす時間差が生まれ，A子さん主導で遊びが展開されると考えれば捨てたものではない」と発想できるのは，先生が大人の都合からではなく，子どもの視点からその場面を見ているからこそだと思います。

次に，９月の〈いいよ１〉のエピソードは，子どものあいだにしばしば見られるトラブルを描いたものですが，これを読むと，Ｄ男さんの気持ちも，Ａ子さんの気持ちも，そして先生の気持ちもよく描かれていて，それぞれの気持ちがお互いに繋がるからこそ，最後に「ごめん」「いいよ」で終わることができたのだということが，読み手にしっかり伝わってきます。昨今は，誰が悪いか，誰が被害者か，その白黒をつけて，黒には×をというように，行動水準での議論が横行し，子どもの気持ちがかき消されているように思います。このエピソードのように，自分から進んで「ごめん」「いいよ」と言える背景には，目に見えない気持ちと気持ちの繋がりがあり，さらに言えば，日頃，保育者にしっかり自分の気持ちを受け止めてもらっているからこそ，他の子どもの気持ちを受け止めることができるのです。このエピソード場面からは直接に捉えられない，保育者と子どもの関わりの歴史がそこに隠されていることも，見逃せないように思われます。

11月の〈いまは　朝やよ〉のエピソードも本当に素晴らしいエピソードだと思います。Ａ子さんの「いまは朝で夜ではない」という主張は，それこそ広汎性発達障碍を疑われたＡ子さんの「こだわり」とも「しつこさ」とも取れる場面ですが，しかしよく考えてみれば，子どもたちがそれぞれの遊びの中でイメージしているものが食い違うのは，３歳半ばの年齢からして当然です。その当然とも思える衝突に対して，「ここは朝，むこうは夜，じゃあこっちのあたりはどうしようか」と咄嗟に空間を仕切って対立をずらし，子どもたちの気持ちが切り替わるようにもっていくところなど，現場の担い手ならではの見事な対応だというほかはありません。どちらかに加担しすぎてもならず，さりとて子どもたちに任せるだけでもなく，それぞれの思いを受け止めて，「さあ，どうしようかぁ」とゆったり構えるというのが基本なのでしょうが，それを実践するのは本当に難しいのです。

11月の振り返りの中で，先生は「私は，遊びの場と時間を遊びやすい雰囲気を醸し出し，そして何より一緒に遊び込むことが，互いのつながりを育むものであることを子どもに学んだ」と記しています。この箇所を読んだとき，私は何度もうなずかずにはおれませんでした。何度もうなずいてしまうのも，本当にいま保育の場で子どもたちが遊び込む状況にあるのか，疑わしいと思わざるを得ない場面に多数遭遇するからです。

取り上げれば切りがありませんが，1月の〈ゆき　ゆき　ゆき〉のエピソードも子どもの活動のエネルギー感が溢れる忘れがたいエピソードでした。また2月の〈ジュースください〉のエピソードはいかにも3歳児らしい遊びの様子です。そして3月の〈せんせいは　おらないかんの〉のエピソードは先生と子どもたちとの信頼関係がしっかり伝わってくるエピソードでした。

このように振り返ってみると，決してA子さんだけが図になった事例エピソードではなく，まさに他の子どもたちと共に生きるA子さんが取り上げられているのだということがよく分かります。

また，添付されている絵が月ごとに変化し，A子さんが一個の主体として充実していく様が，エピソードを通してばかりでなく，絵画表現を通しても分かるようになっているところが素晴らしいと思いました。1枚1枚の絵は子どもの絵らしくみなシンボリックな表現ですが，それを紹介する先生の短い文章も，詩のことばにも似て，とてもよく選びぬかれており，その絵を描くA子さんの気持ちがとてもうまく読み手に伝わってくる感じがしました。

保育はしばしば，大人主導で子どもを引っ張るか（させる保育），さもなければ子どものするがままにまかされるか（ほったらかし保育）の二極分解になる傾向がありますが，本来の保育はそのいずれでもないことがこの和仁先生の保育実践からよく分かります。まずは子どもの気持ちをしっかり受け止め，その上で保育者の思いを子どもに伝えるという，お互いが主体であるからこそ可能になる保育の原点が，ほとんどすべてのエピソードに浸透していたように思います。

大きな銀杏の樹のように，保育者が大らかに懐深く子ども一人ひとりを受け止め，とにかくゆったりと穏やかな雰囲気を醸し出すと，子どもたちは安心して遊び込めるようになります。本来はそれが子どもを育てる営みの根本だったはずですが，いまはそれが見失われ，とにかく先を急ぐことが子どものためであるかのような風潮が強まっています。そんな中で，A子さんを取り上げたこの事例エピソードは，保育の本質が何かを改めて考え直させてくれたように思います。

最後に，この事例エピソードはA子さんや他の子どもたちと先生が前景に出る内容でしたが，振り返りや援助の視点のところで折々に触れられているように，A子さんのお母さんの思いの変遷も，A子さんの育ちと平行していることを忘れるべきではないでしょう。子どもたちと先生が主旋律を奏でているとすれば，お母さんのA子さんに対する思いは通奏低音のように背景で響いています。A子さんとのこれまでの関わりを，和仁先生がA子さんのお母さんと共に歩んできたとまとめておられるところが心に残ります。

2．〈おもちゃの家〉で「育てられて―育つ」：エピソードで綴るある親子の成長

(1) はじめに

ここに紹介するのは，ある地方のある町で行われている障碍のある子どもとその親への支援に関する大変ユニークな一種のNPO活動です。障碍のある子どもをもつ親たちは，子育ての悩みや障碍の療育に振り回される生活に苦しみ，まずは親同士が横のつながりを持とうと，この地域の親の会である「いちごの会」を立ち上げました。その後，それまで保健所を中心に行っていた障碍幼児の療育事業をその「いちごの会」が行政の委託を受けるかたちで引き受けるようになりました。さらにその活動の一環として，就学前の障碍のある子どもとその親が気楽に通える場がほしいということになり，町と折衝した結果，町の支援によって「おもちゃの家」が設立されました。以下に紹介するMさんは，この「おもちゃの家」を他の支援スタッフと共に動かし，そこに週三日通ってくる親子と一緒に，子どもと遊んだり，親の悩みの相談に乗ったり，子どもた

ち同士の関わりを見守ったりと，支援活動（広い意味での療育活動）を行っている方です。

通ってくる親子（祖母と子どもという組もあります）は，自閉症が疑われたり，身体に麻痺があったり，視覚や聴覚に障碍があったりと，何らかの心配事を抱えた子どもとその親です。いまでは障碍児保育が制度的に充実してきましたが，それでも，さまざまな事情ですぐさま集団の場を利用できない親子がいます。けれども，家に閉じこもるのではなく，どこかに出かけて子ども同士が交わる場がほしいし，そこで悩みを語り合いたいし，相談に乗ってほしいし，と思っている親子は決して少なくありません。朝，「おもちゃの家」に集まって，一緒に遊んだりおしゃべりをたっぷりした後に，皆で昼食を摂り，昼過ぎには帰るというのが基本的なパターンです。

中には，隣の保育所の子どもたちの歓声に引き寄せられて，そこを覗きに行く子どももいます。いわゆる母子通園施設というのでもなく，また何かの訓練を意図した療育機関でもなく，その性格を一言で特徴づけることは難しいのですが，しかし，難しい子どもを抱えて日々悩む親には，本当に心和むひと時を過ごせる場であることは確かです。

私（鯨岡峻）は，この「おもちゃの家」を何度も訪れ，その場で親御さんの悩みを聞いたり，子どもたち同士の関わり合いを眺めたりしてきました。先にも述べたように，そこでは何か特別のプログラムに従った療育活動があるわけではありません。しかし，子ども同士が関わり合い，それを親同士が見守り合っていくうちに，たいていの場合，子どもには必ず成長の兆しが現れ，時間と共にそれが次第にはっきりしたかたちになってきます。また，来室した最初の頃は硬い表情だったお母さん方が，お互いに打ち解け，和み，いつしか表情が柔らかくなっていきます。場を共にする，場を共に生きるということが，子どもだけでなく親をも成長させる力をもつのだということを，私はこの「おもちゃの家」で数々の親子を見るなかで学んだように思います。来室された頃は，「ことばを話さない」ということで悩んでいた親も，１年後にはことばを話すわが子に出会えることが大半です。最初は他所の子どもとおもちゃの取り合いになって，泣きわめいていた子どもたちも，一緒におやつをし，一緒に食事をする中で，仲間意識が芽生え，貸したり，借りたりができるようになってくるのですから不思議です。

もちろん，「おもちゃの家」は魔法の家ではありませんから，何もかもうまくいくというわけではありません。しかし，大きな集団の場では周囲とうまくやっていけずに多動気味になる子どもでも，この大人と子どもの数がほぼ同数で家庭的な雰囲気のミニ集団の中では，子どもはいつしか落ち着いて，自分の意図を周囲に表現できるようになってきます。そして何よりも，それまで希薄だった親子の心の絆が，親の心に余裕が生まれるとしっかりしてきて，そうなると子どもも親もとにかく生き生きしてくるのです。

そういう「おもちゃの家」の担い手であるMさんは，エピソード記述の勉強会の中心メンバーの一人でもあります。Mさんは，そこにやってくる親子の中から一組の親子に注目して，およそ1年間にわたるその親子の変容をまとめたのが以下の事例エピソードです。

(2) おもちゃの家を利用し始めた頃の様子　　「おもちゃの家」 指導員M・I

おもちゃの家利用は，平成1X年Y月1日（Eくん2歳6ヵ月）から。家族は父（35歳），母（31歳），祖父（65歳），祖母（62歳），本児（現在3歳8ヵ月）の複合家族。町の保健師さんからことばの遅れがあり，視線が合わず，こだわりがあるところが心配との指摘があり，おもちゃの家を母に紹介されたのがきっかけである。母は入院中の祖母の看護を手伝っていることから，当初は週1回の利用で始まった。

〈初めてEくん親子と出会った時の様子〉

Eくん親子が初めて「おもちゃの家」に来た時，部屋には既に5，6人の大人と子どもがいた。入口の方でEくんは誰を見ることもなく，固い表情をして立っていた。私の「おはよう」という声に反応はなく，声だけが素通りしていった。保健師，母，私とで少し話をしているあいだも，Eくんは母から離れることなくその傍にいた。3人の話が終わると母はみんなが遊んでいる方へEくんを誘った。Eくんはなんの抵抗もなく母に連れられ，黙って母の隣りに座ってみんなのままごとの輪の中に入った。母は他のお母さん方と話をしていたが，Eくんは何をすることもなく母の隣で座っていた。そのときのEくんの表情はとても固く，笑顔を想像することができないくらいだった。

保健師さんから，ことばが出ないことや視線が合わないこと，呼んでも振り向かないことなどを聞いていたが，そのことよりもEくんの人を寄せつけないような表情の固さがとても気になった。

母は明るくて，はきはきしていて，一見，誰にでも好印象を与えるような人だった。保健師さんからも，子どもへの接し方や声のかけ方が上手で，お母さん同士でよく子どものことを話される，いいお母さんだと聞いていた。少し話しただけだったが，一生懸命に子どもと向き合おうとしている姿勢が感じられた。

「Eは2歳になるのにまだことばが出ない」「何を言っているのか分からずイライラする，Eにもこっちの言うことが伝わっていないみたい」「Eのいうことばにならないことばの意味がわからず困る」などの心配事を他のお母さんたちのいる前で平然と話していた。そのせいか，母は何度もEくんにことばを言わせようとしたり，物の取り合いが始まるとすぐに相手の子に「ごめんね」と言い，それをEにも言わせようとしていた。初めての場でもあり，必要以上に気になったのかもしれない。「ごめんね」を言わせたくて，Eくんの体をくすぐったりもしたが，それでEくんが言えるようになるはずもなく，それを見て母の表情は険しくなるばかりだった。たいていの母親は，子どもの顔や表情や口調やそぶりを見て，出方を変えるものだが，Eくんの母はまるで自分の気持ちをすっきりさせるかのようにEくんに向かっているように見えた。

そんな母に，「ことばに関しては，物を手にしたり見たりしているときに声を出しているので，話をさせようとせずに，好きなように声を出させてあげた方がいいですよ」と伝えると，母は「そうなんですね」と真剣なまなざしで聞いていた。

その話し振りは，人なつっこく，明るく，「分からないことは分からない」と割り切った感じで，実に淡々としている。他の母親ならば，涙声になったり，目頭を押さえたりする内容だが，Eくんの母は言いにくそうなところが無く，率直と言えば率直だが，私にはそれがひっかかった。話の明るさや人当たりのよさの裏側に，どことなく違和感を感じてしまうのだ。この違和感はどこからくるのか。Eくんと同じように人を寄せつけない感じでもあり，自分の内面に踏み込んで来て欲しくない母のバリアのようでもあり，母の背負う生活の重さのようでもあり，出所ははっきりしないが，ともあれその違和感が，私と母のあいだに不思議な距離をつくってしまった感じであった。

(3) おもちゃの家の利用が始まってしばらくした頃の様子

利用開始から1ヵ月が過ぎた頃，母とその年の4月からのおもちゃの家利用について話し合った。母の方から「Eが喜んでいることがわかる。家ではできない経験がここではたくさんできる。自分自身，話したいことがここでは気楽に話せる」などの話があり，できるだけ利用したいとのことで，4月からはほとんど週3回（毎回）の利用になった。

そして新年度が始まり，利用回数が増え，おもちゃの家にもすっかり慣れて3ヵ月が過ぎた頃から，Eくんに単語が出てくるようになった。また自分に要求があるときや何か聞いてほしいことがある時には，視線も合うようになってきた。友達が先に帰る時には，玄関まで行き「バイビー」と手を振る姿も見られるようになった。はっきりしない発音だが，友だちの名前も呼ぶようになってきた。

父は単身赴任で週末帰宅となるために，平日にEくんと顔を合わすことはほとんど無いという。いつも母とEくんの二人で過ごし，父が家にいる週末を楽しみにしているが，仕事で帰れないことも多く，母は時々友達の家を行き来したり，実家に行くなどしたりして気分転換を図っているという。それでも余裕が無くなると，週末にはEくんのことを父親に聞いてもらっているという。

母と話すうちに，父親は単身赴任だが病気がちであり，祖父母との関係も難しいなど，家庭内の難しい問題をたくさん抱えていることが分かった。しかし母は，そんな重い内容の話を初回面談のときと同じように，みんなの前でさらりと言ってのけてしまう。深刻な内容の話なのに，なぜかずしりと私の胸に迫ってくるものが感じられない。摑みどころがない感じ，何か繋がれない感じがあり，その違和感からか，私はそれからしばらくこの母に少し距離をおき，ことばを選んで対応をしていたように思う。正面から付き合うとこちらがもたないという感じもあったからだ。

確かに保健師さんの言うように，Eくんとはなかなか視線が合わず，またこだわりのように思える行動もあった。が，自分にもよく分からない母への違和感が母から距離を取らせ，そのためにＥくんからも距離を取ることになっていたように思う。Ｅくんが傍を通るときに，ちょっと声かけはするものの，それ以上踏み込めなかった。ことばを選んでＥくんの言動を母に説明することはあったが，いつもＥくんを遠巻きに見ていて，親子のあいだがしっくりこないことに，こちらがなぜかイライラしていたような気がする。

このように，私自身，問題の焦点をぼかしたまま半年以上の月日を過ごしてしまった。

⑷ エピソード１：〈ワイパー〉（11月）

〈背　景〉

家では，母が「今日は，おもちゃに行くよ」と言うと，Ｅはトイレへ行き，ご飯を食べ，着替え，母と一緒に駐車場に向かうらしい。この日は，ちょっと曇り空で，雨が降りそうな感じだった。

「おもちゃの家」に通うようになった６月頃から，車のワイパーの真似をして，両手を左右に動かし，動く自分の手を見ながら歩くようになった。雨や曇り空の時はもちろん，晴れた日でもどこに行っても歩きながら時々この所作をしている。車に乗った時に母がフロントガラスの掃除のためワイパーを動かしたことが，きっかけになったらしい。

〈エピソード〉

おもちゃの家には既にＳちゃん，Ｔくん，Ｙちゃんが来ていた。私は玄関の棚に広告紙を取りに出たところで，窓の外を見ると，Ｅくんが車から降りてきたところである。Ｅくん親子は私に気づいていなかった。母はＥくんを降ろすとすぐに玄関に向かって歩き始めた。母は振り返ることもなく玄関へ向かい，途中で私に気付き，入口でＥくんが来るのを待ち，「おはようございます」と言って入ってくる。いつものさわやかな笑顔とはちょっとちがっていた。Ｅくんは，車から降りるとすぐに両手を肘から90度曲げて指先までピンと伸ばし，ワイパーのように左右に振りながら歩き始めた。左右に振る手を見ながら何やらつぶやいている。玄関に入っても続き，「ウーンン，ウーンン」と言って手を動かしていることがわかった。私が「今日は雨が降りそうだね〜。おはようＥちゃん」と声をかけても，返事もなく続けている。Ｅくんが立ち止まったので，私も一緒になって手を動かして見ると，それを見て私の手の動きよりだんだん速く動かし，「ウーン，ウーン，ウーン」とかける声も間に合わないくらいの速さで自分の手を動かした。そうしてやっとEくんのワイパーは止まり，私と目が合ったEくんはにっこり笑った。私ははじめてEくんと気持ちが繋がれたと思った。心底嬉しかった。Eくんは自分でちゃんと靴を脱ぎ，そろえてから部屋に入っていった。その間，母はEくんと私を何も言わずに突っ立ったままで見ていた。

〈考　察〉

初めてEくんのワイパーの仕草を見た時は，おもしろいと思ったものの，このワイパーの仕草にどう対応すればいいのか戸惑った。しばらくは続くだろうと思ったので，特に反応することもなく，最初の頃は見て見ぬふりをしていた。

Eくんは自分のワイパーをゆっくり動かしたり，速くしたり，手の動きに合わせてゆっくり歩いたりしながら，走ってみたり，影に写したりして楽しんでいたので，止めようなどとは思わなかった。母には，Eくんはワイパーの所作を楽しんでいることや，しばらくの間は続くだろうと思うと伝えていた。母は，Eくんがどこでもワイパーのように手を動かしながら歩くので，できればそれをやめて欲しいと思いながら，でも，言ってもどうせ聞かないのだからと，無理にやめさせようとは思わないと言っていた。

そういういきさつが背景にあって，この日，偶然，玄関でEくんのワイパーの所作に出くわした。「おはよう」と声をかけたもののEくんからはもちろん返事はなかった。そのまま立ち去れない気がして，Eくんの真正面に座り，同じようにワイパーの所作をしてみた。真正面から見ていると，Eくんの表情が明らかに変わっていくのが分かった。Eくんのワイパーの所作が止まった時，Eくんは私の目を見て目が合い，笑い返してくれたのだ。

今までになく近いEくんとの距離に戸惑いながらも，「Eくんとは，ひょっとして繋がれるんじゃないか」と初めて思えた瞬間だった。

この日のエピソードをきっかけに，私の目はEくんを追うようになった。タイミングを見計らって話しかけてみたり，Eくんの近くで遊んでみたり，戦いごっこを挑んでみたりしていくうちに，Eくんとの距離は急激に縮まっていった。その意味で，このワイパーのエピソードは，Eくんと私との関係にとって，転機となるエピソードであったといえる。

(5) エピソード2：〈あたまがない〉(12月)

〈背　景〉

雨が降りそうで，寒い日だった。いつもはワイパーの所作で入ってくるEくんが，玄関に入ってくるなり何やら怒っている。Eくんの表情は固い。母も険しい顔で部屋に入ってくると，すぐに「もう大変でした」と話し始めた。

〈エピソード〉

Eくんは，表情を強ばらせ怒ってブツブツと独り言を言っている。とりあえず私は，Eくんのところへ行き「どうしたの？　ん？？」と訊くと，Eくんは大きな声で「ない，ない＊◇△□……」と話してくる。興奮しているせいもあり，ますます何を言っているか分からない。「何かがないんだね。何がないの？」と言いながら，あまりEくんを見つめることなく，つかず離れず様子をうかがっていた。しかし，Eくんは何かが無いことをやっぱり怒っていて，手を上下に振りながら怒りを顕わにしている。みんなが今日のEくんは手に負えないと思い始めていた。私は，きっと来る途中で何かを見たのだろうと思い，聞いてみようとEくんのそばに座った。Eくんは相変わらず立ったまま怒っていたが，「どうした？　なにがない？」と訊いた私の方を見てくれた。そのときには，もうEくんの目に先ほどのような怒りがなかった。ひと呼吸おいて，Eくんは自分の頭を指した。「あたま？」と訊くと，Eくんは「あたまがない」と言った。私が「ん？　なんのあたま？」と訊き返したところで，黙っていられなくなった母が「タクシーって，タクシーと書いた表示が車の上についていますよね。今日見たタクシーは，たまたま車の上に表示がついてなかったんです。ついてないのもあるよ，と何回も言っているのに，全然おさまらなくて，ずっと『ない，ない』って怒っているんです」と話してくれた。周りのみんながEくんは何を怒っているのだろうと気にしていたので，この母の説明に「あ～なるほど」とみな納得した。

みんなが納得した瞬間のすっきりした空気は，とてもおもしろく感じられた。みんながEくんの「ない」を探していて，その「ない」をみんなが自分なりに考えていたようでもあった。しかし，そこからが大変で，Eくんをどう納得させるのか，「それで，どうするの？」という空気に変わった。私はあまり考えることなく，Eくんに「そーかー，タクシーの表示がついてなかったのか。タクシーのここ（自分の頭を指し）についている三角のでしょ？」と訊いた。E

君はだんだん落ち着いて来ていて，「んーない，タクシーのあたまない」と答えてくれた。「じゃぁ，作るか」と私は言って，画用紙で△を作りマジックで「タクシー」と書いてEくんに渡した。Eくんは，納得してそれを自分の頭に乗せて走ったり，木の車に乗せて走らせたりしていた。すっかりいつものEくんだった。母は，タクシーの表示を作るあいだ，他のお母さんに車での出来事を説明していた。画用紙の表示で納得したEくんに母は「Eちゃんよかったね〜，先生作ってくれたね」と言った後，「どうなるかと思ったわ」と付け加えて言った。

〈考　察〉

後で考えると，Eくんの「あたまがない」という表現は，どうにかして欲しいということではなく，Eくんが私にそのことを伝えたかったのだと思った。そうでなければ画用紙で作った表示ぐらいで納得するはずがない。初めは表示が無いことへのこだわりだったかもしれないが，「おもちゃの家」での「ない」の表現は，表示がなかったことを伝えようとして言ったことではないかと思った。伝えて分かってもらう嬉しさや，人とのやりとりの楽しさを覚え始めているのかなと思った。

車の中でEくんが「ない，ない」と怒っている時に，母がEくんの「ない」を「ないね。なかったね。なんでないのかな」と共感できたらどうだっただろうか。きっとEくんをここまで興奮させることなく，「タクシーのあたまがない」事を伝えることができたのではないかと思った。母はEくんの言っていることをいつも説明しようとしたり，物事を分からせようとする。そこにEくんと母のあいだに平行線が生まれているような気がした。

私は，先のエピソード1でEくんと繋がれるかもしれないと思っていたこともあり，また受けた研修の中で，「子どもの問題行動にはまずたいてい何かの理由がある。障碍のせいにする前に，その問題行動が人との関係から生まれていないかを考えてみる必要がある」という講師の話に目が覚めた思いをしていたこともあった。そのせいか，今日の「あたまがない」という騒ぎも，Eくんはおもしろいことを言ってきたなあと楽しむ余裕さえあった。Eくんとは通じ合えるという確信にも似た思いを感じていた。

母には，Eくんの言っている事を受け止めてみたらとか，Eくんの思いを母がことばにしてやってみたらなどと，困った時には必ず母と話し合っている。

それを今後も続けていくことが必要だと思っているが，母は来年度から集団保育の場に行かせる希望もあり，どこまでこの母と繋がっていけるか分からない。

しかし，ともかくEくんはEくんである。母にも体全体で自分を表現するのがEくんらしさである。パワーがあってひょうきん者のEくんが私は大好きだと母に伝え続けているが，今のところは説得力に欠けていると思う。なぜなら「なんで怒るのかが分からない」「なんでこんなことを気にするのかが分からない」と，母の中にはEくんの理解しがたい言動が大きくなっているからだ。

私の中ではEくんを何とかしようなどとは思っていない。EくんはEくんのままでいいと思っている。しかし母のEくんへの思いは違う。Eくんと母，Eくんと私，私と母の線を結ぶ手だては何なのか，考えてはいるものの，見つからないままである。

(6) エピソード3：〈おんぶ〉（12月末）

〈背　景〉

12月末，恒例になった親子での「おもちゃの家」の大掃除の日。天気も良くみんなで窓ふきをしていた。私は，駐車場側から脚立に登って窓を拭いていた。そのうちにSちゃんが部屋から出てきて，Kちゃんも出てきた。掃除よりも脚立に登ることが楽しい二人は，登っては少し窓をふき，また登っては……を楽しんでいた。そのうち駐車場で遊び始め「よーい　ドン！」などと競争する声なども響き，掃除ではなく遊びに専念し始めた。その声を聞きつけたように，母のそばにいたEくんも母に連れられて外に出てきたが，母はすぐに部屋の中の掃除に戻って行った。

〈エピソード〉

「よーいドン」で走るより，自分で好きなように走りたいのがEくん。ひとしきり駐車場を走った後，溝蓋の上を「かん，かん」と音をたてて調子よく走っていた。溝蓋の調子のよい音が途切れたのでEくんの姿を探すと転んでいた。かけより「だいじょうぶ?」と訊くと顔をしかめている。「立てるかな?」と再び訊くと，もう泣きそうな顔だった。体を起こして，「痛いとこどこ?」と訊くと大きな声で泣き出した。母を呼んでいるのだとすぐ分かったが，母が姿を見せなかったのでチャンスと思い，私は「痛いとこ無いの?」ともう一度きいて，足を見た。大丈夫そうだったので，足をさすって「いたかったねー」と言ってみたが泣き止まない。泣き続けるEくんに，「Eちゃんおんぶしようか」と背を向けると，すんなりおぶさってきた。Eくんがおぶさってくるなど予想もしなかったので，正直，驚いたが，とても嬉しかった。当分降ろすのをやめようと思ったくらいだった。

Eくんは，大きな声で泣きながら背中にいた。駐車場を歩いているうちに本当に泣いているようには感じられなくなったので，「Eちゃん，これだれの車？」と訊くと「ママ！」とはっきりした口調で答え，また大声で「あーん，あーん」と泣き始めた。おもしろくなって「これは？」と次々に「おもちゃの家」に来ているお母さんの車を訊いてみた。「Kちゃん！」と答えて「あーんあーん」と泣き，また「Wちゃん！」と答えて「あーん　あーん」と泣き声を出していた。結局全部だれの車かを言って，転んだ場所に戻ると，駐車場の縁のところに，子どもたちの体よりも大きなゴリラのぬいぐるみが日に干されていた。KちゃんやSちゃんがそのゴリラに抱きついたり飛びついたりして遊んでいた。それを見ていたEくんは，私の背中から自分の手と足を思いっきり伸ばして，そのゴリラをめがけて飛びついて行った。

〈考　察〉

絶好の掃除日よりで，窓ふきに始まりエアコンの掃除と，大人はおしゃべりをしながら楽しい掃除の時間を過ごしていた。子どもたちも雑巾を片手に遊びながら手伝っていた。

こんないい天気の日に子どもたちが掃除を続けられるはずはない。そのうちにいつも走っている広い駐車場に出てくるに違いないと思い，駐車場側の窓を掃除していた。やはり一人二人と出てきて走り出した。Eくんも母に連れられ出てきた。母も一緒にいるのかと思ったら，Eくんを置いてやりかけた掃除にもどって行った。Eくんは母を呼ぶだろうと思ったが，一人で駐車場を走り始めた。

掃除をしながら子どもたちの姿をみていたが，Eくんはやはり一人で溝蓋の上を走っていた。転んだ時には母が出てくるだろうと思ったが，窓から覗いていただけで，Eくんもあっさり私におぶさってくれた。Eくんとは繋がれると思ってはいたものの，拒否されることも予想していたので，複雑な思いでEくんに背を向けてみた。Eくんが泣きながらおぶさってきてくれた時は本当に嬉しかった。

初めて「おもちゃの家」に来た時から，私はなぜかEくんには距離を置いていた。話しかけても返事は返ってこないだろう，素通りされたらどうしようとか，それを母にさとられたらどうしようといった不安があったからだと思う。

しかし，最近そういう思いはすっかり無くなっていた。それよりもEくんが次に何をするのか，何を見つけるのかを楽しみにするようになっていた。Eくんと向き合えず上辺だけの関わりのまま過ごしていた時が，とてもむなしく，もったいなく思えた。最近はEくんと向き合うことに何の抵抗も感じなくなり，「視線が合わない子ども，返事が返ってこない子ども」という暗示からも抜け出すことができ，Eくんとの繋がりを確信できた「おんぶ」だった。

(7) エピソード4：〈もうー，ダメでしょう〉（1月末）

〈背　景〉

いつものように給食をすませてみんなが遊び始めていた。Eくんと遊びたいTくんは，Eくんと戦いごっこを始めた。お互い恐くて痛いのは苦手だが，自然に遊び始めるきっかけとしては戦いごっこは都合がよかった。しばらくするとEくんはいやになり，他の遊びに移っていった。

〈エピソード〉

Tくんは，Eくんと遊びたい一心で，他の遊びに移ったEくんを追いかけた。Eくんは，Tくんに抱きつかれて動けなくなった。「やめて」と言わんばかりにTくんの手をはずした。それでもまたTくんは抱きつこうとして近づいて来る。Eくんはまた Tくんの手を軽く払いのけ，胸のところを押した。母が「E，だめだよ」と言ったので，EくんはTくんに背を向けておもちゃのピアノを持ち出すと，Tくんも来て使おうとする。Eくんは怒ってTくんの両手を摑むと，「もうー，ダメでしょう！」と，誰もが分かるくらいのはっきりしたことばでTくんの顔を見て言い，つかんでいた両手を放した。プンプン怒ってブツブツ言いながら，体全体で怒りを表しながら歩いていた。そんなEくんを，またTくんが追いかけた。

Eくんは嫌がっているがTくんは笑顔で追いかける。周囲の大人は，「Tちゃん，Eちゃんもうしないって」「Tちゃん，Eちゃんいやだって」と言っているが，Tくんには届かなかった。

私はYちゃんの食事介助を終え，Tくんに近寄った。Tくんの手を持って

「Eちゃんいやなんだって，もうやめよう」と言うと，神妙な顔をして聞く。そこでようやくTくんの追っかけは終わった。

その後，Tくんが母のそばで一人で遊んでいると，Eくんは今朝Tくんが家からもってきていた小さな人形を見つけてTくんに渡してやった。Eくんは私がTくんを怒ったのだと思ったのかもしれない。「Eちゃんありがとう」と言うと，なんで先生が「ありがとう　いうの？」とでもいうような不思議な顔をして私を見つめた。

〈考　察〉

Eくんと遊びたくて追いかけてくるTくん。今までも何度かあったが，これまでのEくんはTくんを強く押したり叩いたりして，完全にTくんを拒否していた。それが最近では，Tくんがついてきても気にせず遊んだり，両ほっぺをつままれても顔を真っ赤にして我慢するようになった。Tくんを自分より年下と見たのか，母やスタッフが繰り返し言っていることが伝わったのか，いずれにしてもEくんの成長に他ならないと思った。

Tくんの両手をとって「もうー，だめでしょ！」と言ったのは，母の普段の言動の真似だと思うが，ちょうどいいタイミングでTくんに言い聞かせるように言ったので，みんなが驚いてEくんを見た。その後一人で遊んでいたところに，たまたま見つけたTくんの小さな人形をTくんのところに持って行くなど，更に驚かされた。Eくんを追うのをやめたTくんが，寂しそうに母と絵本を見ていたので，EくんはTくんが私に怒られたのではないかと感じたのかもしれない。

Eくんは，ちゃんとTくんという相手を見ていた。いつも追いかけられて，いやな思いはしているが，よく考えると戦いごっこはいつもTくんからだった。一緒に木の車を乗り回し，よく物の取り合いもする。EくんにとってTくんは今やいつも一緒にいる仲間の一人になっていた。「おもちゃの家」の小さな集団の中で人と関わること，思い遣ることをしっかり学んでいたのだと思った。子ども同士の繋がりがいつの間にかできていて，Eくん自身，繋がることの嬉しさを感じられるように少しずつ変化していたのだと思った。

(8) この1年を振り返って

Eくんと私が繋がることができたのは，やはりEくんの周りの人と一緒に楽しもうとする気持ちと，Eくん自身の人を求める気持ちが育ってきたからではないだろうか。私は自然にEくんの成長の流れに乗ることができたからこそ，Eくんに伝わる，Eくんと繋がっていると実感できたのではないだろうか。一方，母との関係は，いまだ距離を感じたままだが，Eくんとの繋がりが糸口になって，よい方向に動いていってくれるような気がしている。

母が，今回のようなEくんのTくんへの優しさを目の当たりにする機会を重ねたり，周りの人との関わりの中で癒されることが増えていったりすれば，成長していくEくんの姿を見て，EくんはEくん，これでいいと思えれば，母とEくんのあいだでも繋がり合えるところが出てくるのではないかと思う。

Eくん親子との1年は，伝わらない壁を感じながらのスタートだった。通じない，素通りされる，返事が返ってこないという厳しい状況がある上，Eくんの表情の硬さが気になり，また母に対する私の違和感が気になった。絡み合った紐をどのように解いていけばいいのか分からないまま，家庭のこと，父のこと，仕事のことなど，色々な話を母と重ね，まずは母と繋がることを考えていた。しかし話を聞けば聞くほど，どうしようもない現実ばかりが浮かんできて，母との距離も縮まらず，違和感を抱き続けながら日々が過ぎていった。Eくん親子が来るようになって半年が過ぎるころに転機が訪れたように思う。私があれこれ戸惑い悩んでいるあいだに，Eくんは，しっかり成長して人との繋がりを見出していた。たまたまだが，なぜかその場をそのまま立ち去ることができずに，何気なく一緒にやったワイパーの所作でEくんとの繋がりを感じることができたことが私にとって大きかった。

それまでもっぱら母に注がれていた目は，それ以後，Eくんと繋がることに向けられるようになり，私はEくんと繋がることに喜びを感じ，Eくんに可愛さを感じられるようになった。EくんはEくんでいい，そう思えた。しかしEくんのことが受け止められない母は，いつまでも不安で，分からないまま我が子を見つめなければならない。Eくんと母の平行線を埋めるものは，Eくんの成長とEくんのもつ優しさではないかと思う。

私はいまだに母との距離を感じてはいるが，あきらめず繋がっていこうとする姿勢は大切だと思っている。またEくんと繋がっていけたことから，枠にとらわれない見方の大切さを改めて学んだ気がする。そして，周りの人と繋がり，周りの人に受け止めてもらうことで，子どもは成長できるのだということを目の当たりにすることができた。子ども，母，担当者，の三者がうまくかみ合うことが大切だと思うが，これからは母と繋がることが大きな私の課題である。

これからEくんを取り巻く人的環境はどんどん広がっていくと思う。その中で人と繋がる喜びと人と一緒に楽しむ経験をさらに繰り返すことによって，Eくんはこれからも更に成長していってくれるだろう。

(9) 私からのコメント

ことばを話さない，視線が合わない，こだわりがある，と聞けば，今のわが国の社会文化環境では，直ちに「自閉症圏の子ども」がイメージされます。そういうEくんと出会ったとき，担当者のMさんは三つの主訴以上に，子どもの表情の硬さが気になり，また母親とのあいだに何かしら壁を感じました。それからの1年，担当者のMさんはその違和感に戸惑い，なかなか突破口を見出せないでいたようです。

このようなとき，療育の場の担当者の多くは，絵カードだ，写真だ，場の構造化だと，何とか子どもを動かす算段をするようです。これに対して担当者のMさんは，そのような動きをすることなく，「おもちゃの家」で他の親子との関わりを自然にもっていくことに意を注ぎ，いつか転機が訪れることを焦らず待つ姿勢をもっていたように私には見えました。そしておよそ半年が過ぎた頃，ワイパーのエピソードに出会い，それを一つの転機として，Eくんと繋がれることに自信が持てるようになりました。

不思議なもので，大人の側が心に余裕を持てるようになると，子どもとの関係は大きく変わってきます。子どもに何かをさせたから子どもに変化が現れたというような直線的な関係を考えるのではなく，子ども同士が自然に関わり合え，親同士が自然に一緒に居られるように配慮しているうちに，子どもの側，親の側に変化がおのずから生まれてくるというのが，「おもちゃの家」でよく見られるパターンです。Eくん親子の場合もその典型だったように思います。

さて，エピソード記述という観点からMさんの事例エピソードを読むとき，「違和感」「戸惑い」「繋がれる」といった，目に見えないところの記述が多数あり，そこが従来の事例の記録と違うところであることが分かります。それはMさんがその場を観察するだけの黒衣ではなく，その場を生きる一人の主体だからでしょう。そのMさんの身体を通して感じられるものが，その場の「あるがまま」に通じ，読み手をその「あるがまま」に誘います。ワイパーの所作を「いつものこだわり行動」と否定的に見ておれば，それ以降の展開はなかったでしょう。Eくんのワイパーの所作に引き込まれ，思わず同じ所作で返したとき，そこで身体と身体が繋がり，響き合いが生まれ，そこに転機が訪れました。その経緯がとてもよく伝わってきます。

もう一つ，お母さんとのあいだで感じられる違和感が何となく読み手に伝わってくるあたりにも，エピソード記述の長所が感じられます。例えば，ここに描かれたエピソードを資料に事例検討を行うときなど，Mさんの違和感を巡ってさまざまな角度から議論できるのではないでしょうか。なお，この事例を本書に掲載するに当たって，お母さんにこの事例を読んでもらって話し合ったところ，違和感については正直言って傷つくところもあったけれども，自分自身そうだと思うところもあり，またMさんが一生懸命対応してくれていることもよく分かるので，このまま掲載してもらってよいということになり，その話し合い以降，2人のあいだの距離は随分近くなったということでした。

ともあれ，一つの事例に密着し，そこで感じ取ったことをエピソードにまとめていくと，その事例の問題点がよりよく見えてくることは，このMさんの事例エピソードからよく分かるのではないでしょうか。

「おもちゃの家」という地域の人々の善意を結集した場に，心配事を抱えた親子が集います。その集いの中で，親子は涙と苦悩，喜びと成長を見せてくれます。その営みを支えているのが担当者のMさんをはじめスタッフの皆さんであり，隣接する保育所のみなさんです。「特別なことをしない」ことが，子どもも親も変えていくという不思議な場に，私は学ぶものが多くあると思って関わってきました。これからも機会あるごとに，この場やこの場に生きる人たちに側面的につきあっていきたいと思っています。

第４章　エピソード記述を用いた保育ケース会議の展開

１．はじめに

京都市山科区岩屋保育園の園長である室田一樹先生から，保育ケース会議をエピソード記述を使ってやっているので，１年間，立ち会ってみてくれませんかというお話がありました。保育士さんがどんなふうにエピソードを描き，それをどんなふうに保育に繋げていくのか，私（鯨岡和子）の中ではなかなかイメージできませんでしたが，子どものさまざまなエピソードを取り上げることで子ども理解が深まり，それが保育の質の向上に関係していくのではないかという漠然とした期待感から，そのお申し出をお引き受けすることにしました。

この章に提示したエピソードは，よくできたエピソードだからという理由で取り上げたわけではありません。どの保育士さんのエピソード記述も，描きっぷりにはそれぞれ個性があり，子どもの姿をさらりと描く人もいれば，自分の思いをしっかり描く人もいます。でも，それぞれが保育する喜びを描いていることに何ら遜色はありません。どれを取り上げてもよかったのですが，ここでは，多くの園に共通するであろうと思われるテーマを考え，それに沿って選んでみました。

この章では，それぞれの保育士さんたちが描いたエピソードをまず提示し，なぜそのエピソードを描いたのか，そのエピソードを基にしてケース会議に集った保育士さんたちがどのように考え，どのような話し合いがなされたかを紹介してみます。エピソードを描くということが保育士さんたちにどういう意味を持つのか，エピソードに登場する子どもを理解する上で必要な基本的な考え方は何なのかを，読者もこのケース会議に参加したつもりで，一緒に考えていただければと思います。

なお，岩屋保育園では，大体，毎週火曜日夕方５時半から７時までの１時間半をケース会議に当てています。遅いお迎えの子どもの保育がありますから，全員出席は無理で，出られる人が出るという原則で進めています。たいていは１回に１人の保育士さんがエピソードを２篇描いてきて，全員でそれを読み合わせ，その後に順に自分の意見や感想を述べるというかたちをとっています。そこで出た意見や感想は発表者がまとめ，次回にそれを配布するというふうに進めています。以下，その様子を提示していきます。

２．まずは描いてみること

エピソード：〈それぞれの心境〉　　**K保育士**

９月のはじめ，おやつの後，Mくん（２歳11ヵ月）が他の子どもたちとままごとコーナーでままごとをして遊んでいた。そこにやってきたSくん（３歳４ヵ月），Mくんが使っている包丁が欲しくなったようで，「Mちゃん，かして～」と言うが，「いや～」とMくんに断られる。Sくんはあきらめず何度も「かして～」と言うが，Mくんは断固として貸さない。Sくんは自分では無理だと思ったのか，保育士に「Mちゃん，包丁かしてくれへん」と助けを求めに来た。私はSくんが自分で解決して欲しいという思いがあったので，「Mちゃんも，今使わはったとこやし，あとでかしてって言っといで」と，二人のあいだに入るのではなく，ことばでSくんに言った。するとSくんはすぐにMくんのところに行き，「あとでかしてな」と言う。Mくんはまた「イヤ」と断り，何度もしつこくついてくるSくんから離れようと，コーナーを出てロッカーの方に行った。Sくんは少し泣きそうになりながら，保育士に「Mちゃん，かしてくれへん」と言いに来た。そこで私は，今度は「じゃあ，違う包丁，使ったら？　ほらここにあるやん」とMくんが持っていたより少し短めの包丁を渡してあげた。しかしSくんは「これいや，あれがいいの」と言って包丁を返そうとしてきたので，私は「じゃあ，これとかえてって言ってみたら？」というと，Sくんその包丁を持ってMくんのところへ行ったが，またもやMくんに断られて戻ってきた。Mくんも使い始めたばかりですぐには貸してくれないだろうという思いや，Mくんが先に使っていたのだからSくんに我慢して欲しいという思いもあって，私は2人のあいだに入って話をした。SくんにはMくんが使いたいという気持ち，MくんにはSくんの気持ちをというように，お互いの気持ちを伝える仲介をして，Mくんに「もうすこししたら，かしてあげてな」と言った。Mくんは「うん」とうなずいてくれた。Sくんはその様子を見て気持ちが落ち着いたのか，2人でままごとコーナーへと戻った。しかし，SくんはMくんの持っている包丁が気になるようで，「これ一緒にしよう」とお皿を手渡してMくんの気をそらそうとしたりしていた。Mくんも包丁を持ったままSくんと一緒に遊んでいて手放す気配はなかったが，さすがにSくんに根負けしたのか，しばらくして「かしてあげる」とその包丁をSくんに渡した。Sくんは包丁をもらうと，「Mちゃん，かしてくれはった」とうれしそうに保育士に言いにきた。「そっかあ，よかったな。ありがとうは言った？」と私が言うと，SくんはMくんのところに行き，「Mちゃん，ありがとう」と言い，その後は二人で仲良くままごとをして遊んでいた。

〈保育士の視点〉

4月に比べ，友達同士のかかわりが増えてきた反面，ぶつかりあいもよくある。Sくんはよく自分の思いどうりにならないと泣いたり，保育士に言いに来たりする。今回も保育士にすぐに言いに来て，手を出す喧嘩ではなかったので，はじめは見守るだけにしていたが，その対応はよかったのだろうか？　友達同士で遊ぶことはできてきたが，（思いがぶつかるときは）解決することはまだまだ難しいので，もっと早くあいだに入った方が良かったのかと思う。またSくんが包丁にこだわっているように見えたが，本当にそうだったのだろうか？よくSくんは人が使っているものを欲しがることがある。しかし，いざそれが手に入っても，少し遊んだら，違う物へと（興味が）切り替わることがある。本当は園に持ってきてはいけないのだけれど，Sくんはよく家から持ってくるおもちゃも，毎回バラバラであり，「これ」といったこだわりがない。今回もたまたまMくんが使っていたということで，欲しくなったのだろうか？　二人の包丁の取り合いはよく起こる。Sくんがはじめに使っていて，Mくんが欲しくなるというときは，Sくんに包丁から気を逸らすように声をかけると，手に持った包丁をポイと捨ててしまい，包丁にはこだわりはないのかと思われる。

本当に大事にしているのなら離さずに持って行くと思う。このようなことから，Sくんはいったいどういう心境だったのか気になった。

Mくんは，今回は包丁を貸してあげることができたが，この前Sくんが使っていると，「それはMの」といった感じで取ろうとしたことがあった。MくんはSくんよりもその包丁にはこだわりがあるようで，よくままごとコーナーにいるときは使っている。またコーナーから出てもそれを離さずにポケットに入れていたりと，その包丁を大事にしている様子がよく見られた。Sくんが使っていたときは，「Sくんが先に見つけはったし，順番な」と保育士が言うと，Mくんは「Mの」と泣き出し，しばらくは声をかけても落ち着くことはできなかった。他にも，Mくんは自分のものに出来ないときに，泣いて欲しがるということがある。それが気になった。家に帰ると，Mくんは兄弟で一番年下ということで，よくお兄ちゃんやお姉ちゃんに遊んでもらっているようだ。年の離れたお兄ちゃんでもあり，多少のわがままなら受け入れてもらっているようだ(日々の連絡ノートから読み取れる)。ただMくんも園では他の友達と一緒に遊んでいるときは我慢することも出来ていると思う。常にわがままを言っているのではないが，あまりにもこちらの声を聞き入れようとしないで泣き続けるということもある。

少し事例から離れるが，よく部屋で一人の子どもがおもちゃやぬいぐるみを大事にしていると，それを見た周りの子どもが急にそれが欲しくなって，今までそれほど人気があったわけではないのに，急に取り合いになることがある。しかもそれはそのときだけのことで，次の日にはまた違うものになる。なぜそうなるのか，その時の子どもたちの心境が気になった。

〈ケース会議のあらまし〉

Ｉ保育士　あか組（２歳児クラス）くらいになると主張が強くなるし，物に対する執着も強くなる。子どもたちが欲しがるものも一つのものに集中することが多い。

Ｋ先生　物の欲しがり方は，年齢的なものがあるのでは。Ｓくんは物に執着したのでなく，Ｍくんが使っていたので欲しくなったのではないか。Ｋ保育士はＭくんをわがままと見ているが，この年齢で自分のものという思いや泣いて我を出せるのは必要だと思う。

Y保育士　人が持っているものがよく見える時期がある。私が子どもの頃，妹とお土産を分けるとき，いつも妹に良い方を取られるので，欲しくないほうを「姉ちゃんはこっちがよいと思う」と言ったりして，欲しいほうを手に入れていた。

N保育士　しろ組（1歳児）ではものの取り合いをするときは，ワアーっとなり，保育士が中に入ってみなが満足するように采配する。この場合，Sくんに3つぐらいの案を提示するなど，Sくんと一緒に考えていくとよかったのでは。もう少し年齢が高くなると，解決法を教えずに，ウーンどうしようかと返していく。また，「……しといで」よりも「……したら」のほうが，指示命令にならない。

M先生　K保育士はSくんが自分で解決してほしいと思っていながら，対応はそれとは裏腹になっている。

O保育士　Sくんは順番を守れるときもあるが，頑固なときもある。人のものを欲しがるのは大人も同じで，買い物に行ったとき人が持っているものが欲しくなる。しろ組の頃，Sくんは人が持っているものがすぐ欲しくなりよく「Sの，Sの」と言っていた。

園長先生　Sくんがどういう子か，ということを押さえて対応していくことが大切。またMくんも刀に強い執着を持っていて，包丁もそのように見立てているのをよく見かける。ままごとで使ってほしいなー。

P保育士　自分のクラスでも，こんなことがあった。Tくん（3歳）が，三つもスコップを持って立っているところに，Rくん（5歳）がやってきて一つ欲しいといっても頑として渡そうとしない。しばらくすると，Tくんの姉とあこがれているAくんにスコップを渡していた。Tくんは最初からAくんと姉の分のスコップを確保したかったようだ。物を貸す，貸さないには，子どもそれぞれの思いがあるようだ。その思いを尊重したいし，また貸してあげられたMくんに声をかけてあげてもよかったのではないかと思う。

〈私からのコメント〉

保育士３年目で今年度初めて２歳児クラスの担任になった男性保育士Ｋさんが出してきたエピソードです。ここには，そばにいる子どもの持っているもの，遊んでいるおもちゃがすぐ欲しくなり，取り合いが始まるという，この時期の子どもによくある姿が描かれています。Ｋ保育士はこういう時期の子どもたちが，自分の思いですぐに手を出すのではなく，貸してと頼んだり，順番を待ったり，自分の使っているものを人に貸してあげたりしてほしいと思っているようです。子どもたちがそれぞれの思いを相手に伝え，また相手の思いを受け止めるという，人が人と生きる基本的なあり方を何とか身につけていってほしいと思って，悩みながら関わっている様子がうかがえます。

またそれだけでなく，特に人の物をすぐに欲しがるＳくんは，一つのことや物でじっくり遊ぶことがあまりなく，そういう意味での「私」の育ちに少し心配を抱いているようです。またＭくんはとりわけ包丁へのこだわりが強く，刀とか刃物への執着に少し心配なところを感じているようです。

ケース会議の話し合いではっきりと答えが出たわけではありませんが，他の保育士の考え方を聞けたことで，子どもの気持ちを受け止めながら，子どもに対していく姿勢が見えてきたのではないでしょうか。

今回のエピソード記述のように，まず保育士さんが自分で描いてみようと思うエピソードを拾い，それを描いてみることで，周りの人たちの考えや経験を聞くことができ，別の角度からの子どもの見方や捉え方に触れることができて，子ども理解が深まっていくのではないでしょうか。日常の保育の中では，お互いに忙しく，このような何気ないエピソードは，つい見落とされ忘れ去られていくことが多いのですが，このように描き出して話し合いを持つと，それぞれの保育士さんが同じような場面でいろいろに考えていることが分かります。結論を出すことが目標ではなく，皆でいろいろと考えてみるところに，このようなケース会議の第１の意義があるのではないかと思います。

3. Nちゃんの「私」を支えて

エピソード：〈Nちゃんのキティランドコンサート〉　　　　G保育士

キティランドコンサートを週末に控えた1月の第2週目。新しい年を迎えた子どもたちは久し振りの保育園と久し振りに会う友達や保育士，そして間近に迫ったキティランドコンサートに，なんだか胸を弾ませているようにみえた。そして，き組のNちゃん（4歳11ヵ月）もそんななかの一人であった。Nちゃんは歌やピアニカが大好きで，夏に行われたミルキーウェイコンサート以降も，部屋で仲良しのFちゃん（5歳1ヵ月）と一緒に「ライトプレイン」のピアニカを吹いている光景をしばしば目にすることがあった。

ホールでコンサートの練習が始まると，Nちゃんは前に立って指揮をする保育士の姿をしっかりと見ていて，曲が終わるまでその目を逸らすことなく，いつも真剣な表情で歌っていた。しかし，ピアニカを吹くところになっても，Nちゃんは左手に持ったピアニカのホースを胸にしっかりとあてたままで，指は鍵盤に触れていなかった。部屋で自由にピアニカを出して吹いているときは，音を出すタイミングも指使いもしっかり出来ていて，とても上手に吹けているNちゃんだが，ホールでの大勢で一斉に合わせる練習になると，大きな舞台，大きな音，いつもと違う雰囲気に圧倒されてしまうのか，ピアニカの入るタイミングが摑めずにいるようであった。私はホールでの練習の前にNちゃんに，「Nちゃんはピアニカはばっちり吹けているし，ピアニカを吹くところは先生がきちんと教えてあげるから，先生の指揮をしっかり見てたら大丈夫やしな」と声をかけ，ピアニカのパートになるとNちゃんの方を向いて大きく指揮をするようにしていた。それでも，Nちゃんはピアニカが吹けないままでいた。

そして，キティランドコンサートを3日後に控えたリハーサルの日。この日は，ピアニカのパートが近づくとN先生がNちゃんの横に行って一緒に鍵盤を押し，Nちゃんはこの日初めてホールでピアニカを演奏することができた。次の日の最後の小リハーサルでもN先生に横についてもらい，ピアニカを吹くことができた。その日の休憩後，くりのみの子どもたちと園庭に出て遊んでいると，Yちゃん（5歳2ヵ月）が「ピアニカしていい?」と私に聞きにきた。私は「あか組さん（2歳児）寝てるしなあ……」と思いながらも，コンサートを楽しみにして練習を頑張っているＹちゃんに「やめとこう」とは言えず，「いいよ」と答え，あか組の部屋から少し離れた砂場の横の緑のテーブルのところで吹いてもらうことにした。しばらくすると，Ｎちゃんも園庭にやってきた。Ｎちゃんのピアニカのことが心配だった私は，Ｎちゃんに「Ｎちゃん，ピアニカの練習する？」と尋ねた。Ｎちゃんは，「うん，する」と言って，すぐに部屋に戻り，ピアニカを持って園庭に出てきた。私が「ライトプレインしようか」と言ってから，ライトプレインの前奏を口ずさむと，それに合わせて，いつものように「ミミレレ　レレレ」とピアニカの鍵盤を押すＹちゃん。そしてＮちゃん。私は「やっぱりＮちゃん，ちゃんと吹けてるよなあ。どうしたら，皆と一緒でも吹けるんかなあ」と，夢中でピアニカを吹くＮちゃんの姿を見ながらしみじみと思った。そして私はＹちゃんに，「Ｎちゃん，ピアニカ上手やろ。でも，ホールの練習になるとちょっとドキドキしてしまって吹けなくなってしまうねん」とぽろっと言った。Ｙちゃんはそうなんやという表情で私の話を聞いていた。そこで，私は「あっ，そうや，キティランドコンサートの日，ＹちゃんがＮちゃんの横でピアニカ吹く時に教えてあげてくれへん？」とＹちゃんに尋ねてみた。Ｙちゃんは少し驚いたような，けれども嬉しそうな表情で「うん！　いいよ。ＹがＮちゃんに教えてあげる」と，すぐに返事をしてくれた（実は，Ｙちゃんも夏のコンサートのときは本番の直前にそばの子とトラブったことを引き摺って，舞台の上ではうまくできなかったのである)。私はＮちゃんに，「キティランドコンサートの日は，今日みたいにＮ先生に来てもらってＮ先生と一緒にピアニカを吹くか，それとも一番前の列になってしまうけどＹちゃんの横で頑張ってピアニカを吹くか，どっちがいい？」と訊いてみた。すると，Ｎちゃんは「うん，Ｙちゃんの横がいい！」と力強く答えた。私が「一番前の列やけど大丈夫？」ともう一度聞き直すが，Ｎちゃんは「うん！　Ｙちゃんの横で頑張る」と大きく頷いた。Ｎちゃんがこんなにはっきりとことばで「こうしたい」という自分の気持ちを出してくれたのは初めてのような気がして，私はとても嬉しく思い，「そっか，そしたらＹちゃんの横でしような。先生もＮちゃんのすぐ前に立ってるし，歌もピアニカもちゃんと言ってあげられるから，がんばろうね」と声をかけた。

そして迎えたキティランドコンサート当日。くりのみ組（3，4，5歳混合編成クラス）のステージを無事終えて，15分間の休憩を挟み，き組（4歳児）

のステージへと移った。ミッキーマウスマーチで入場。そして1曲目のライトプレインが始まった。私の正面にNちゃん，そしてその右隣にYちゃんの姿があった。ライトプレインの前奏が始まると，どの子も少し緊張しつつも前をしっかり見て，体でリズムを取りながらピアニカの入るタイミングを今か今かと待っている。Nちゃんも私の方をまっすぐじっと見上げている。「タララ　ラララ〜」で私は両手を大きく振り，ピアニカの入る合図を出した。「ミミレレ　レレレ」と子どもたちは一斉にピアニカを吹き始めた。「Nちゃんに教えてあげる！」と張り切っていたYちゃんも，“今日は本番”ということで自分のことで精一杯で，Nちゃんに教えてあげる余裕は全くないように見えた。けれども，Nちゃんは横目でYちゃんがピアニカを吹き始めたのを確認すると，ほんの少しだけ皆から遅れたものの，見事に最初のピアニカのパートを吹ききった。そして，その後に続く歌もいつもの通り一生懸命に歌い，残りのピアニカのパートも，迷わずしっかりと指揮に合わせて入ることができていた。き組のステージが終わり，Nちゃんに「ピアニカ，がんばったな！　とってもよかったよ」と声をかけると，いつものように「うん」とことば少なに，にっこりと，満足そうな笑顔で応じてくれた。

〈保育士の視点〉

Nちゃんは，とてもおっとりした性格で，一つ一つの物事に対してゆっくりと取り組むマイペースさがある。その一方で，こだわりも強く，自分の中で少しでも気にかかることがあれば，なかなかその行動に移れなかったり，次に進むのをためらったりすることがある。そしてそれが強く出たときには，その場でひっくり返って手足をバタつかせて泣きじゃくることも，以前（夏ぐらいまで）はしばしば見られた。Nちゃんは自分の気持ちをことばで表すこと，そしてことばで自分の気持ちを理解し整理することが，少し苦手なように思われる。一方，Nちゃんは自分で「こうしたい」という思いをしっかり持っているだけに，他の人（保育士や友だちなど）から何かを言われたときに，自分の思いと違うと断固として聞き入れようとしないことがある。しかし，ゆっくりとNちゃんの思いを聞きながら，Nちゃんに分かるように説明すると，納得して行動に移すことができる。き組になった当初と比べると，だいぶ活動的になり，全体の活動から遅れることや，心の不安定さをこちらが心配することも少なくなってきた。

今回の事例では，Nちゃんの中での“友だちの存在の大きさ”を，強く感じさせられた。NちゃんとYちゃんは，同じくりのみのき組の女の子ということで去年の 3 月から一緒に過ごしてきたが，特に仲がいいというふうでもなかった。しかし，Nちゃんの中には“くりのみのき組の女の子”に対する帰属意識は，強いものがあったと思う。ホールでの練習では一人でピアニカを吹くことができなかったのに，それがキティランドコンサート当日，ホールよりももっと大きくて，お客さんがびっしり入ったあの舞台で，見事にピアニカを演奏できた。そこにはYちゃんという友だちの存在が大きくあったと感じずにはいられない。Nちゃんが「Yちゃんの横で頑張る！」と決意したこと，その想いを持つことで，ひとつの壁を乗り越えることができた（Nちゃんには壁を乗り越えたという意識はないかもしれないが）。それは大人が「こうしなさい」と言ったからといってできるものでなく，本当に子どもの内側から育ってきた力の結果だと思った。

キティランドコンサートの翌々日，おやつを一番に用意するNちゃんの姿がくりのみ組になって初めて見られた。おやつの時になると，「どこに座ればいいの？」「どうしたらいいの？」と言って，なかなか決められず，用意するまでに時間がかかることが多かったNちゃんだが，この日は家で，「おやつの用意を早くする」とおばあちゃんと約束してきたようで，おやつの時間になると，さっさと帳面を片付け，おやつをもらいに行っていた。また，園庭で，私が地面に座って他の子どもたちとおしゃべりをしていると，「せんせー，何しているの？」と私の背中にべったりとくっつき，首に手を回して甘えたように自分から話しかけて来てくれた。今までは，そんなふうにNちゃんから体をくっつけて甘えてくることは一度もなかったので（手をつないでくることはあったが），正直びっくりした。そういうふうに甘えてくれるのがとても嬉しかった。

行事を通して，子どもたち一人ひとりの成長を強く感じることができ，とても嬉しく思う。そして，さらに伸びていって欲しいと願う。いまのクラスで過ごすのは残りわずかとなってきたが，その一日一日を大切に過ごしていきたいと思う。

〈ケース会議のあらまし〉

園長先生　Nちゃんだけでなく Y ちゃんの思いがどうだったかも書いたほうがいい。保育園の行事はただ成功させることが目的なのでなく，人に見せるためのものでもない。子どもが一人ひとり取り組んでいくことが大切。また，子どもの成長は突然起こるもの。大人がその子の弱い部分を支えてあげると偶然起こる。しかしそれはまた必然でもある。

M先生　Nちゃんは頑固で，頑として動かないというイメージが強いが，G保育士がNちゃんに寄り添って接してこられたのでNちゃんの心が開いたのだと思う。

K主任　Nちゃんは，それまでは私とは目を合わせない，話しかけても返ってこないというような状態だったのに，自分の気持ちを出せるようになったのがとても嬉しい。行事の晴れ舞台も大きく影響したのではないか。

M保育士　Nちゃんは目が合っても目の奥のほうを見ているような不思議な感じがしていた。最近，お帰りのとき抱っこしてほしいと大暴れしていたとき（お母さんはおなかに赤ちゃんがいるから抱っこできない），「先生が代わりに抱っこしてあげる」と言うと，しばらくして落ち着いて，門のところでバイバイできた。

K保育士　Nちゃんは部屋が隣同士ということもあり，1日1回は見かける。最近は話しかけるとよく答えて話してくれる。誕生日の日は青いコートを着ていた。次の日ピンクのコートを着ていたので聞くと，「これ（ピンクのコート）はおばあちゃんに買ってもらったの」と話してくれた。行事が大きな転機になった。

KM保育士　Nちゃんは大きな壁を乗り越えた。G保育士との信頼関係が深まり，自分の気持ちを表現するようになってよかった。

K保育士　普段ポーとしている子だと思っていたのに，自分の気持ちを表現できるようになってよかった。私も，自分の気持ちを表現できない子に何とかしてあげたい。

N保育士　Nちゃんが練習のとき泣いていたのを知っているが，その後の展開を知って嬉しい。行事は子ども一人ひとりの思いがそこにあって，とても大きな意味があるように思える。

園長先生　ケース会議で出たことをみんなで話し合うことで，その子のイメージが変わる。またそれをクラスに持って帰ることに意味がある。

〈私からのコメント〉

行事をきっかけに，Ｎちゃんの思いを保育士が懸命に支えたことが，Ｎちゃんに保育士を信頼し，自らを信じる心（「私は私」の心）が大きく育ったのだと思います。

練習のときにはピアニカをうまく吹けるのに，大勢が集まるとどうしても体が動かなくなるＮちゃんの様子に，もうちょっとで吹けるところまできていると感じたＧ保育士が，同じ組の今回はうまく演奏したいと思っているＹちゃんの横でＹちゃんに教えてもらいながら演奏することを思いつき，Ｎちゃんもそれならやれると思ったのでしょう。ここではＧ保育士がただＮちゃんもうまくピアニカを吹けたらよい，という自分の気持ちで事を運んだのではなく，Ｎちゃんに寄り添って，Ｎちゃんの今を受け止め，Ｎちゃんの思いを支えていることが読み取れます。そして，ＮちゃんはＹちゃんが頑張っているのを見て，自分もなんとか頑張ろう，やれると思ったのでしょう。おそらく，Ｙちゃんの方もＮちゃんと一緒に頑張ろうという気持ちだったのではないでしょうか。ことばに出さなくても，お友達同士で励ましあう。人が生きるのにとても大切なこのようなことを，このエピソードは教えてくれます。その背景には，Ｇ保育士さんたちが子どもたち一人ひとりを大切に思って日々の保育を営んできたことがあるのではないでしょうか。

自分らしくあることに自信を持つこと，つまり「私は私」という心は，人が生きていく上で必要なもっとも基本的な心です。この心は，乳幼児期に周りの人から主体として受け止められ，思いを尊重されながら育まれるものです。コンサートの日にＮちゃんがしっかり歌やピアニカを演奏したことを保護者の人たちや周りの人たちが認めてくれたことも，Ｎちゃんが自分らしくあることに自信を持てるようになったことに，大きく関係していると思います。Ｇ保育士さんもとても嬉しかったのでしょう。保育士をやっていてよかったというように保育することの喜びを感じ，保育士としての誇りを持てた出来事だったと思います。G保育士さんがそれを素直に喜んでおられることに，とても好感が持てました。

4. 子どもの思いをお母さんに伝えて

Nちゃんのエピソード①：〈大好きなお母さん〉 **T保育士**

12月25日のお集まりのあと，しろ組の子どもたちは砂利場（岩屋保育園の園庭の一つ）に遊びに行った。風邪をひいているNちゃん（2歳1ヵ月），Kくん（1歳9ヵ月），Sちゃん（2歳1ヵ月），No ちゃん（2歳5ヵ月）は，みんなが外に行くと，部屋の中央にある机の周りに座った。「じーじーしたい」とNちゃんが言うと，「じーじー，じーじー」とSちゃんも言う。「クレヨンでお絵かきする？　ちょっと待っててね」と，私は棚からクレヨンと画用紙を取り出して，「はい，No ちゃん，Kちゃん，Sちゃん，Nちゃん，どうぞ」と順番にクレヨンと紙を渡した。Nちゃん以外の3人は，思い思いに丸や線を描いていた。Nちゃんは「ママかくしなー」と，藍色を選んで真ん中に大きな丸を描き，グルグル～と小さな丸を描いて「これ目やで！　ママの口も描くねん」と，画用紙にNちゃんが思い浮かべるお母さんを描いていく。「Tせんせい，かみちょうだい！」というNちゃんに，私は「いいよ，はいどうぞ。Nちゃん，ママ描いたんやね。じょうずやね」と話すと，Nちゃんはにんまり微笑んだ。「パパかこう」と紙の左端のほうにお父さんを描き始めたが，「やっぱりママかくし」と，紙を裏返して嬉しそうにしている。そして「Tせんせい，ママとおなじメガネや，メガネや」としばらく私の顔を見て，目，口を描いていく。「Nちゃん，ママは先生と同じメガネやな。見て，先生の頭には髪の毛もあるよ」と他の特徴を伝えると，「Nのママは髪，先生よりいっぱいやねん！！」と言いながら，シュッ！シュッ！シュッ！とたくさんの髪を描いた。「Nちゃんのママはきれいやな」と私が言うと，Nちゃんはまた嬉しそうに笑って「まだママかく！」と紙をもらうと，今度は一人で目，口，髪を描いていた。「できたでー」というNちゃんの声に，横にいた私は，「このママの絵，プレゼントしようか。かわいいリボンもつけて，帰るときにママに渡そうね」というと，Nちゃんは「うん」と頷いた。そのNちゃんの様子から，お絵かきをしたという満足感と共に，お母さんへの強い思いが伝わってきた。

夕方，お母さんがお迎えにこられた。「Nちゃん，ママやで。はい，これプレゼント」と，Nちゃんに絵を渡すと，Nちゃんはお母さんのところへ行って，「はいママ，あげる」とそっとお母さんの手に絵を置いて，近くで遊び始めた。お母さんはもらった絵を見て，「N，これは何かいたのかな……」とNちゃんに声をかけると，Nちゃんは「ママ」と返した。私はお母さんに今日のお絵かきの様子，Nちゃんが自分から「ママかくしな」といって書き始めてこの絵が出来たことを伝えた。そして，「Nちゃんの心の奥底からママすきという気持ちがこのようなお母さんの絵になったのだと思いますよ。Nちゃんからのクリスマスプレゼントですね」と私の思いを伝えた。お母さんの目からこらえていた涙がこぼれ落ちた。それを見て，私もお母さんの悩んでいたことを思って，目が熱くなった。その様子を見たNちゃんはお母さんのもとへやってきて，“ん？？”と心配そうな表情で見つめた。お母さんはそんなNちゃんをギュッ！と抱きしめ，「ありがとう」と言った。

〈保育士の視点①〉

12月に入ってからのNちゃんは，気持ちに不安定なところがみられるようになり，特に家では赤ちゃん返りが目立っていた。Nちゃんは，10月前半頃からことばも多く出てきており，園では排泄と食事面では自立している。家でも，排泄はお母さんに「うんち」と伝えており，おしっこも誘われるとできていた。そんなNちゃんが，12月に入り，家では赤ちゃん返りをみせ，排泄の失敗が増え，トイレに誘っても「でない，でない」と拒むこともあった。お母さんの仕事が忙しくなったことが，Nちゃんの赤ちゃん返りや排泄の失敗に繋がっているのではないかと思われた。12月に入ってからお母さんの仕事が忙しくなり，ベビーシッターの人に頼んで7時半から8時まで家に来てもらうことがあったようだ。お母さん自身，Nちゃんの不安定な状態に仕事が影響しているのではないかととても気にされていた。お母さんは，Nちゃんの排泄や赤ちゃん返りの姿に，“Nちゃんは出来るのに，どうして？”という思いと，Nちゃんに関わる時間が減ってしまったことでこうなったのは自分のせいだという思いのあいだで揺れ動き，悩んでおられるようだった。しかし，お母さんが忙しくなったこと以上に，Nちゃんは本当は何でも出来るのに，しようとしないというお母さんの思いが，Nちゃんにはプレッシャーになっていて，Nちゃんの甘えたい気持ちが赤ちゃん返りという形になって現れているのではないかと，私には思えた。
　そこで私はお母さんに，排泄については今まで出来ていたことがすごいことであって，出来なくなってしまったのではないこと，だからもう少しゆっくり見てあげてはどうかと伝えた。
　また，Nちゃんは保育園では保育士に対してあまり甘えようとはしないことから，Nちゃんが自分を出せるのはお母さんだけだったのではないか，もっと保育士がNちゃんの甘えられる人になり，保育園が自分を出せる場になることが必要であると思った。保育園ではNちゃんは私に特別に強い思いを持っていてくれていると私は思っている。その私がNちゃんの甘えることのできる人になっていくことで，お母さんの悩みもより分かっていけるのではないかと思う。Nちゃんに絵をもらったときのお母さんの「ありがとう」には，自分が望んだ仕事によって，Nちゃんに不安な思いをさせてしまった，Nちゃんと過ごす時間があればNちゃんの思いを受け止められたのに，「ごめんね」という思いが感じられた。「ありがとう」と一言いって，涙をこぼされた姿が忘れられない。これからも，Nちゃんのためにも悩みを共有してお母さんの力になりたいと思う。
　お母さんへの思いをうまく表現できないNちゃんだったが，今回クレヨンでのお絵かきを通して，お母さんを大事な人と思っていることを，改めてお母さんに伝えることができてよかったと思った。

Nちゃんのエピソード②：〈おにいちゃんのいろ！〉

　1月9日の午前の保育でしろ組で初めての絵の具の混色を行った。うめばちパレットに絵の具の入った壺から好きな色を選んで混ぜていくというものだった。今までは，保育士が用意した絵の具から子どもたちが色を選んでお絵描きしていた。色と色を混ぜ合わせることでまた違う色ができること，それを使って描くことの楽しさを子どもたちに伝えようと思い，混色の描画をすることにした。
　しろ組の食事コーナーの隅にある少しこじんまりした落ち着くスペースでTくん（1歳3ヵ月）が混色のお絵描きを行っていると，Nちゃん（2歳7ヵ月）がやってきた。「Nもしたい！」。「じゃあ，Tちゃんの次に描こうか。このスモック着ててね」と，Nちゃんにスモックを渡すと，Nちゃんは Tくんの前にあるソファーに座ってTくんのお絵描きをじーっと見ていた。5分ほど経ったころ，「Tちゃん，できたん。手洗っておいで。次はNちゃんだね，おいで」と私が言うと，Nちゃんはお絵かきシートの上に座った。私は「今日は前と違って，このパレットに色と色をグルグルしてお絵かきするしね。好きな色と好きな色をパレットにのせてみようか！」と話した。Nちゃんは「これ！」と藍色をパレットにのせ，次に「しろ，しろにする」と自分で絵の具の壺からしろをとってきてグルグルと混ぜていく。「あっ！　あおになったでえ〜」とおどろくNちゃん。「ほんまやな〜，さっきは藍色としろやったのに，すごいな。他にも混ぜていこうか？」と私が言うと，Nちゃんは緑，橙色，赤と，筆を洗っては自分の好きな色を選んで，「おっ！」と一色ずつ変わる度に驚き楽しんでいた。「まる〜とんとんとん！」と出来ていく色を画用紙に描いていった。「これ！」ともう一度藍色をパレットに移した。「ほかはどれにする？」と私が言うと，「あか，あかー」といって赤を混ぜた。すると，紫色より濃い色ができ上がり，「Yちゃん（お兄ちゃん）の色や。Yちゃんの好きな色ができた」と話す。「Yちゃん描こう。あっ，ママもかく。Nもそのとなりに」と3人の顔ができあがり，「あっ！　パパも！」とお母さんの上から描いていた。「Nちゃんのお兄ちゃんは紫色がすきなん？」と聞くと，「うん」と答える。「そうなんやー，Nちゃんのお家の人がいっぱいやな」と話すと，「エへへへ〜」と嬉しそうに笑い，「もう終わる」といってお絵描きを終えた。

〈保育士の視点②〉

初めての混色の描画ということもあり，テーマはなく，混色を行うことでいろんな色が出来上がっていくことを楽しんでいたNちゃんの姿が見られた。Nちゃんは，絵の具のお絵描きは大好きで，Tくんの次に出来ることが分かると，自分でスモックを着て，静かに自分の番が来るのを待っていた。早くやりたいという気持ちもあったのに，5分間Tくんが壺からパレットに運ぶ様子や混ぜる姿を見ていたのもあって，私が混色の方法を話すと，Nちゃんは自分から次々に絵の具をパレットにとって混色し始めた。そんな中，「紫色」に近い色ができると，「Yちゃんのいろ〜」と何かお兄ちゃんをイメージして，「Yちゃんかこう，ママも，Nも」「あっ！パパも」と，お兄ちゃんの色から家族全員の顔が描かれていった。私は，お兄ちゃんだけ書くのではなく，一つの色からママ，Nちゃん，パパと全員が登場したこの絵から，Nちゃんの家での様子が以前とは変わってきているのではと，思った。12月のお絵描きで，「パパも描く」といって，途中でやめてしまい，お母さんを描いた。この絵では，紫色が好きなお兄ちゃんから，家族が描かれていったことに私はとても驚いた。しろ組の年齢で，ここまで描きたいものを表現できることが素晴らしいと思い，このエピソードをいろんな人に伝えたく思ってこれを描いた。

この絵が描かれた後のNちゃんは，確かに赤ちゃん返りも減って，排泄をお母さんに伝えられるようになってきた。１月の休みの間にお母さんと過ごした時間も多く，お母さんへの甘えや伝えたい思いも受け止めてもらえていたようだ。保育園では今まで赤ちゃん返りなどはなく，ノートで伝えてもらってはいたが，とてもそんなふうには思えなかった。そんなNちゃんが，１月の中旬より自分の思いをぶつけるようになってきて，「パジャマを着せて欲しい」という思いで服を床に置いたままじっと座っていたり，給食の時間に食事を見ている保育士のところへ，「着せて！」とパジャマを持っていく。その保育士が忙しいということはNちゃんには分かっているのにと思う。そのときのNちゃんは，ニヤッと笑い，何か困らせて“私を見て！”といっているようだった。それからは，自分の思いを素直に表現しないで，困らせて見てもらおうという様子が多くなってきた。

自分が出せるようになったのは嬉しく感じるが，Nちゃんが「自分の思い」を素直に口で言えず，人を困らせて“私を見て”という姿に，私は素直に言ってくれればいいなあーとも思う。そんな状態が，１月中旬から２月中旬まで続いた。その１ヵ月間，甘え？　わがまま？と悩みながらも，私はすべてを受け止めてきた。２月19日から先週１週間は，様子が少し変わった。私も，Nちゃんと二人で過ごす時間，Nちゃんの様子から，Nちゃんが求める前に，Nちゃんの気持ちに気づけるように，ゆっくり接してみようと考えるようになってきた。Nちゃんは，他の保育士には「これして欲しい」と話して訴えるが，私には目で訴えかけてくる。私もNちゃんが何を伝えたいのかが分かり，気持ちに応えていた。そんな１週間を過ごすうち，“困らせて，私を見て”という表現は減っていた。今私には，Nちゃんの甘えてくれる姿や，わがまま的なものも一つの可愛さであり，一緒にいる時間がゆっくりと，とても心地よく感じられるようになった。

今回の事例を描いて，Nちゃんの思いや私自身の思いをじっくりと考えることができた。来年度も担任を持つのだが，これからのNちゃんがどうなっていくのか，私とNちゃんの関係がどう変化するのかも楽しみの一つである。

〈ケース会議のあらまし〉

K主任　お母さんのお仕事は経済的なことによるものではない。お母さんが働くことを父方，母方の双方の両親からあまりよくは思われていないようだ。二つ目のエピソードで家族全員が描かれたのは，お母さんの気持ちの変化が大きく影響しているのではないか。

K保育士　描画に子どもの思いが描かれた。Nちゃんが，特例（特例保育のこと）の時間に，それまで私に対して大丈夫だったのに，「イヤー」といって担任のところに行ってしまった時期があった。このようなことがあったのかと思った。

N保育士　お母さんはとても心配性で，登園時，送ってきたお父さんとの別れ際にNちゃんが泣いていたことを聞いて，だいじょうぶかと保育園にわざわざこられたことがあった。Nちゃんの描画の様子がとても楽しそう。混色をして一色ずつ楽しんでいるのだなーと思った。

KM保育士　母親は子どもと過ごしていないときの子どものことはとても心配になる。だからこそ，一緒にいるときは，正直に素直に甘えて，という気持ちになる。子どもの気持ちを保育士のほうから気づき，関係を築いていくというのは，親として嬉しい

園長先生　子どもと保育士は非対等の関係にある。保育の場では保育士が楽しい場を提供し，保育士が子どものことをよく理解していくことが必要である。

K保育士　朝の特例のとき，お母さんとベビーシッターさんと3人で登園され，お母さんはどうしてもNちゃんをトイレに連れて行こうとされていた。Nちゃんは嫌がっていたが，お母さんは怒らずに我慢されていた。時間が来てお母さんは仕事に行かれたが，そのときはNちゃんは笑って別れた。でも少しすると泣いてしまった。

園長先生　お母さんの前で不安な思いを見せたくないとNちゃんは思っている。素直に言えない分，その気持ちと反対のことを言ってしまう。

H保育士　子どもがお母さんを変えていくということで，Rくんのことを考える。Rくんのお母さんは体調を崩されていたが，キティランドコンサートでRくんが初めて真剣に取り組む姿を見て，嬉しく思われ，最近元気になられた。できるのにしてくれないという焦る思いは分かるが，子どもをもっとゆっくりと見てゆきたい。

M先生　12月はどもるなどたくさん不安定なことがあっが，こんなふうに変わってきたのかと思った。

園長先生　お母さんが教育的な環境で育ってきたことで，Nちゃんの行動を難しく感じていた。これまで順調に生きてきたのに，この世で一番好きな人が言うことを聞いてくれなくて，不安が大きくなってきていた。いまのNちゃんは，お母さんはいると分かっている。いま目の前にはいないが，夕方になったら来てくれると自分の中にお母さんが存在している。

お父さんは仕事が忙しく，あまり家庭に協力されていなかった。しかし行事に参加することなどで，お父さんの気持ちが変わっていった。またNちゃんからのプレゼントをもらってお母さんの気持ちも落ち着き，Nちゃんが変わり，家の中も少しずつゆとりができた。そのことでお父さんも居心地がよくなり，家庭的になった。親が変わることで子どもも変わっていく。

保育士と親が思いを共有していくことで，信頼が凝固されてゆく。ただ，伝えるだけでなく，「自分が伝えたい感動をお母さんにも知ってもらいたい」という思いが共感になる。

〈私からのコメント〉

親のさまざまな思い，家庭の状況，特にお母さんが子どもの様子に戸惑いを感じ，子育てに不安が一杯になるのと呼応して，子どもも落ち着かなくなり，心が不安定になることはよくあることです。園長先生がおっしゃるように，子どもが育つのは決してまっすぐな道を歩いていくことではありません。乳児期は子どもの思いを支えて世話をしてゆくことでやっていけるのですが，乳児期から幼児期への移行の頃は，大人の方から排泄のしつけやこうしてほしい大人の思いを伝えてゆくことも必要になります。ところが，乳児期に大人によって支えられて育った「私」がここでしっかりしてくることもあって，子どもは安易に親の提案を受け入れてくれません。「私はこうしたい，したくない」と，少しずつわざと親にぶつかるようなかたちで「私」を主張し，「私」を認めてもらいたがるのです。Ｎちゃんは少しこの難しい時期にさしかかってきていると思われます。

お母さんがＮちゃんの子育てに戸惑いを感じ始めた時期と，お母さんの仕事が忙しくなって子育てに不安を感じ始めた時期が重なったのでしょう。お絵かきに表れたＮちゃんのお母さんへの思いがお母さんに伝わるように，Ｔ保育士さんが心配りをされ，そのことがお母さんの気持ちを支えてゆくことになったのだと思われます。

このＴ保育士さんのように，保育現場は子どもを保育するにとどまらず，子どもが心身ともに健康に育っていくために，親や保護者を支え，子どもとのあいだをとりもって調整するようなことも必要になってきます。この二つのエピソードを通して，Ｔ保育士さんはＮちゃんとお母さんや家族を温かく見守り，何気ない援助の手をさりげなく差し伸べています。まだ経験の浅い保育士さんでありながら，保育士としての仕事をしっかり身につけてきているように思います。それはまた，園長先生以下スタッフの方々がＴ保育士さんや親や保護者を「よいやり方」「悪いやり方」で見ないで，共に育ってゆこうという園全体の姿勢があるからだろうと思います。

５．仲間に入りたい子どもの気持ちを感じて

エピソード：〈大きな壁～午前編～〉　　　　**Ｓ保育士**

Ｂちゃん（６歳７ヵ月），Ｃちゃん（６歳６ヵ月），Ｄちゃん（６歳１ヵ月）の３人がアクセサリーを作りたいといって保育室で作っていたところへ，ご飯の時間となって帰ってきたＡちゃん（６歳２ヵ月）は「何つくってるの？」と特に誰というわけでもなく尋ねた。するとＢちゃんが「えっ？　あぁー」と答え

ようとした瞬間，Dちゃんが製作を続けながら顔も見ず「秘密～教えへん」とサラリと言うと，急にBちゃんも「言わへ～ん」と言った。その瞬間Aちゃんの動きが止まり，顔が固まったので，少し離れた所から私が「そんなん言わんと，アクセサリー作ってるって教えてあげてもいいのに～」と助け舟を出すつもりで声を掛けると，Bちゃんはちょっとバツが悪そうに私の顔を見て，Dちゃんは「あ，そぉ？」という感じの顔でチラッとだけ見ると，また製作に取り組んだ。Aちゃんはそのやりとりを一点を見つめながら聞いていたが，話が終わるとサーッとご飯の用意をしに行った。

その後，Aちゃんが給食の用意中，自分が座ろうとしていたところに他の子どもが座っていたので，代わってもらおうとしてもなかなか代わってもらえず，私の所へ「どいてって言ってもどいてくれはらへん」と訴えにきた。私は「そうなん，困ったなあ，どうしたらいいんやろうなぁ」と答えると，「もぉ」と，その煮え切らない答えに苛立ちを覚えるように「先生っ！」と，地団太を踏んでいた。そこへ製作も一段落ついたBちゃんが何か起こっていることを察知し，スーッと近寄って，「Aちゃんどうしはったん？」と訊いてきたので，「あんな，Aちゃんが座ろうとしてた所に他の人が座ってはってん」と答えると，Bちゃんは「じゃあ，ほかのとこに座ったら？」と普通に答えたので，「あぁ，そんな考えもあるなあ」と返事をすると，急にAちゃんはそれまで溜めていたものを吐き出すかのようにワーッと泣き出した。私は今までのAちゃんの友達関係のこともあり，かなりしんどい思いをしている事を感じて，たまには我慢せずに思い切り泣いてスッキリすればよいと，Aちゃんを抱いて落ち着けそうな勉強机の一角に行き，黙ってトントンしていると，すぐに泣き止み，Aちゃんもただ黙って私に抱かれていた。そんな様子を心配そうに，でも何となく自分のせいかも……と感じて，私に付いてきていたBちゃんと，何となく様子がおかしいと感じたCちゃんが，じっと私たちを見ていたので，これも話し合えるよい機会かもとAちゃんに「いろいろなことがあって悲しかったなぁ，Bちゃんと Dちゃんか？」と訊くと，静かにうなずいた。そこでBちゃんに「Bちゃんは優しいところいっぱいあるのに，たまに意地悪な心が出てくるやろ？　さっきも，何作ってるの？って訊いてはるのに，言わへんって，言ってみたりなあ」と話すと，Bちゃんは俯き加減に黙って耳を傾けた。そこへ何も気付いていないDちゃんがやってきて「Bちゃ～ん，Cちゃ～ん，何してんの？　はよ

――一緒にご飯食べに行こう！」と誘いに来たが，何となく雰囲気が違う事を察知しながらも，話の内容が分からないだけに，静かにＢちゃんの顔やＣちゃんの顔をチラチラ見ながら様子を窺った。そこで私が「Ｄちゃんもな，もっと相手の気持ちになって話す事も大切なんやで」と声をかけると，「あっ，そういうことか」と言わんばかりにニヤニヤ笑いＢちゃんの方をチラッと見た。Ｂちゃんも Ｄちゃんの存在に心強くなったようで，Ｄちゃんの方をチラッと見て目が合うと，ニヤニヤと笑い始めた。その２人の様子に少しカチンときたが，その気持ちを押し止めて，２人に「いま，大事な話をしているんやけどなぁ。何かおかしい事あるか？」と尋ねると，Ｂちゃんはその空気をすぐ察知し，笑うのをやめたが，Ｄちゃんはまだ笑いながらチラチラＢちゃんの方を見て，同意を求めていた。そんな様子を見かねたＣちゃんは「Ｄちゃん，ちゃんと話，聞き！」とＤちゃんに向かって小声で言うが，Ｄちゃんは肘でＣちゃんを撥ね退けるようにして，またＢちゃんの方をチラチラ見る。しかしＢちゃんは見てくれず，だんだんその状況の深刻さに自ら気付き始めたＤちゃんも聞く態勢に入ったところで，ＢちゃんとＤちゃんに対して「何で意地悪な心が出てくるんやろうなぁ」と尋ねると，しばらく沈黙が続いた後，Ｂちゃんが「だって，Ａちゃんも意地悪しはるもん」と言ったので，「そうやって」とＡちゃんに振ると，Ａちゃんは「Ｂたちが先に意地悪するやんか！」としばらくお互いが反論しあっていた。そこで私が「人がしはったから仕返ししてもいいんかなぁ？　そんな事しあっていたら，いつまでたっても意地悪は終わらへんと思うけど……」と言うと，また沈黙になった。そこで１人ずつに，「Ｂちゃんは優しいところいっぱい持っていること先生知ってるで。そやのに，たまに出てくる意地悪なところがもったいないなぁと思います。周りの人が意地悪してても，Ｂちゃんは一緒にならずに，いつも優しい心でみんなと過ごして欲しいなぁと思っています」「Ｄちゃんはもっと相手の気持ちになって，こんなこと言われたら嫌やろうなぁとか考えてから話せるといいなぁ。きっとＤちゃんが言われて嫌なことは，他の人にとっても嫌なことだと思うで。ことばで傷つくってこともあるからな」と話し，「もうご飯食べておいで」と声をかけると，部屋へ戻った。

その後，Ａちゃんと２人になってから，Ａちゃんに「大丈夫？」と訊くと，うなずいたので，「まぁ，いろいろあるけど，お互い強く生きていこうな！」と声をかけると，ニッと笑ってうなずき，一緒に部屋に戻った。私が配膳をしていると，まだ食べていなかった４人が自然と同じ机になり，先に用意していた３人がＡちゃんの分までご飯の用意をしており，ＤちゃんとＢちゃんが「Ａちゃん，こっち～！」と呼ぶと，Ａちゃんは少し気持ちを引きずりながらも，その机に向かい，チェックを済ませた後，いただきますをしようとした瞬間，Ａちゃんの手がお箸に当たり，一本落としてしまった。それを何の悪気も無くＤちゃんが「落ちたー」と笑うと，後の２人も笑ったので，Ａちゃんは「あっっ」と言いながら目に涙を溜め始め，私が「あー無理かなぁ……」と思った瞬間，Ａちゃんはクルッと後ろを振り向き，涙を拭くと，前を向いてみんなと一緒に大笑いしながら明るく「お箸落ちちゃった～」と言った。私はＡちゃんのその健気な姿に心を打たれながら，誰かＡちゃんのお箸を取りに来てくれることを願ったが，誰も動く気配がなかったので，私がそっと新しいお箸を渡すと，Ａちゃんは私をじっとみて微笑み，４人でワイワイ話しながらご飯を食べ始めた。

〈保育士の視点①〉

Ａちゃんは今年４月から新入園児としてやってきた。入園当初は英会話教室で友達だったＥちゃんがいたり，持ち前の明るさや社交的な性格で初日からすぐに友達の輪の中に入って遊んでいた。どちらかというと自分に自信があり，「Ａが！　Ａが！」と何でも前に出ようとしていたが，「Ａ，絵が上手いねん」と臨んだ描画も，飾られるともっと上手い人がいることに気づいたり，気に入らないことがあって友達にきつく言うと，それ以上に返ってきたり，何か提案してもそれ以上良い案を出されたり，自分よりももっとできる人がいることに気づき始めた頃から，どんどん自信を無くし始め，心の中に壁が築かれ始めた。

Ａちゃんを見ていると，前の園ではとても頼りにされ，時にはみんなを引っ張る優等生であったり，時には自分の思うように周りを動かしたり，リーダー的な存在であったのではないかと感じる（人数も少人数だったようである）。そんな中で過ごしてきたＡちゃんにとって，自分が中心に動いていない事や，いままでとの環境の違いに心のどこかで違和感や疎外感を感じているように思われる。また，年長ともなると，在園児たちが今まで積み上げてきた友達関係も深いものとなっており，目には見えないが一緒にいても何処か一線入れない絆のようなものを感じているようにも思う。人を思いやれる優しくて繊細な部分も持ち合わせているため，その繊細な部分が出てくると，いつもなら笑い飛ばすささいな事に対しても傷つき，保育士のところを頼ってくる回数が増えてきた（ちょうどこの時期に，母親も第３子目を妊娠されたため，よけいに気持ちが不安定になり，保育士も気にかけていた。このことが，すぐに保育士を頼るようになったことに，少なからず影響していると感じる）。

この壁はＡちゃん自身が乗り越えなければいけないことなのだが，悩み苦しむＡちゃんを近くで見ていると，こちらまで同じように心が苦しく，締め付けられる思いでいっぱいになる。それでも後ろを向いて涙を拭き，自分で気持ちを立て直した姿を見ながら，Ａちゃんが一つ自分で壁を乗り越えられた！　と確信を持ったと同時に，嬉しさとその強さに心が震えた。

エピソード：〈大きな壁〜午後編〜〉

夕方の自由時間，鉄棒でＢちゃんとＡちゃんが逆上がりの練習をしていた。そこへＥちゃん（５歳10ヵ月）がやってきて，順番に交代しながら鉄棒を使っていたが，そのうちに夢中になりすぎたＢちゃんとＥちゃんばかりが「もう１回だけ！」と言いながら使い続ける結果となり，Ａちゃんは徐々にケヤキの木の下の方へ離れて行った。

そしてしばらくすると泣き出し，掃除をしていた私の方へ抱っこしてとばかりに抱きついてきた。その姿を見てＢちゃんは鉄棒からスーッと離れて行き，Ｅちゃんも焦るようにＢちゃんの後を追って，２人して木に登りだした。

私は午前中のこともあり，Ａちゃんに「なぁ，悲しいなぁ，でも泣く前に何か２人に言うことができたんじゃないか〜？」と言いながら，Ａちゃんを抱くことなく掃除を続けた。するとしばらくＡちゃんは私にしがみついていたが，私に抱っこする気がないと感じると，くりのみの窓の付近の壁にもたれて泣き止んでじっとしていた。私はその様子を木の上から見ていたＢちゃんとＥちゃんに向かって「２人はこのままでよいのかなぁ」と声をかけ，そのまま少し離れた所の掃除を始め，子どもたちの視界に入らないようにしてみた。そうすると，ＢちゃんとＥちゃんが木から降り，何やら３人で話しているようだった。

しばらくして私が手洗い場にいると，Ｂちゃんがやってきて，「もうＡちゃんと仲直りしたで！」と言いに来たので，「それはよかったなぁ」と言った後，「あれやな，ちょっと鉄棒がしたいと思う気持ちが一緒だけやったんやなぁ」と付け加えると，Ｂちゃんは「うん」と深くうなずき，ＡちゃんとＥちゃんが待つ鉄棒へと走って戻って行った。

〈保育士の視点②〉

Bちゃんは逆上がりができたり，できなかったり，後一歩のところまできているため，鉄棒に対しての思いが強い。そんなBちゃんに影響されてAちゃんやEちゃんも逆上がりの練習を始めたことにより起こった出来事である。

朝の出来事もあり，Aちゃんはまた泣いて頼めば守ってもらえるという思いが私を見て出てきたようだが，その様子をBちゃんはしっかり見ており，私がAちゃんに対してどういう態度を取るかも見ているような気がした。Aちゃん側から考えれば，すぐにでも抱きしめて辛い思いを和らげてあげたいが，Bちゃん側からすれば，いつもAちゃんにばっかり先生が行く……という思いが募ってきているようにも感じられ，その場は朝にAちゃんに「どうすればよいか考えて見ような！」と話していたこともあり，あえて声をかけるだけで何もしなかった。

その事でBちゃんはどこか鋭い目で見ていた目元が元に戻り，でもなかなか素直にいけない様子だったので，私はその場から一度消えてみた。

Bちゃんとは昨年から同じクラスだったので，私という存在を意識することは良くも悪くも強く，その分，いつも言動を見られているように感じる。年長児ともなると，内面的成長も著しく，表面化はしなくてもその心の奥はいつも複雑な思いでかき乱され，日々葛藤を繰り返しているように感じる。それだけに，保育士の取るほんのささいな言動も，深く影響を与えるため，個々への対応をとても難しく感じる。

でも，こういったことを子どもたちは繰り返し，自分の中へと吸収して，少しずつ逞しく成長するための大切なプロセスであることも頭に置きながら，これからも微妙な心の変化を見落とさないように，温かく広い心を持って見守っていきたいと思う。

〈ケース会議のあらまし〉

H保育士　しいのみ組のNくんやRくんをはじめ年長など大きくなってから転入してくる子どもたちは少し心配である。小さい年齢ほど安心する。

園長先生　この園では子どもが自分で一日をどうするのかを決める。人よりよくできたから褒める，大人の言うことをよく聞くので認めるということがないので，「私」がしっかりしていないとうまく適応できない。

Ｋ保育士　まだ自信満々だった頃のＡちゃんはあか１組に遊びに来て，近所のＷちゃんをよくお世話していた。でもＷちゃんに叩かれると急にへこむ姿も見られた。この事例を読んで，最近こなくなった理由が分かった。一人ひとりを見ていくこと，言動の一つひとつが子どもに与える影響を改めて気をつけようと思った。

Ｏ保育士　ＣちゃんがＤちゃんに言ったことばは良い子を演じた訳ではなく，自然と出てきたのだと思う。Ｃちゃんのように自然と表れる言動は，見ている保育士や家庭環境などが影響しているのだろう。でも，みんな決して悪い子どもではない。いろいろな辛いこともあるかと思うが，こういうことをたくさん経験していってほしいと思う。

Ｇ保育士　子どもの心に寄り添っていねいに接している。保育士がＡちゃんにとっての心の拠り所になっているように感じた。保育士がどう思っているかをストレートに子どもに伝えながら考えているところがすごい。

Ｎ先生　いろいろな子どものことをよく見ている。友達関係はぶつかってできるものだと思う。

Ｔ保育士　人が成長していく中で壁にぶつかることは必要だと思うので，何とか乗り越えてほしいと思う。他の誰でもない自分は，人とのさまざまな経験をへてつくられていく。人は成長するというが，そういう右肩上がりのイメージではない。変化はしているが，良いことも悪いことも捩じれていく感じである。

Ｋ主任　この保育士は人としてカチンとくることをよく抑えているが，カチンとくることは人よりも実は多いのではないかと感じる。話はギリギリまで聞くが，後は自分で乗り越える必要があることを伝え，自分で乗り越えられるようにしている。

Ｍ先生　すぐに声をかけたのは珍しいと思ったが，それまでのいきさつを聞いて納得した。前から子どもも大人と同じように感じていると思っていたが，改めてそれが分かった。

園長先生　Ａちゃんはずっと周囲の大人から期待されるよい子をしてきたと，

自分の中によい子像がある。それが壊れてどうしたらよいか分からない。いま「私」を作っているところ。まず全面的に受け入れてあげることが必要ではないか。Eちゃん，Dちゃん，Cちゃんはお互いに距離を測りながらどこまでなら大丈夫かということが分かっている。Aちゃんは距離のとり方がうまくいかないようだ。またBちゃんやDちゃんはAちゃんに対してねたみややっかみ，ひがみなどを感じているのではないか。

〈発表者の感想〉

Aちゃんは自分が置かれている状況を分かっていながら，どうすることもできないもどかしさや，乗り越えなければならないことなど，自分自身の中で葛藤することが日々続いていた中で，この出来事は他の子どもたちにとっても，よいきっかけになったように思う。この出来事が起こってから，各々がお互いのことを柔らかく受け止め合い，たまにぶつかることもあるが，前ほど嫌な雰囲気は感じられなくなり，ほっとしている。

これからもいろいろなことが起こると思うが，その都度，多方面から子どもの気持ちになり，接して行きたいと思う。またこうして書面にすることで，客観的に見られ，自分以外の方の意見を聞けることは勉強にもなり，自分の広がりにもなると改めて感じた。

〈私からのコメント〉

このエピソードのようないじめに近い状況は，おそらくどの園でもあるのではないでしょうか。女の子の集団では，幼稚園，保育園の年長頃から小学生，中学生頃まで，仲間に入れてあげる，あげないという問題がついてまわります。これがいじめの始まりのようです。しかし，このエピソードにも見られるように，仲間に入れてあげないという子どもたちは，意地悪をしているという意識はほとんどないと思います。軽い気持ちで「ヒミツ」と言って仲間意識を作ったり，または自分の思いに夢中になって，そのうち相手の子と一緒であることを忘れてしまったり，結果的に，相手の子に仲間に入れてもらえないと感じさせてしまうことになっています。そして仲間に入れてもらえないと感じ始めると，Aちゃんのように，ちょっとしたことでやっぱり私は仲間に入れてもらえないのだと思い，さらに他の子どもたちと気軽に付き合えなくなってしまうという悪循環が生まれます。

女の子たちの中にも，相手が自分をどう受け止めてくれているか，微妙なところをあまり気にせずに豪快にやり過ごす子どももいるにはいますが，たいていの場合はむしろそういう微妙なところに気配りしながら友達グループを作っていくのが常です。

Aちゃんの場合もS保育士さんや園長先生の話にもあるように，両親が先生という教育熱心な家庭環境からくるものが背景にあって，加えて4月に転園してきたことで，なかなか友達ができにくい状況にあるようです。S保育士さんがそういうAちゃんの様子に常日頃心を痛めてきて，この日，子どもたちのあいだに入った，という状況だったのだろうと思われます。

S保育士さんはそういうAちゃんの姿に心を痛め，Aちゃんの気持ちに寄り添い，時には励ましながらも，Bちゃん，Cちゃん，Dちゃん，Eちゃん，それぞれの思いにも心を配っています。そして，それぞれの子どもたちがお互いの気持ちに気づくようにもっていって，あとは自分でどうしたらよいかを考えていってほしいというところでとどめ，仲良くするようにというかたちで子どもたちに強く指導はしていません。この年齢になると，強く指導すると保育士や大人の前では仲良くしている様子は見せるものの，それは表面だけで，大人のいないところではかえって陰湿ないじめが行われていくことになり，相手の子どもに大人への不信を募らせる結果になることが多いようです。

この難しい問題に悩みながら，子どもたちのあいだに立ったり，側面からあるいは背後から見守り，支えてゆこうというS保育士さんの対応に，それぞれの現場では共感するところがあったり，あるいは私ならこうするという異論があったりするのではないかと思います。そこをしっかり議論するのが本来のケース会議の意義でしょう。

それにしても，子どもの「私」は周囲の人々にどう受け止められるかで変わってきます。特に5歳を過ぎると，周囲の大人との関係もさることながら，友達関係の中で「私」と同時に「私たち」が育ち，「私」と「私たち」が補い合ってゆくようになります。そこを保育者がどのように見，どのように対応していくかが，保育の質に関わってくるのだと思います。

6. それぞれの子どもの「私」と「私たち」の育ち

エピソード：〈Uくんのせい〉　N保育士

9月28日（木）運動会の小リハーサルの日，リレーをした。Uくん（6歳1ヵ月）は，去年運動会のリレーをしてから，小枝をバトン代わりに園庭や砂利場でリレーごっこをするほどリレーが好きで，この日もリレーが始まると嬉しそうに並んでいた。早く走りたくてならないようで，自分の順番がくるまで，今か今かと前に出てきては列に戻り……を繰り返し，ようやくUくんにバトンが渡されると，大きく腕を振り，嬉しそうに走り出した。その時点では，くりのみ組は2位で，半周ほど後ろをしいのみ組が走っていた。Uくんは追いかけっこを楽しむかのように，後ろをちらちら振り返っていたが，後ろを走っていたしいのみ組が追いついてくるのを見て，「あっかんべー」をしてみせた。早く！早く！と思っているうちに，Uくんは抜かされ3位になった。Uくんは変わらず楽しそうに走っていたが，くりのみ組の子どもたちの中からは「遊んだらあかーん！」「Uくん走れー！」「早くー！」と声が聞こえていた。Uくんの表情からは「嬉しくて，楽しくて，仕方がない」という気持ちを十分感じ取ることができ，私もとても嬉しかった。けれども，「今は前向いて走るんやで」「もう後ろ向いたらあかんで」という気持ちもあって，「Uくん，こっちー！」とUくんの斜め前を走った。でも，Uくんが気になるのは，一緒にトラックを走っている友達の方で，その後も1周差をつけて追いついてきそうなさくらんぼ組の友達をちらちら見ながら走り，大満足！の表情で次の走者にバトンを渡した。これまでも3位ばかりのくりのみ組だったが，この日も結果は3位だった。

結果発表の後，各クラスで分かれ，リレーについて話し合うことになった。しょんぼりと俯いていたYくん（6歳7ヵ月）が「Uがいいひんかったら勝ってんのに！　Uのせいや！」と言った。Yくんに合わせるようにCちゃん（5歳8ヵ月）も「ほんまやー！」と言う。リレーには人一倍気合の入っているYくんの気持ちもよく分かったが，Cちゃんが後をついて言ったことが気になり，「でも，Uくん頑張って走ってはったと思うで」と言うと，Yくんが「でも，後ろ向いて走っとったやんか」と言い，Cちゃんも「そうや，笑ってはった！」と言う。私はやっぱりそう思うよな……と2人に対してどう話したらいいのかなぁと思っていると，Yくんがもう一度，俯いたままで，「走れへんかったらええねん」と言う。それを聞いたHくん（5歳8ヵ月）が「そんなん，Uも走らせたらなあかんと思う」とぼそっと言い，Aちゃん（6歳0ヵ月）も続いて「そんなん，言ったらアカンと思う」と俯いて静かに言う。するとCちゃんがいいこと思いついたとばかりに「じゃあ，お母さんと見といたらいいねん」と言い出し，Rくん（5歳11ヵ月）が「そんなんかわいそうや……」と悲しそうな声で言い，Yくんは「じゃあ，休んだらいいねん」と少し投げ遣りに言い返す。そのとき，それまでずっと黙っていたTくん（5歳11ヵ月）が「お前ら，そんなん言うたんなやっ！　そんなん言ったら，Uが可哀想やろ！」とものすごい勢いで言い，Yくんが顔をぱっとあげて，「うっさい！　お前は黙っとけや！」と強い口調で言い返し，誰も何も言えなくなってしまった。

いつもはUくんを思い遣っているYくんだが，走るのが速くどうしても負けたくないという気持ちから言っているのだろうと思い，言おうか迷ったが，「先生はみんな1位になりたいのも分かるけど，やっぱりくりのみみんなで走ってほしいと思うわ」と言った。YくんもTちゃんも顔をしかめて俯いたままだった。「じゃあ，だれかUくんと一緒に走るのはどうや？」とみんなに訊いてみると，RくんとTくんが「じゃあ，ぼく一緒に走る！」と言いながら，みんなから少し離れたところで木登りをして様子をうかがうようにしていたUくんのところへ駆け寄った。それまでじっと聞いていたKちゃん（6歳6ヵ月）とNちゃん（6歳3ヵ月）も後を追った。Uくんが嬉しそうに4人と走ってきたところで，「明日，どうしたらいいか，もう1回聞くし，みんな考えてみてな」と伝えた。Yくんはしばらく考えていた様子だったが，立ち上がると，いつものようにTくんと走って部屋に戻って行った。その後，私はYくんなら大丈夫かなぁと思い，Yくんには何も言わなかった。

翌日，Yくんの連絡ノートには，「どうしたらもっと早く走れるの？と訊いてきました」と書かれていた。Uくんとのことは何も話さなかったのかなぁと思いつつ，「リレー，どうしよう」とYくんに訊くと，「こうしたら速く走れるねんて」と身振り手振りで説明してくれた。午前中，みんなで集まり話し合ったときには，Rくんが「一緒に走りたい！」と前日のことを思い出して言い，

Yくんは「お前はここ」と言ったり，「どこがいい?」と訊いたりして，くりのみ組全員でリレーの順番が決まった。

その日の午後のリレーでは，くりのみ組はやはり他クラスから1周遅れていた。けれども，前日の出来事をあおぐみのS先生，O先生に相談していたため，さくらんぼ，しいのみが1周多く走るという人数調整があって，最後は接戦となった。アンカーのYくんはゴールぎりぎりでしいのみ組を抜き，1位となり，くりのみの皆は初の1位を味わうことができた。Yくんは誇らしげで喜びを自分の中でかみ締めているような表情をしていた。

〈保育士の視点〉

Yくんと丅くんは仲がよく，Uくんと3人で遊ぶことが多いけれども，YくんとUくんとの関係，TくんとUくんの関係は大きく違うように思う。

YくんはUくんができること，できないことをYくんなりに理解し，お兄さん的立場でUくんと遊んでいるように思う。一緒にはしゃぐこともあれば，「U，あかんぞ！」と注意したり，仕方ないなぁとある程度のことは許してあげたりしている。くりのみ組ではリーダー的存在である。Yくんにはお兄さん(小学5年生)がおり，家に帰ってからの時間や休日をお兄さんの友達とよく過ごしているようだった。このことがYくんの理解力や友達と関わったり引っ張ったりしてゆける力に繋がっているのではないかと思う。けれども，友達から頼られ，Yくん自身もそれを感じている分，強引に自分の思いを押し通そうとしてしまうところがあり，少しずつみんなの思いもゆっくりと聞いてあげられるようになってほしいなと思っている。

TくんはUくんのことをそのまま受け入れ，仕方ないなぁと許すときもあれば，真剣に腹を立て，Uくんを驚かせることもある。Uくんは「T！」と言いながら，Tくんがしていたことを保育士やお母さんに真似してみせることがよくあり，それがTくんには嬉しいようで，次から次へと面白い仕草をして見せては，2人で真似しあって楽しんでいる。

見ていて2人はとても気が合っているように思うし，Uくんの事を気にかけているTくんの気持ちは，Uくんに伝わっているようにも思う。UくんにとってもTくんにとっても，大切な友達の1人だと思うし，Tくんは「T！T！」と来てくれるUくんを心の支えにしているところもあると思う。Tくんは素直になれなかったり，投げやりになってしまうときがあったりして，気になっていた。Tくんのお母さんは仕事が忙しく，なかなかTくんとゆっくり過ごす時間がないようだが，お母さんの話や連絡ノートからその時間の中で，Tくんがたくさんお手伝いをしたり，甘えたりしていることがよく分かる。けれども保育士と1対1でいるときの何気ない仕草から，もっと甘えたい，もっと認めてもらいたいという満たされない何かを感じ，この気持ちがTくんの素直になれなかったり，投げやりな態度として現れているのかなぁと思う。

リレーに対しても2人は大きく違っていた。

Yくんはくりのみ組の中で走るのが一番速く，誰にも負けないという自信をもっており，絶対に勝ちたいという思いは誰よりも強かった。そんなYくんだったので，Uくんのことは分かりつつも，「でも勝ちたい」という思いが，練習のたびに少しずつ募り，「Uくんのせいや」と言ったのだろうと思う。複雑な気持ちの中，Hくん，Rくん，Aちゃん，そして一番仲良しのTくんに反論されたことは，Yくんに大きく響いたと思う。順番を決めた日のリレーにおいて，Yくんが追い抜き1位になったこと，このことでYくんの「勝ちたい」という思いは十分に満たされたと思うけれども，やっぱり，まず私がYくんとゆっくり話をし，思いをしっかり聞いてあげるべきだった……と心にひっかかっている。

Tくんもくりのみ組では速い方だったが，Yくんにはかなわないという思いがあり，「ぼくは1番にはなれへんもん」と落ち込んでしまうこともあった。けれどもリレーはとても楽しみにしていて，3位になると，Yくんと一緒に残念そうにしていた。クラス内で負け知らずのYくんとは，勝ちたい気持ちの強さも違ったと思うけれども，Uくんが大切な友達の1人としてTくんの心の中にいるからこそ，TくんはYくんのことばに腹を立てたのだと思う。Tくんは普段はYくんに対して一歩引いてあまり喧嘩にならない。クラスの中でもみんなを笑わせることがあっても，自分の思いをしっかり発言することが少ない。なので，Tくんがはっきり言った一言にはとてもびっくりしたし，何か救われた気がした。

くりのみ組は当日欠席する子がいても，4人が2回走ることになっていた。話し合いで，走るのが速い人が2回走ることになっており，Tくんはその4人のうちの1人として選ばれていた。Tくんは照れつつも，この事がとても嬉しいようだった。

運動会当日，お父さんお母さんと，とても嬉しそうに帰って行ったTくん。運動会明けの登園日には「T，2回も走った！」「先生，またリレーしよ！」と何度も言いに来ていた。くりのみ組の中で2回走る4人に選ばれたこと，お父さんお母さんに自分の姿を見てもらえたことがとても嬉しく，Tくんの自信になったのではと思う。まだまだ投げやりになってしまうところはあるけれども，くりのみの保育士みんなで，Tくんを受け止めていってあげたいと思う。

最後に……改めてUくん，Yくん，Tくんの関係はとても面白いなあと思った。これからも3人それぞれが一緒に過ごしていく中で，影響し合い，成長してゆくのだろうと思うと，とても楽しみである。

〈ケース会議のあらまし〉

O保育士　Tくん，Yくん2人ともの思いを考えると，どちらも責めることはできない。TくんはUくんに頼られることにより成長している。人数調整は誰も気付かなかったのだろうか。

I保育士　子どもたちの討論はすごいと思った。Yくんが翌日何も言わなかったのは，Yくん自身，Uくんに「言ってしまった」という思いがあったからかなぁと思う。自分が速く走ればという思いが伝わってくる。Yくんは自分が速く走ろうと思ってお母さんに走り方を訊いたのか，Uくんに走り方を教えようと思って訊いたのか，どっちだろう？

発表者　YくんのUくんに対する理解から考えると，自分が速く走ろうと思ったと思う。

N保育士　家に帰り，Uくんに言ったことを改めて考え，Yくんは反省したのかな？　それぞれの関係がよく分かった。くりのみ組の全体として，いろいろなことを考えるきっかけになったと思う。

K主任　一人ひとりの様子が想像できるし，気持ちもよく分かる。毎年，リレーではドラマがあり，今年Uくんはどのように取り組むのかと思っていた。

K先生　Uくんはリレーの練習のときなどで，「勝った」という意識はあったのか？

発表者　追いかけっこを楽しんでいる様子や，横に並びみんなで競争したときの様子からすると，「走ることが楽しい」という思いのみで，競争の意識はなかったと思う。

M保育士　くりのみではこのようなドラマがあったんだなあと思った。

F先生　Yくんの気持ちは痛いほどよく分かる。異年齢クラス全体として，みんなが大切にされていることを感じた。

D保育士　Tくんはみんなといるときと，少人数でいるときとではまったく様子が違う。Yくんには一歩引いてしまうところがあるんだなぁと感じた。Yくんはプライドがあり，３位続きはやはり悔しかったのだと思う。葛藤があったのだろう。

〈発表者の感想〉

エピソードを描き，先生方の意見を聞き，再び考えることができてよかった。このエピソード以降も子どもたちはどんどん変わっている。それぞれの成長やそのときの状況をしっかり受け止め，残り僅かな期間だが一緒に楽しく過ごしてゆきたいと思う。

〈私からのコメント〉

この園の運動会が最高に盛り上がるリレーの場面は，３つのクラスが競争するという，唯一の競い合いの種目です。３歳児，４歳児，５歳児混合の〈くりのみ〉〈しいのみ〉〈さくらんぼ〉の５歳児それぞれ15人が，リレーをします。順番は子どもたち自身で決めることになっており，クラスのリーダー格の子どもたちが中心になり相談し合って決めます。５歳児になると，やはり勝ちたい気持ちが前に出てきて，各クラス，どうしたら勝てるかをいろいろ子どもたちなりに考えています。

〈くりのみ〉には軽い知的障碍のあるUくん（５歳）がいます。Uくんはかけっこや鬼ごっこが特に好きなのですが，競争して勝つという気持ちはまだ持っていません。〈くりのみ〉の子どもたちは，Uくんがいることもあって，リレーは何回やっても３位になってしまいます。Uくんの走りたいという気持ちは皆が分かっているのですが，勝ちたい気持ちが強く出てしまう子どもたちと，Uくんにも走らせてやりたい子どもたちとの意見が対立します。そういう場面に担任のN先生が立ち会ったときのエピソードです。

このエピソードの話し合いに見られるように，周囲の子どもたちと協力しながら何かの活動に取り組んでうまくいかないことがあったときなど，子どもたちは「私」の思いを主張しながらも，「私たち」のことも考え，また友達に支えられて「私」を発揮するというように，両方のあいだで揺れ動きます。その中で子どもたちがそれぞれの「私」と「私たち」がよりしっかりと育まれていく様子がこのエピソードからよく分かります。N保育士さんはそういう子どもたちの「私」と「私たち」をどう支えていこうかと悩みながら，子どもたちそれぞれの気持ちを考えていこうとしているのが分かります。

この園では障碍のあるUくんには加配の保育士さんがついているのですが，健常な子どもと一緒に保育しようという姿勢が園全体にあって，〈くりのみ〉の子どもたちも，Uくんのことを自然に自分たちの仲間として受け入れています。しかし，子どもたちの思いが強く出てくると，いつのまにかUくんは皆の場からはみ出てしまうこともあります。そんなときでも，普段のYくんやTくんはUくんに気がつくと一緒に仲間に入れて遊ぼうとする子どもです。特にTくんは少し自分に自信なさそうなところがあるのですが，Uくんとは対等につきあい，Uくんも友達だと思っている様子です。そんなTくんがいつになく仲良しのYくんに食ってかかったところがN保育士さんにはとても嬉しかったようです。

ただ，Uくんは周囲の人の気持ちを敏感に察知するところがあり，皆が自分のことを話題にしているのを感じていたのではと，私は気になりました。Uくんがその場にいたら，どういう話し合いになったのかなと思います。

7．子どもたちのなかの「私たち」

エピソード：〈Kくんの石〉 **K保育士**

2月21日，オペレッタの練習のため，〈くりのみ〉の約半数の子どもたちがお部屋に残り，25名ほどが砂利場で遊ぶ。木登り，ごっこ遊び等，思い思いに遊んでいる中，突然，Uくん（4歳9ヵ月）が斜面のところで大声で泣き出す。

すぐ横で，Nくん（6歳10ヵ月）が，「ぼく，何もしてへんわ！」とUくんに向かって赤い顔で怒っている。普段，どちらかといえば穏やかに仲良しの友達と遊んでいるUくんとNくんという，ぶつかったことのない2人である。エスカレートすると危ない場所でもあるので，2人に「どうしたん?」と声をかけた。Uくんが「Nくんが押さはる！」と泣きながら訴える。すぐにNくんが，「そっちが先に押したんやろ！」と顔を真っ赤にして怒る。Uくんが「K（4歳5ヵ月）の石，取ったしや」と少し下を向き，ぶずっと吐き出す。最近のUくんは，それまでになかった正義感がムクムクと芽生えてきているようで，仲間の喧嘩の仲裁に入ったりする姿も見られる。このときもKくんのことをかばってのことのようで，そんなUくんの気持ちが私には嬉しかった。これに対し，Nくんは「取ってへんし！　そんなん知らんし！」ますます強い口調になる。Uくんに「Kくんの石をNちゃんが取らはるとこ，見たん?」と訊くと，「見てへん。Kが怒ってた」と話す。「じゃあUくんは，Kくんが怒ってたし，見てへんけど，Nちゃんが悪いと思ったんやな。そっか……でもNちゃん，Kくんの石，取ってへんて言うてはるで」と，Nくんの思いも分かってほしく，ゆっくりとUくんに言うと，Uくんは黙って考えていた。Nくんは私には分かってもらえたと少し安心したのか，さっきよりも落ち着きながらも，「ぼく，ほんまに知らんし」と繰り返し言う。私は「そっか，わかったよ」とNくんに言い，ふと振り向くと，離れたところからKくんがこちらの様子を見ている。気になってずっと見ているのだろう。「Kくんにも訊いてみようか」と，Kくんのところに3人で行き，「Kくん，石なくなったん?」と私が訊くと，「あんな，あそこに置いといたのに，ないねん！」と5mほど離れたところにある鉄の蓋を指差す。そこへYくん（6歳10ヵ月）とTくん（6歳3ヵ月）もやって来て，「N，どうしたん?」とYくんが訊く。もともとYくんとTくんが一緒によく遊んでいた中，オペレッタごっこが始まった頃から，Nくんも加わるようになっていた。このとき，Nくんを心配してきた2人に，私は一瞬，このトラブルを任せてみようかと思ったが，KくんUくんが，YくんTくんNくんに威圧される場面がパッと頭に浮かんでしまったので，やめた。Nくんは，味方がついた勢いもあるのか，もう一度，赤い顔で「ぼく何もしてへんし，知らんのに，ぼくのせいにするねん！」と怒り出す。せっかく少し落ち着いたのにと正直思ったが，Nくんは嬉しかったのだろう。Kくんがすぐに「Kの石，なくなったんや！　お前が悪いわ！」と怒る。Kくんのそのことばに，Nくんが「年上に向かってそんなん言うな！　石なんか知らんわ！」と更にヒートアップする。Yくんも「K，上に偉そうや」とぼそっとつぶやく。NくんもYくんもお兄ちゃんがいて，Yくんは歳の離れた（小学5年生）お兄ちゃんの仲間に混じって遊んでいるので，こんなことばも出てくるのだろうと思った。

Kくんのことばから，そういえばその日の朝，Kくんが珍しくお母さんの足にしがみつき，離れずにいるとき，お母さんが「最近，お迎えに来たときに，お友達とか，お兄ちゃんの子が『Kに叩かれた』とか私に言いに来てて，その事をKに訊くと，自分の思うことをみんなに分かってもらえへん，みたいな事を言ってて……どうもうまくいっていないようで……（離れられないのは）それもあるのかなぁ？」と心配しておられたのを思い出した。

その事もあり，私が口を挟もうとしたとき，Tくんが「Kの石，どんなんやったん？」とKくんに訊く。今にもつっかかりそうなKくんの表情がふっと緩み，「……えっと，こんなん」と手で大きさを示す。「分かった……これ？」と近くに落ちている石を拾って見せるTくん。「ちがう」とKくん。UくんもTくんに続き，Kくんの石を探し始める。そんなやりとりのあいだも，Nくんはぶつぶつと怒っている。私はTくんとUくんの自然な優しさがとっても嬉しく，救われた気持ちさえした。

改めてNくんに対する誤解を解いて，Nくんの気持ちも考えて欲しいと思い，Kくんに「Nちゃん石持ってはらへんし，取ってないって言ってはるなー」と言うと，Kくんは「うん」とうなずく。「大切な石をなくしたら，悲しいのは分かるけど，見てないのにNちゃんのせいにするのはアカンかったなあ」と言うと，黙って下を向く。そこでYくんがKくんに「石，どんな色やった？　こんな色？」と一つ拾って見せる。「ちがう，もっと茶色みたいやった」「茶色やな，それで，これぐらい？」と手で大きさを示すYくん。「えっとな，これぐらい」とYくんの手の幅より微妙に小さく示すKくん。「分かった，これぐらいで茶色やな」とていねいにKくんの手の幅に合わせて確認し，さっと見つけに行くYくんと入れ替わりで，Tくんがまた違う石を拾ってKくんに見せ，首を横に振られると，また見つけに行っている。すると今度は，そんな様子を見て，それまで怒り口調だったNくんまでが，「もぉ……ぼくも探してあげるわ！」と，石探しに加わる。Tくん，Yくんに加わりたい思いもあったのかもしれないが，何にしてもこのNくんの気持ちの移り変わり，つまり自分で気持ちを立て直し，Kくんを思い遣ってくれたNくんが，本当に嬉しかった。そしてKくんも，とても嬉しかったのだろう。私の顔をパッと見て，「んひっ」と笑うと，タタ〜ッと走っていった。

〈保育士の視点〉

Kくんの石をめぐり，〈くりのみ〉で１年間過ごしてきた仲間への思いやり，仲間意識を感じる出来事であった。

最近のKくんは，Uくん同様，正義感が芽生え，お友達に注意したりする姿が見られる。Kくんは必死なのだが，勢いが強かったりで，言われた方が泣いてしまうこともある。しかし，Kくんの中で芽生えているこの気持ちも大切にしたいので，その都度，相手の気持ち，Kくんの気持ちを，お互いに汲み取れるよう見守って，時にはていねいにことばをかけていきたいと思っている。Kくんのお母さんにも，Kくんの成長過程であることを伝えている。お母さんはお友達と遊ぶ中でいろいろ経験していって欲しいと思っておられるように思う。その日の帰り，１日のKくんの様子を伝えたとき，「朝，Kがあんなふうになっていたのは，私が最近遊んでやっていないからかもしれません。Kが私に甘えてきてくれて，嬉しくも思ったんです」とも言っておられた。Kくんは次の日の朝も，お母さんにひっついていたが，次の日からは登園するとすぐに大好きなレゴやモノブロックで遊んで，朝の様子は以前に戻っている。

この出来事の中で，Uくん，Nくん，Tくん，Yくんの，お友達の気持ちに寄り添える優しい面をたくさん見ることができ，本当に嬉しく思った。私は夏からくりのみ組の担任となったが，その頃と比べても，確実にそれぞれ，内面や人間関係での成長を感じるこの頃である。もうすぐ，くりのみのみんなも進級，進学していくが，これからもずっとみんなを応援していきたい。

私自身，まだまだ未熟者であり，日々反省の毎日である。これからも悩みながらであるが，保育士として，人間として，成長していきたいと思う。

〈ケース会議のあらまし〉

発表者　この後の顚末は，皆でひとしきり石探しをした後，Kくんが大きな木の枝の股になったのを拾ってきて皆に見せ，遊びが石探しからそっちに移っていった。Nくんだけがそのあとも石探しをしていた。

O保育士　皆がKくんの気持ちを思い遣っている。Yくんもはじめは「上に偉そうなこと言うな」と言っていたのに，Tくんが「どんな石？」と言うと，みんなと一緒に探すことになった。そのことに子どもの力の凄さが感じられた。

園長先生　石を探すことが共通の目的になっていった。そして遊びへと変わっていった。子どもたちのその力は皆のあいだに信頼関係があったからだ。

N保育士　面白いエピソードだった。Tくんが「どんな石？」と言ったことがすごい。その一言で緊張がほぐれ，皆が石を探そうと思うようになった。

K保育士　周囲の子どもたち皆が，泣いている子やそこで起こっていることに関心を向けていけるところがすごい。私のクラスでも保育士が荷物を持っていると，戸を開けたり，足を踏まれると「だいじょうぶ？」と気遣ってくれたりする。小さい子もそんな様子である。

園長先生　この園では年度毎にクラス替えをしているが，そろそろ考える時期かなと思っている。クラス替えをしない方が，子どもたち同士の関係が密になり，クラスの文化伝達という面でもよいのではないか。

K保育士　KくんはUくん，NくんはYくんに声をかけてもらったことで気持ちが変わっていったのが面白い。

KM保育士　Tくんのことばがすごい。この一言で喧嘩をしないで済むことになった。

発表者　Tくんの言い方は「石が見つかったらいいのでは？」という言い方だった。

N保育士　甥のKがエピソードにでてきてびっくりした。自分が見ているKくんと違う目線でKくんを見られたのがよかった。

K先生　3歳児と5歳児の現在の時点での人間関係なのかと思った。

園長先生　なぜ石がなくなったのをNくんのせいにしたのだろうか。

発表者　Kくんは最近，弱い子に対して強く出たりすることが時々ある。Nくんは5歳児だが，よく泣くので，Kくんには弱い子というふうに映っていたようだ。

〈私からのコメント〉

これは男の子のトラブルについてのエピソードです。そこにいる子どもの年齢には幅があるものの，第５節で見た女の子のトラブルとはかなり様相が違っているように思われます。女の子のトラブルは仲間に入れてあげる，あげないという人の心の奥底にあるねたみや嫉妬などの感情に基づく人間関係のトラブルが多いのですが，男の子の場合，目の前の事柄に対する意見や考え方の対立である場合が多く，考え方が動いていくと事態が変化していくようですね。幼児の場合にもこのことが現れているのは興味深いところです。

ケース会議で他の保育士さんも気づいていたように，この場合，トラブルになった当事者２人に周囲の子どもがいろいろ絡んできて事態が変化していきます。年長のＹくん，Ｔくんが年少のＫくんの思いを受け止め，また疑われたＮくんに同情して「Ｋくんの石を探す」という方向に事態が動いていったのは，クラスの仲間としてのお互いを認め合うという気持ち，無用なトラブルより助け合うことでお互いに気持ちよくいたいという，「私たち」の心が育ってきているからでしょう。

一方，Ｋ保育士さんも，それを見守りながらも一人ひとりがどういう子どもであるかをこれまでの保育の中でしっかり摑んでいることが分かります。Ｋくんやしくんの４歳児としての思いを受け止めながら，Ｋくんの最近気になるところ，自分より弱い子と見ると攻撃的になることなどの心配な面に配慮しています。例えば，石がなくなったことをすぐにＫくんが自分より弱いと思っている年長のＮくんのせいにしてしまうことについて，それはおかしいという先生の思いを，Ｋくんを責めるのではないかたちで，きちんと伝えているところは，とても大事だと思いました。Ｋくんの最近気になるところは，お母さんが言われるように，もっとお母さんに甘えたい，認められたいという思いがあるせいかもしれません。

保育園での子ども同士のトラブルは，お互いが相手の思いに気がついていく大切な機会であり，そうなるように子どもたちを支えていくところに保育者の役割があるといえるでしょう。

さらにK保育士さんは，気が弱く泣き虫でしっかり自分の思いを主張できない年長のNくんを何とか支え，Nくんを先生が認めていることを何とか伝えたいと思っている様子もうかがえます。一人ひとりの子どもがいまどのように育っているのか，どのように育てなければならないかを考えて，子どもに関わるのはとても難しいことです。それなのに，そういう関わりを子ども一人ひとりに対して自然にしていることに，正直言って，感心するばかりです。それは，一人ひとりの子どもの可能性を信じ，子どもの思いを大切にしながらも，自分の思いも素直に伝え，共に生きる姿勢を持ち，子どもの成長を喜ぶ素朴で誠実な人柄によるものだと思います。保育士という仕事にはこれが必要で十分な条件なのではないでしょうか。

8．岩屋保育園のケース会議に出席して

ケース会議に出席した最初の頃は，エピソードを描いて発表したいという思いを持っている保育士さんが大勢おられることに正直びっくりしました。その出してこられるエピソードは，子どもと一緒に生活し，一緒に喜んだり，子どもの寂しい気持ち，辛い気持ち，戸惑う気持ちを受け止めたり，子どもの気持ちを支えたりして，子どもが元気になっていく様子が綴られたものがほとんどです。第１章に登場するN保育士さんの「ぶんぶん」のエピソードもその一つです。そういうエピソードがたくさん出され，どの保育士さんもみなそれぞれに自分の保育について語りたいことをたくさん持っておられるのだなあと，正直驚きました。そしてどの保育士さんも保育することの喜びをしっかり持って日々の保育に臨んでおられ，その背後には保育士としての誇りが感じられて，これにもとても感動しました。

いま保育現場は教育現場と同じく難しい問題が山積していて，子どものことが問題になると，保育士の資格，保育の進め方の力のあるなしがよく取沙汰されます。そして何かといえば保育現場に問題があるから子どもが育たないようなことが言われます。けれども，現実の保育現場では，個々の保育士さんたち

は真剣に，また真面目に保育に取り組んでいます。保育士さんたちのそのような姿を周囲の人たちに伝えていけば，子育てをしている人たちが子育てで何が大切かに気づき，共に子どもを育てる姿勢を持っていけるのではないかという思いを，私はこのケース会議に参加して強く抱くようになりました。

しかしそれには，まずもって個々の保育士さんが自分の保育を語ることから，つまり，子どもたちのさまざまな思いを受け止め，子どもたちの育ちを支えている自分を語ることから始めるのでなければなりません。

保育士さん自身が保育する喜びを感じ，それを語れるようになれば，つまり，子どもと共にいることを楽しみ，子どもを育てることに喜びを感じていることをエピソードに表現することができれば，次に自らの保育を振り返り，改めて保育の中で何が大切かを再確認することができ，自分の対応や考え方や子どもの見方を考え直すことができて，明日への保育に繋げていけるのではないでしょうか。

岩屋保育園のケース会議に参加し始めた頃は，こんなにかわいい子どもの姿に出会えて保育は楽しいというエピソードが多かったのは事実です。しかし，しばらくすると，子どもの姿の背景のところや保育士さんの思いの部分が分厚く描かれるようになってきました。つまり，子ども一人ひとりをしっかり摑もうと努め，一人ひとりの子どもに何を育てていこうかを考え，時には子どもを見守り，時には子どもが気づくように話しかけ，時には子どものやろうとする気持ちを引き出すように関わるという，保育士さんの「あるがまま」の姿が描かれるようになってきました。そこには，保育で何が大切なのか，保育園では子どもの何を育てていけばよいのかが，保育士さんの中にしっかり根づいてきている様子が窺えます。これが真の保育の質の向上なのだと思います。

また，ケース会議で担当の保育士さんのエピソードを読んで（聞いて）皆で話し合うとき，自分のこれまでの経験を語ったり，自分ならこうするという提案があったり，この子は去年はこうだったという過去の子どもの姿が出てきたり，家族の状況の詳細が出てきたりします。そのようにして，エピソードに取り上げられた子どもの「いま」の背景がしっかりしてくると，その子の全体像が明らかになってきます。発表した保育士さんは，それによって，その子のこれまでや周囲の状況を捉え直しながら，自らその子への援助のあり方（保育）を考え直していくことができます。そして同席した保育士さんたちも，その発表を通して自分のクラスの子どもを主体として受け止めながら主体として育てるには，どういう援助が必要かを考えていくことができるようになるのです。

このケース会議に出席して保育士さんたちの保育にかける熱い情熱を肌に感じ，このようにエピソード記述を資料にお互いの保育を吟味しあっていけば，必ずや保育の質が高まるに違いないと確信しましたし，私自身，保育士さんたちがていねいに子どもを主体として受け止めていく姿に，多くのものを学ぶことができました。

最後に，私ははからずもチューターの役割を担うことになりましたが，ケース会議はなによりも参加された保育士さんたちが，提示されたエピソード記述を基に，発表者の保育を共に考え，また自分の考えを自由に語ることが大事だと考えて同席してきました。それは，参加者一人ひとりが自ら考え，自ら語るところを尊重し，その語りに真摯に耳を傾けることが，各自の保育主体としての成長に，また人間としての成長に繋がると考えたからです。理論や経験から自分の考えをぶつけることは簡単ですが，それでは単なる問題解決型の対処でしかありません。「このときはこうすればよかった」と結論づけることがケース会議の目的ではないと思うのです。一人ひとりが自分らしく（主体的に）考え，自分の保育を振り返ってこそ，明日からの保育に資するところがあるのではないでしょうか。

そんなこともあって，私は「こう考えるべき」という話は極力控え，「こういう観点もあるのではないか」というように，議論の視野を広げることに意を注いできました。

各地でこのようなケース会議が持たれるようになったとき，チューター的な立場の人がどのように会議に参加するかは，今後，いろいろな経験を重ねて考えていかねばなりませんが，「指導する―される」という関係にだけはならないように，チューターも含めて「共に考える」という姿勢が守られるように，会議が進められることが原則ではないかと考えています。岩屋保育園のケース会議に同席させていただいたことに，園長先生はじめ，職員の皆様に紙上を借りてお礼を申し上げます。（鯨岡和子）

終章　エピソードの描き手は一個の主体である

私（鯨岡峻）は2006年の11月に，エピソード記述に関するある勉強会に招かれました。土曜の夜に開かれたその勉強会には，その町の近隣から集まった保育士，幼稚園教諭，教師，役場職員など多職種の人がおよそ50人ほど集まっていました。ちょうど第４章のケース会議のように，一人の保育士さんが一つのエピソード記述を資料として提供し，まず全員でそれを読み合わせた後に，各自が質問や感想を述べるというやり方でした。

発表者は町内の保育士さんを中心にエピソード記述の勉強をしようと集まった勉強会のメンバーの一人で，当日はそのメンバーを拡大して公開勉強会ということになり，そこに私が出かけたかたちになりました。

私は一昨年に『エピソード記述入門』という本を出版しましたが，それをテキストにして，ある大学の公開講座で「エピソード記述」についての講義を行ったことがありました。この勉強会の中心メンバーの数人がその講座に出席し，エピソード記述を保育や障碍児教育の実践に繋げられないかと考えたのが，そもそもの勉強会の発端だったようです。講座に出て勉強したけれど，現場に戻っていざエピソードを描くとなったとき，実際に何をどう描けばいいのか分からないというのが，勉強会発足のときにメンバーが共通に抱いた基本的な問題点だったようです。

そこでまず，メンバー全員が自分の実践の場で気になった，ひっかかったと思われる場面を描いてみようということになり，各自が描いたものを勉強会に持ち寄り，それを皆で検討し始めたけれども，なかなか思うようにいかない。描いてみると，それまでとは違った目で子どもを見ることができ，何かが変わるという予感はあるが，それ以上に前に進まない，それでも一歩，一歩という思いでこれまでやってきて，その夜の勉強会を迎えた，ということでした。

そこでまず，その勉強会で発表されたエピソードを以下に提示してみます。

エピソード：〈青の三輪車が使いたい！〉　　　　**発表者　E保育士**

〈背　景〉

園庭の三輪車で遊ぶのが大好きな2歳児クラスのTちゃん（誕生日が来て3歳になったばかり）。7台ある三輪車の中でもミッキーマウスの絵のついた青の三輪車が特にお気に入りである。この日は5歳児は室内で活動。4歳児は運動会に向けてのリレーの練習。3歳，1歳，0歳児は散歩に出かけており，庭の三輪車は2歳児たちが独占できる状況だった。青い三輪車は5歳児の男の子にも人気がある。5歳児が隠したのだろう。大人の目から見れば下手な隠し方だが，精一杯工夫したらしく，茂みに青の三輪車が隠してある。それが可愛らしく思えたので私は黙っていた。Tちゃんは青い三輪車が見えないうちはそれを欲しがる様子も見せず，他の三輪車で満足して遊んでいる様子だった。そのうち，5歳児たちが室内での活動を終えて園庭に出てきた。

〈エピソード〉

どうやら青い三輪車を隠しておいたのは5歳児のSくんだったらしく，茂みに直行し，青い三輪車を取り出して遊び始めた。それをみるなりTちゃんは欲しくなり，私のところにやってきて「青のミッキーの三輪車が使いたい」と甘えたように訴えた。Sくんがたったいま遊びだしたばかりですぐに手放すとは思えないので，私は「青の三輪車はもう，ぞう組のお兄ちゃんが使っているよ」と，今は使えないという気持ちを込めて言ったが，Tちゃんは甘えん坊のやんちゃ坊主のように「青の三輪車が使いたい」と繰り返す。Tちゃんは自分でもわがままだと分かっていながら，私に何とかしてもらおうと訴え続けている感じだった。このまま私が言い聞かせても引かないだろうと思い，「じゃあ，お兄ちゃんに頼んでごらん」と言ってみた。私はそこでTちゃんが諦めるかなと予想していたのだが，Tちゃんは行く気になり，「先生も一緒に！」と言う。大人の私がついていくと，たとえ黙っていてもSくんに威圧感を与えることになるだろうからフェアではないと思いつつ，年下のTちゃんが一人で向かっていく勇気を持つのも大変なことだろうと思い，遠慮がちにTちゃんの後をついて行った。

Tちゃんは3メートルくらいまで近づくものの，3つも年上のお兄さんに代わってと頼む勇気が湧かず，なかなか言い出せない。緊張で顔を引きつらせながら，足を一歩前に出してはまた下がり……を繰り返している。ときどき助けを求めるような表情で私を振り返る。Tちゃんのその様子を見て，つい助けてあげたい衝動に駆られるが，出すぎてはいけないと思い直し，ぐっとこらえる。「ほら，頑張れ！」と無言の声を掛けるだけで助ける様子のない私を見て，Tちゃんは自分で行くしかないのか，とまたSくんの方を見る。そんなことを繰り返しているうちに，Sくんが何かを取ろうと部屋のテラスの前に三輪車を横付けし，三輪車から離れた。それを見ていたTちゃんは「いまだ！」とばかりに三輪車に駆け寄り，その場から急いで持ち去ろうとした。見つかったらどうしようという緊迫した表情で進みかけたところにSくんが部屋から戻ってきて，「ああっ！　それ乗らないでよ，ぼくが使っているんだ」と大声で叫んだ。Tちゃんは怯えたように三輪車からぱっと離れ，走って私のところに駆け戻り，腕の中に飛び込むなり「Tも使いたかった〜！」と大声で泣き始めた。年長児のSくんは泣くTちゃんを見て，気まずそうな，困ったような表情をしながら，「だって，使っているんだもん……」と言い訳するようにつぶやき，三輪車に乗って行ってしまった。私はどちらの気持ちも分かるので，どうすることもできず，Tちゃんを抱っこしながら「Tちゃんも使いたかったね……使いたかったね」とTちゃんのことばを繰り返し，背中をさすってやっていた。

泣いていたのは3〜4分ほどだったろうか。次第に泣き声が収まり，Tちゃんは私に抱っこされたまま静かにじっとしていた。そのうちに私の周りでオナモミの実を投げてくっつけあう遊びが始まり，その実が私のTシャツに当たって下に落ちた。それをみて，私の腕をすり抜けるように下に下りたTちゃんは，その実を拾うと，子どもたちの輪の中に戻っていった。

〈考　察〉

このエピソードは，やんちゃを言って自分の思い通りにしたいTちゃんのわがままに，ああ，また言っていると思ったところから出発している。Tちゃんは青い三輪車が見えないうちは他の三輪車で満足して遊んでいたのに，Sくんが目の前で遊びだしたとたん，やんちゃを言い出した。保育園のような大きな集団では，欲しいものが自分の思い通りに使えることは少なく，根気強く順番を待ったり，諦めて他の遊びを探したりしなければならない。TちゃんもSくんが先に三輪車を使っているのだからすぐに自分が使うことはできないと頭では分かっていたはずだが，我慢ができずに私に何とかしてほしいと訴えてきたのだと思う。わがままだと分かってやんちゃを言っているTちゃんなので，私が力を貸さなければすぐに諦めてしまうだろうと思っていたのだが，「じゃあ，頼んでごらん」と言うと，意外にもTちゃんはSくんに向かっていくことを選んだ。何がTちゃんをそんな気にさせたのかは分からないが，このとき，Tちゃんの甘える気持ちが消えていくのを感じた。3歳も年上のお兄ちゃんに貸してと頼むのは相当勇気の要ることである。緊張で顔を引きつらせながらも，諦めずに向かっていこうとする姿に，だんだんと私も引き込まれていき，Tちゃんに三輪車を使わせてやりたいような気持ちにもなっていた。でも，私には，自分の思いは自分で伝えてほしいという気持ちも強くあったので，Tちゃんが助けてほしい素振りを見せたときにも，何もしてあげなかった。そして三輪車を手に入れるチャンスが到来した。そして手に入れた！……と思った瞬間，「あっ！　それ乗らないで！」というSくんの声。それを聞いて，それまでの張り詰めた気持ちが一気にはじけ，声を上げて泣いたのだろう。

保育の現場では珍しくもない場面だが，このときTちゃんと私は緊迫した空気を共有してどきどきしていた。何も手助けしてあげなかった私だが，私が同じ思いでそこにいることがTちゃんには伝わっていたと思う。だから私の腕に飛び込んできて思い切り泣き，ほんの数分泣いただけで，自分から次の遊びに気持ちを切り替えていけたのではないか。

大人はとかく善いか悪いかを考えて結論を出そうとしてしまうが，Tちゃんを見ていると，正しいか正しくないかではなく，子どもは気持ちを行動に移してみること，やってみることで，いろいろなことを感じとっていくのだと思った。子どもは子ども同士でぶつかり合い，成長していく。大人は子どもを見守り，傷ついたときに抱きしめるだけでよいのかもしれない。

読者の皆さんは，これを読んでどんな感想を持たれたでしょうか。

当日はこれを全員で読み合わせた後に，まず発表者からこれを描いた感想が述べられました。それによると，まだエピソード記述がどういうものか，なかなか分からない，描くには描いたけれども，これでいいというところが分からない，〈背景〉，〈エピソード〉，〈考察〉と分けて書くというのは分かったが，〈背景〉は何処まで書けばいいのか，〈エピソード〉は描くには描いたけれども，これで伝わるだろうか，またこのエピソードをどんなふうに，またどこまで考察すればよいのか，まだ分からない，とのことでした。

フロアーからは，細かい質問がいくつかあった後，とてもよく分かる，保育の場が目に見えるようだという感想があり，自分もこれによく似た場面を経験したことがあるという他の保育士さんの発言や，これを描いて描き手が何を言いたかったのかがまだよく分からないという発言などが続き，次第にケース会議風になってきました。Ｓちゃんが部屋に行っているすきに，Ｔちゃんが三輪車に乗ろうとしていたところ，Ｓちゃんが戻ってきたというところの緊張感がよく描けているとか，先生がいろいろなことを考えて対応しているのが分かったとか，次々に発言が続きました。しかし，いつまでたっても，「保育」としてどうだったのかという議論に繋がっていきませんでした。

これまで本書を読み進めてきた読者は，エピソード記述を保育に活かすということがエピソード記述のそもそもの目的なのですから，それはおかしいではないかと思われるかもしれませんが，当日の議論の展開はなかなかそこに結びついていかなかったのです。

そこで私から，Ｔちゃんが「青の三輪車，使いたい」と言ったときに，それがわがままだったのかどうかはともかく，「Ｔちゃんも青の三輪車使いたいね」とＴちゃんの気持ちを一旦受け止める必要はなかったのか，そうして受け止めた後に，「でも，Ｓちゃんがもう使っているよ」と伝えるべきだったのではないか，という質問をぶつけてみました。

そこから，議論はいろいろな展開を見せていきました。その中で発表者が次のように語ったのが印象に残りました。

「自分でも描いていてなにか釈然としないものをずっと感じていたのですが，今の話を聞いて，私はこのとき，Ｔちゃんの気持ちにちゃんと寄り添えていなかったんだと改めて気づきました。本当にショックです。長年，子どもの気持ちに寄り添うということを大事にして保育してきたつもりだったのに……でも，こうして描いてみると，確かに，私はこのとき，自分の側からＴちゃんを見ていて，寄り添っていなかったのが分かります。そして，いま振り返ると，それがなぜなのかが少し見えてくる気がします。多分ですが，私は去年，いまのＳくんと同じ年長さんの担任でした。年長の子どもが園庭の遊具で遊んでいるときに，小さな子どもがそれを使いたくなって，それを小さい子のクラスの先生に告げると，そのクラスの先生はたいてい，『○○ちゃん，貸してくれない？△△ちゃんが使いたいんだって』とあいだを取り持つんですね。そう言われた年長の子どもは，自分がまだ使いたいのに，しぶしぶ貸してあげて，そうすると，『さすがにお兄ちゃんだね』と言ってもらうんですが，やはりまだ子どもで心残りなんですね。私は年長の担任として見ていて，年長の子どもだってまだ子どもなのに，それで遊びたい気持ちがあるのに，とずっと思っていました。そんなことがあったので，Ｓちゃんに簡単に貸してって言えなかったのがあったんだと思います。そんな思いが私にあったので，Ｔちゃんの気持ちにさっと寄れなかったのかなと，今にして思います」。

これはとても興味深い，また一段と深い自己洞察だと思います。そこから振り返れば，このエピソード記述は確かにまた別の角度からも読めそうです。

このエピソード記述そのものは，場面を彷彿とさせる出来事の表現，描き手である保育者がこの現場を捉えているという感じ，Ｔちゃんの思いや自分の思いが読み手に伝わってくる感じなど，エピソード記述が満たすべき「綴り方」としての要件は申し分なく満たしていると思います。しかし，本書でこれまで見てきたように，「綴り方」としてうまいかどうかではなく，これを資料にこの夜の勉強会のように，どれほど保育をめぐる議論がしっかりできるかどうかが本質的なことだと考えるのでなければなりません。

その夜はそのような議論をしてその勉強会を終えましたが，参加した人は，保育関係の人はもちろん，保育関係ではない人も，保育の営みの機微に触れて，改めて保育の奥の深さを痛感したと口々に言っていました。

いま，一つのエピソード記述の勉強会の場面を取り上げましたが，ここから分かるのは，エピソードはあくまでも描き手が一個の主体として描いているのだということです。保育者はいろいろな思いを抱きながら実践に携わり，これまたいろいろな思いを抱いた子どもに接し，その思いを受け止めたり，受け止められなかったりしています。そしてその接面で起こったことが子どもの側にも保育者の側にも跳ね返っていくのです。それが保育の営み，子どもを育てる営みなのですが，そこを保育者が描いてみると，保育者はまず，自分が一個の主体としてその場を生きていることに気づきます。つまり，保育者はエピソードを描くことを通して，自分も子どもと同じように保育の場の主体なのだと確認できるということです。これは，エピソード記述の研修会に参加した保育士さんたちがこぞって認めていたところです。それが保育の仕事を続ける勇気を生み，この仕事にプライドを持っていることを確認でき，結果として，よりよい保育を目指すことができるのでしょう。

もう一つ，エピソードを描く人が一個の主体であるからこそ，子どもを生きた一人の人間としてまるごと受け止めることができ，受け止めれば自然に何かを返していくことになり，それによって子どもが育っていくことができるということも大切な点です。第１章でも触れたように，活動が盛り上がったからよかった，子どもの笑顔が見られたからよかった，仕草がかわいかったと言うような，要素的，部分的な子どもの捉え方でなく，○○さんが元気だった，○○さんがかわいかったというような，子どもを「まるごと」捉える視点は，保育する人が生きた主体としてその場に臨んでいるからこそ可能になるものです。そしてエピソードを描くことで，そのことを再確認することができるのです。

私は本書を執筆しながら，保育の営みは難しいし，奥深いものだと感じる一方，保育という営みの基本は，何かを子どもにさせていくことではなく，主体である保育者が子どもを主体として受け止め，自分の主体としての思いを子どもに返す中で，子どもが主体として育っていくことなのだと改めて再確認しました。そして，あるところでそれを次のようにまとめてみました。

「保育の場は，子どもたち一人ひとりが，周囲から主体として受け止められ，主体として育っていく場である。そして保育は，それぞれが主体である保育者と保護者が共同して子どもを育てるという基本姿勢の下に営まれるものである」

この一文の意味をここで詳しく解説することはできませんが，保育の基本はこれだと考えれば，子どもが主体として育つ様相，保育者が主体として子どもを受け止める様相が保育の中心をなし，そのありようが結局は保育の質に直結しているということが見えてきます。そして，その目に見えない保育の機微を捉えるには，エピソードでそこを描くしかないという結論に至ります。

今回，本書で目指してきたのは，結局のところ，その結論だったと思います。雑多な情報が飛び交い，保育のかたちを巡って落ち着かない状況下にありますが，保育の場をエピソードに描いてみれば，きっと保育の中で何が大切かが分かり，また保育の仕事がどのような意味で大切なのかが分かり，さらに保育に従事する人がその仕事にプライドと責任を感じることができるようになると確信しています。

あとがき

前著『エピソード記述入門』（2005年，東京大学出版会）を出版して以来，各地でエピソード記述を学ぼうという動きが保育関係者のあいだに生まれてきました。その研修の場で保育者の描いた多数のエピソードを読むと，改めて現在のわが国の保育状況が分かると同時に（これは第2章に見る通りです），多忙をきわめる保育者が実は子どもの気持ちや自分の気持ちなど，保育のあるがままの機微を描きたいという熱い思いを持っていることが分かってきました。エピソードを描いてみることで，自分の仕事に自覚が持て，保育に前向きの姿勢が生まれてくるという研修参加者の感想は，それこそ保育の質の向上に直結するものです。それが本書をまとめる大きな動機となりました。

他方で，幼稚園教育要領の改訂，保育所保育指針の改訂の動きがあり，改めて保育で何が大切なのかを考えてみる機会がありました。終章の末尾の太字の文言がそれです。これを考える中で，子ども主体，保育者も主体，そうした主体と主体が関わり合う中で，主体としての子どもの思いを保育者が受け止め，同じように主体である保育者が自分の思いを子どもに伝える……これが保育の根本だという基本的な認識に達しました。そしてこの相互主体的な関係の営みを周囲に分かってもらうためには，その関わりの機微をエピソードで描くしか方法はないと結論するに至りました。これもまた本書をまとめるもう一つの動機だったと思います。

そういうこともあって，特に保育関係者からは，早く本書を出版してほしいという強い要望があり，私も何とかこの要望に早く応えなければという思いは強くありました。ところが，何せこの3月末で定年ということもあり，転職に向けての雑事や今の職場の整理などによる多忙が重なり，さらに講演で飛び回る日々が続いて，執筆に向かう時間がほとんど取れないという有様でした。これが年度末ぎりぎりの定年直前まで，本書の脱稿が遅れた理由です。

本書をまとめるに当たっては，本当に多くの方々のご協力を仰ぎました。まず，鹿児島市私立保育園協会（参加72ヵ園）の皆さんには，年4回の主任研修会（宿泊研修を含む）を通してエピソード記述の研修を実施し，その内容を各園に持ち帰って園内研修を行い，各保育士さんにエピソードを描いてもらってエピソード記述についての学びを深め，それを基に保育を語り合い，その学びの成果を次回の主任研修会に持ち寄るという作業を1年間，実に熱心に継続して取り組んでいただきました。各園での園内研修の経緯は各回の主任研修会で発表され，エピソード記述とそれに基づく保育の振り返りが回を追うごとにそれぞれの園で徐々に浸透していっている様子が分かりました。本書の第2章に取り上げられているエピソード群の相当部分はその経過の中で描かれたものです。最初はエピソード記述の研修内容に戸惑っていた主任保育士さんたちも，それが保育の振り返りに有効であること，職員の前向きの姿勢に繋がることに気づいてからは，きわめて熱心に取り組むようになりました。保育園協会の皆さんには，本書の出版を心待ちにしていただき，また何篇かのエピソードの掲載を快くお引き受けいただきましたことに，心よりお礼と感謝の気持ちを申し述べたいと思います。

また，石川県の保育研修の場でも昨年，2度にわたってエピソード記述の研修がなされました。その研修の場で大勢の保育士さんたちがエピソードを描いてくださり，本書に取り上げることに同意していただきました。その一部が第2章に収録されています。これらのエピソードによって，保育の営みがいかに奥深く幅があるものであるかを示すことができたと思います。掲載したいエピソードはほかにも多数あったのですが，紙幅の都合でその一部しか掲載できませんでした。その点をお許しいただくとともに，掲載を許可していただいた皆さんに深く感謝いたします。

島根県斐川町のエピソード記述勉強会の皆さんにもたいへんお世話になりました。東京で行われたエピソード記述研修講座に遠方から多数ご参加いただいたこともあって，熱心な保育士さんたちの描くエピソードは内容も充実していて，保育で何が大切なのかがとてもよく分かるエピソードを多数提供していただきました。本当に有難うございました。

また京都市の岩屋保育園の皆さんには，毎週行われる保育ケース会議に実に分厚いエピソードを多数提供していただき，またケースを出席者全員で検討する様子まで収録させていただきました。園長の室田一樹先生をはじめ，職員のみなさんの保育にかける情熱が伝わってくるエピソードばかりで，どれを取り上げるのかに悩むほどでしたが，お陰で，第４章はもちろん，本書全体を通して，目に見えないところに保育の大事な営みがあること，そして保育者は一個の主体なのだということを手応えあるかたちで明らかにできたのではないかと思います。岩屋保育園の皆様のご協力に改めて深く感謝いたします。

さらに，第３章で事例を提供していただいた岐阜市立加納幼稚園教頭の和仁正子先生と，紀要の事例を本書に再掲することをお認めいただいた岐阜市教育委員会に感謝申し上げるとともに，この事例に登場するＡ子さんとＡ子さんのお母さんにも，掲載をお許しいただいたことに心より感謝いたします。

また，第３章の後半の事例を提供していただきました，Ｓ県Ｈ町の「おもちゃの家」の指導員のＭさんと，この事例の掲載をお許しいただいたＥくんとＥくんのお母さんにも厚くお礼申し上げます。

このように，本書は実に多くの人のお陰によって完成を見ることができました。たくさんのエピソードを提供していただいた保育士さんのお名前は執筆協力者一覧に記されていますが，ここに改めて感謝とお礼の気持ちを述べたいと思います。

最後に，京都大学の教員としては最後になる本書の編集をお引き受けいただき，時間のないところで編集の労を取っていただきましたミネルヴァ書房の寺内一郎さんにも，長年お付き合いくださったことと併せて，感謝の気持ちを申し述べたいと思います。

平成19年３月23日

鯨岡　峻・鯨岡和子

執筆協力者一覧（敬称略）

京都市山科　岩屋保育園

園長 室田一樹，主任保育士 小嶋みずほ，副主任保育士 室田府子，保育士 渡辺万里子，宮原慎子，亀井敦子，杉浦真知，小林陽子，佐藤泰子，井尻紗代子，上善陽子，笠原さやか，大西亜紀子，中川理保，吉岡舞，西村瞳，平井いずみ，中田亜希，北村江里，真部晃子，合田陽子，数井研太，木崎勝博，高橋弘明

鹿児島市・石川県・島根県の保育士ならびに「おもちゃの家」指導員

椨松（あべまつ）晶子，有馬佐和子，今村みか，上野明美，草野ゆかり，高岡優子，中村久代，永山智子，西方恵，濱脇美樹，福重祥子，福地さおり，藤崎智子，森山成子，伊徳美智代，岡本明美，川合ひとみ，坂江泰子，坂口亮子，須磨明子，谷口福子，田原まゆみ，橋本千春，福島智子，向春代，目久田朋子，森田由紀，若林祥子，江角祥子・宮岡泉

岐阜市立加納幼稚園教頭（現 岐阜市立岐阜東幼稚園園長）　和仁（かづに）正子

《著者紹介》

鯨岡　峻（くじらおか　たかし／1943年生まれ）

京都大学名誉教授
京都大学博士（文学）
『原初的コミュニケーションの諸相』（ミネルヴァ書房）
『両義性の発達心理学』（ミネルヴァ書房）
『関係発達論の構築』（ミネルヴァ書房）
『エピソード記述入門』（東京大学出版会）
『ひとがひとをわかるということ』（ミネルヴァ書房）
『子どもは育てられて育つ』（慶應義塾大学出版会）
『エピソード記述を読む』（東京大学出版会）
『なぜエピソード記述なのか』（東京大学出版会）
『子どもの心の育ちをエピソードで描く』（ミネルヴァ書房）
『保育の場で子どもの心をどのように育むのか』（ミネルヴァ書房）
『関係の中で人は生きる』（ミネルヴァ書房）
『子どもの心を育てる 新保育論のために』（ミネルヴァ書房）

鯨岡和子（くじらおか　かずこ／1945年生まれ）

元大阪成蹊短期大学非常勤講師
『保育を支える発達心理学』（共著・ミネルヴァ書房）
『母と子のあいだ』（共訳・ミネルヴァ書房）
『親はどのようにして赤ちゃんをひとりの人間にするか』（共訳・ミネルヴァ書房）
『保育講座　保育内容「人間関係」』（共著・ミネルヴァ書房）
『よくわかる保育心理学』（共著・ミネルヴァ書房）
『エピソード記述で保育を描く』（共著・ミネルヴァ書房）

保育のためのエピソード記述入門

2007年５月30日　初版第１刷発行　〈検印省略〉
2021年７月30日　初版第13刷発行

定価はカバーに
表示しています

著　者　鯨　岡　　峻
　　　　鯨　岡　和　子
発行者　杉　田　啓　三
印刷者　田　中　雅　博

発行所　株式会社　ミネルヴァ書房

607-8494　京都市山科区日ノ岡堤谷町１
電話代表　(075)581-5191番
振替口座　01020-0-8076番

創栄図書印刷・藤沢製本

ISBN978-4-623-04943-1
Printed in Japan